商务部国际贸易经济合作研究院国家高端智库发展报告

RCEP生效实施区域评估研究

A Study on the Assessment of RCEP Implementation from Regional Perspective

商务部国际贸易经济合作研究院
亚洲研究所 | 编著

中国商务出版社
·北京·

图书在版编目（CIP）数据

RCEP 生效实施区域评估研究 = A Study on the Assessment of RCEP Implementation from Regional Perspective / 商务部国际贸易经济合作研究院亚洲研究所编著. -- 北京：中国商务出版社，2025. 6. -- ISBN 978-7-5103-5593-6

Ⅰ. F753. 04

中国国家版本馆 CIP 数据核字第 2025VA8817 号

RCEP 生效实施区域评估研究

商务部国际贸易经济合作研究院亚洲研究所　编著

出版发行：中国商务出版社有限公司

地　　址：北京市东城区安定门外大街东后巷 28 号　　　邮　　编：100710

网　　址：http://www.cctpress.com

联系电话：010—64515150（发行部）　　　010—64212247（总编室）

　　　　　010—64243656（事业部）　　　010—64248236（印制部）

责任编辑：王世鹏　莫亦菲

编辑助理：李诗雨　刘小舟

排　　版：北京天逸合文化有限公司

印　　刷：北京建宏印刷有限公司

开　　本：710 毫米×1000 毫米　1/16

印　　张：19.5　　　　　　　　　　字　　数：331 千字

版　　次：2025 年 6 月第 1 版　　　　印　　次：2025 年 6 月第 1 次印刷

书　　号：ISBN 978-7-5103-5593-6

定　　价：98.00 元

编者简介

商务部国际贸易经济合作研究院（简称"商务部研究院"）是 2015 年中央确立的首批国家高端智库建设单位之一。商务部研究院亚洲研究所长期跟踪中国与亚洲国家经贸合作、区域经济一体化（自由贸易协定、国际经贸规则）、地方经济与开放发展（国际合作园区、自由贸易试验区、沿边开放）等领域研究，连续多年出版、发布《中国自由贸易区发展报告》及 RCEP 相关研究报告。有关自由贸易协定、共建"一带一路"、沿边开放、经贸规则等领域的相关研究成果和咨政报告多次获得中央领导批示和全国商务发展成果奖，并被中办、国办以及中宣部等部门采用。2015 年以来，累计完成 100 多项来自国家部委、地方政府以及企业的委托研究课题项目，为中央、部委和地方等政策制定和决策咨询提供了大量研究支持，受到委托方和社会各界的广泛好评。

编委会

序　言

当今世界，百年变局加速演进，单边主义和贸易保护主义不断抬头，经济全球化遭遇逆流，国际经济秩序与多边贸易体系面临挑战，自由贸易和区域合作的重要性日益凸显。2022 年 1 月 1 日，《区域全面经济伙伴关系协定》（RCEP）的正式生效，为亚太乃至全球经济的复苏与增长注入了强劲动力，开启了区域经济一体化进程的新篇章。作为世界上参与人口最多、成员结构最多元、发展潜力最大的自由贸易协定，RCEP 的生效实施不仅重塑着区域经贸合作格局与产业链供应链形态，更承载着推动构建开放型世界经济、促进共同繁荣的时代使命。

中国始终坚持真正的多边主义，积极践行自由贸易理念。中国不仅在加入世界贸易组织（WTO）后全面履行市场开放承诺，并推动 WTO 在投资、数字贸易的开放和便利化方面发挥作用，而且积极加强与志同道合的伙伴建立自由贸易联系。截至 2025 年 5 月底，中国已经与 30 个国家和地区签署了 23 个自由贸易协定。2024 年，中国与协定已生效的 29 个自贸伙伴进出口额超过 19 万亿元，同比增长 6.3%，占中国对外贸易的比重达到 43%。当前，中国正在积极扩大高水平对外开放，加快构建面向全球的高标准自由贸易协定，而高质量实施 RCEP 正是其中的应有之义。中国高度重视并大力推动 RCEP 生效实施，习近平主席多次强调要高质量、高水平实施 RCEP。2022 年 1 月，中国商务部等 6 部门出台《关于高质量实施 RCEP 的指导意见》，为企业利用 RCEP 和地方高质量实施 RCEP 提供方向指引。

我院是商务部直属研究机构和首批国家高端智库，亚洲研究所致力于中国与亚洲国家经贸合作及区域经济一体化研究，在亚洲区域国别、自由贸易协定、国际经贸规则等领域具有丰富的研究积累，长期为政府部门决策提供决策咨询和智力支持，积极参与和推动区域经济合作、全球经济治理等领域的国际交流合作，不断扩大学术、社会和国际影响力。

2022年起，我院亚洲研究所根据亚洲合作资金"RCEP生效实施效果评估项目"要求，就RCEP对中国及区域影响进行跟踪研究，陆续发布系列研究成果。2024年，我院与国内外多个研究机构的专家学者开展交流合作，围绕RCEP生效实施对全球、区域以及地方、企业的影响进行共同研究，汇编形成《RCEP生效实施区域评估研究》一书。

本书的出版发行，旨在促进学术研究、政策制定以及企业实践的有机融合，为推动RCEP更高质量、更深层次的实施贡献智慧与力量。我们期望，通过本书的研究成果，能够帮助各方更加深入地理解RCEP的重要价值，充分把握RCEP带来的发展机遇，在区域经济一体化的新征程中实现互利共赢、共同发展，共同书写亚太地区乃至全球经济繁荣发展的新篇章。

王雪坤

商务部国际贸易经济合作研究院

2025年5月

前　言

RCEP 于 2022 年 1 月 1 日生效实施，2023 年 6 月在所有成员国全面生效，迄今已经走过了三年多的发展历程。RCEP 实施以来，虽面临全球大变局和诸多外部不稳定性因素，但其作为全球最大的自由贸易协定，不仅为促进成员国之间的贸易投资、加强产业链供应链合作发挥了重要作用，而且在推动区域经济一体化、提升区域经济活力方面取得了积极成效。RCEP 的实施为成员国带来了实实在在的经济利益，也为经济全球化和多边贸易体系的发展提供了新的动力和方向。中国坚持扩大高水平对外开放，推动全面高质量实施RCEP，与成员国深化经贸合作，为促进区域贸易投资和经济增长发挥了积极作用。

2024 年，在中国外交部亚洲合作资金 "RCEP 生效实施效果评估项目"的支持下，在商务部研究院院领导的全程指导下，商务部研究院亚洲研究所与来自国务院发展研究中心、中国社会科学院、中国宏观经济研究院、对外经济贸易大学、辽宁社会科学院、辽宁大学、山东大学、广西大学，以及印度尼西亚贸易部、日本政策研究大学院大学、韩国对外经济政策研究院、韩国延世大学、新加坡国立大学、越南社会科学翰林院、柬埔寨皇家科学院等机构的国内外专家学者开展交流合作，并将研究成果汇编为《RCEP 生效实施区域评估研究》一书。

本书共包括五个部分，系统地展现了 RCEP 生效实施以来对全球、区域、成员国以及地方和企业带来的影响，以及未来发展前景，并且提出了合作推动 RCEP 全面高质量实施的政策建议。

第一部分为总体评估篇，由袁波、王蕊和王清晨撰稿。本部分简要介绍了 RCEP 生效实施的概况，从宏观层面对 RCEP 区域的贸易往来与投资合作进展进行了分析评估，并在研究结论与启示的基础上提出合作建议。

第二部分为学术观点篇，由张燕生、赵晋平、沈铭辉、张中元、桑百川、余淼杰和顾源撰稿。本部分从专家视角分析了 RCEP 生效实施对全球贸易投资、区域贸易发展、东亚产业链供应链以及中国开放型经济建设的影响，并提出 RCEP 未来升级发展方向。

第三部分为国别案例篇，由篠田邦彦、金同铉、李尚勋、康端严、李耀、仝月婷、姚洁璐、Pradnyawati、Le Xuan Sang、金平、王蕊、潘怡辰、王清晨、刘桓、赵晶、朱思翘和蔡桂全撰稿。本部分选取中国、日本、韩国、东盟及其成员国印度尼西亚、越南和柬埔寨，从国别视角分析 RCEP 的具体实施效果，评估成员方在 RCEP 框架下的经贸合作进展，并提出政策建议。

第四部分为实践探索篇，由王蕊、来守林和孟月明撰稿。本部分从中观层面总结了中国地方政府推动 RCEP 实施的经验做法，并以广西和辽宁为例，分析了 RCEP 框架下地方政府如何抓住机遇，深化经贸合作，促进地方经济发展。

第五部分为微观应用篇，由刘文、程子健、王蕊、石新波、赵晶、潘怡辰、刘洪伯和张雪妍撰稿。本部分从微观层面分析了中国企业对 RCEP 的利用情况，既包括问卷调查，也包括企业案例，展示了 RCEP 为企业带来的机遇与挑战。

袁波和王蕊负责全书的统稿和编辑工作，实习生黄泽佳承担了本书的部分校对工作。本书各章节观点仅代表作者个人立场，书中内容（包括事实、数据、引用等）由各作者独立负责，主编已尽合理审核义务，但由于时间所限，难免存在纰漏和不妥之处，敬请广大读者批评指正。

目　录

第四篇　实践探索篇
中国地方对 RCEP 的实施情况

第五篇　微观应用篇
中国企业对 RCEP 的利用情况

图目录

表目录

第一篇　总体评估篇

RCEP 生效实施区域贸易投资进展及结论建议[①]

① 本篇作者：袁波，商务部研究院亚洲所研究员；王蕊，商务部研究院亚洲所研究员；王清晨，商务部研究院亚洲所研究实习员。

近年来，亚太区域面临的外部环境不容乐观，但 RCEP 的签署和生效实施，有力增强了区域贸易投资和企业生产经营的确定性。RCEP 生效两年来，区域整体对外贸易发展较为稳健，对全球投资者的吸引力不断上升。

一、RCEP 生效实施概况

2020 年 11 月 15 日 RCEP 正式签署，在成员方的共同努力下，于 2022 年 1 月 1 日正式生效实施，并于 2023 年 6 月 2 日在全部 15 个成员方生效。RCEP 合作机制也逐步完善，并陆续有中国香港、斯里兰卡和智利三个经济体提出申请加入 RCEP。

（一）RCEP 在成员方全面生效实施

根据 RCEP 生效条款（第二十章第六条），至少需要 6 个东盟成员国和 3 个非东盟成员国完成国内核准程序，才可达到协定生效实施的门槛。因此，在 2020 年 11 月 RCEP 正式签署后，成员方积极推动完成国内核准程序。2021 年 11 月，RCEP 保管机构——东盟秘书处发布通知，宣布文莱、柬埔寨、老挝、新加坡、泰国、越南等 6 个东盟成员国和中国、日本、新西兰、澳大利亚等 4 个非东盟成员国已向东盟秘书长正式提交核准书，达到协定生效门槛。2022 年 1 月 1 日，RCEP 在上述十国顺利生效实施。2022 年 2 月 1 日和 3 月 18 日，RCEP 分别对韩国和马来西亚生效；5 月 1 日，RCEP 在中缅之间实施。2023 年 1 月 2 日，RCEP 对印度尼西亚正式生效；6 月 2 日，RCEP 对菲律宾正式生效。至此，RCEP 对 15 个签署国全面生效，标志着全球经济规模最大的自由贸易区进入全面实施新阶段。表 1–1 为成员方批准 RCEP 时间。

表 1-1　成员方批准 RCEP 时间表

年份	东盟成员	非东盟成员
2021	泰国（2021 年 2 月核准，10 月交存核准书） 新加坡（2021 年 4 月完成国内核准程序并交存核准书） 柬埔寨（2021 年 9 月核准） 文莱（2021 年 10 月交存核准书） 越南（2021 年 10 月交存核准书） 老挝（2021 年 10 月交存核准书） 缅甸（2021 年完成国内核准程序并交存核准书）	中国（2021 年 3 月完成国内核准程序，4 月交存核准书） 日本（2021 年 4 月完成国内核准程序，6 月交存核准书） 澳大利亚（2021 年 11 月完成国内核准程序） 新西兰（2021 年 11 月完成国内核准程序） 韩国（2021 年 12 月完成国内核准程序并交存核准书）
2022	马来西亚（2022 年 1 月完成国内核准程序并交存核准书） 印度尼西亚（2022 年 8 月完成国内核准程序，11 月交存核准书）	
2023	菲律宾（2023 年 2 月完成国内核准程序，4 月交存核准书）	

资料来源：作者根据网络资料整理。

（二）RCEP 合作机制日益完善

RCEP 机构条款（第十八章）设置了 RCEP 部长会议、RCEP 联合委员会及委员会附属机构（以下简称"附属机构"）共三个层级的机构，以有效落实 RCEP 条款。RCEP 联合委员会附属机构包括货物委员会、服务和投资委员会、可持续发展委员会和商业环境委员会。同时，还要求设立 RCEP 秘书处并对秘书处工作进行监督，以为 RCEP 联合委员会及其附属机构提供秘书和技术支持。

RCEP 生效实施后的 3 年内[①]，成员国共召开了 3 次部长级会议和 8 次联合委员会会议，货物委员会、服务和投资委员会、可持续发展委员会和商业环境委员会四个附属机构也已经成立。这期间的主要成绩体现在：一是在东盟秘书处建立了 RCEP 支持机构（RCEP Support Unit，RSU），制定了职责范围和筹资安排，并推动其尽快全面投入运作，以便能够为 RCEP 联合委员会及其附属机构提供更好的支持；二是通过讨论达成了新成员加入程序，为后

---

① 截至 2024 年 11 月底。

续处理中国香港、斯里兰卡和智利的加入提供了依据；三是多次强调 RCEP 经济技术合作的重要性，鼓励各方开展更多合作活动，缩小协定实施差距；四是推动 RCEP 的全面生效实施，同时就降税和履行协议义务等开展了大量工作，确保 RCEP 得到高水平实施。表 1-2 为 RCEP 生效实施后部长级会议主要成果。

表 1-2　RCEP 生效实施后部长级会议主要成果

时间	部长级会议	主要成果
2022 年 9 月	第一次部长级会议	①欢迎 RCEP 自 2022 年 1 月 1 日起生效。柬埔寨是 2022 年东盟轮值主席国，也是 2012 年启动 RCEP 谈判时的东盟轮值主席国。会议注意到 RCEP 对本地区意义重大，期待所有签署国均完成协定核准。 ②注意到 RCEP 联合委员会取得的工作进展，欢迎在联合委员会监督下建立附属机构。会议鼓励各国官员努力提高 RCEP 的利用率，并监督和审议协定实施情况，以提升区域营商环境。为此，会议重申应避免采取与协定项下义务不一致的任何措施。会议期待根据各方商定的条件迅速建立 RCEP 秘书处，为 RCEP 联合委员会及其附属机构提供秘书和技术支持。 ③认为 RCEP 可为区域疫后复苏和建立更具韧性的供应链作出贡献。为此，会议强调应高水平运用 RCEP，深入推进区域经济一体化。
2023 年 8 月	第二次部长级会议	①高度肯定 2023 年 6 月 2 日 RCEP 对 15 个成员国生效实施的重要意义，认为协定的持续深入实施将为域内企业发展创造更多机遇，有力促进区域经济一体化，为地区和全球贸易投资增长注入强大动力。 ②各方承诺高水平履行 RCEP 义务，加快完成关税税则转版工作，确保降税顺畅到位。通过 RCEP 秘书机构的职责范围和筹资安排，推动其于 2024 年 1 月 1 日前开始运作。 ③指示 RCEP 联合委员会及其附属机构机制性开展工作，确保协定透明、顺利、有效实施。重申 RCEP 是开放、包容的协定，鼓励各方继续讨论并及时达成新成员加入程序；重申开展 RCEP 经济技术合作的重要性，期待通过开展经济技术合作项目，助力各方更好享受协定政策红利。
2024 年 9 月	第三次部长级会议	①将继续推动实施好 RCEP，使其得到域内企业的有效利用，为进一步深化区域经济一体化作出贡献。 ②欢迎 RCEP 支持机构执行主任就任，期待秘书机构年内全面投入运作。会议指示 RCEP 联合委员会及其附属机构继续努力开展工作，确保协定透明、顺利、有效实施。 ③重申 RCEP 经济技术合作的重要性，鼓励各方开展更多合作活动，缩小协定实施差距。

时间	部长级会议	主要成果
2024 年 9 月	第三次部长级会议	④重申 RCEP 是一个开放包容的区域协定，欢迎 RCEP 联合委员会通过新成员加入程序。 ⑤重申 RCEP 成员国承诺不采取任何不符合 RCEP 义务的措施，并保持市场开放、自由和以规则为基础，以消除不必要的贸易壁垒，加强贸易和投资便利化。

资料来源：作者根据网络资料整理。

二、RCEP 区域贸易投资进展评估

RCEP 生效实施前的 2021 年是一个极为特殊的年份，世界货物贸易与外国直接投资在经历新冠疫情冲击后快速反弹，同比增速分别高达 25% 和 64.3%。2022 年以来，疫情、通货膨胀、汇率波动以及地缘政治、经济安全等多种宏观因素的叠加，对 RCEP 区域贸易投资产生了复杂影响。例如，受国际能源与大宗商品价格及汇率波动等因素影响，RCEP 生效实施后的 2022 年和 2023 年，区域整体对世界贸易同比分别呈现"量减额增"和"量增额减"的现象。鉴于此，在从宏观层面对 RCEP 生效实施两年来的贸易投资情况进行评估时，需要客观地考虑 2021 年高基数①以及 2022 年以来多重因素叠加带来的综合影响。

（一）区域整体对外贸易较为稳健

据《全球贸易观察》（GTF）数据库统计，2023 年，RCEP 区域对世界贸易总额约为 13 万亿美元②，同比虽下降 6.8%，但仍高于 2021 年水平（12.8万亿美元）；其中，对世界出口 6.9 万亿美元，自世界进口 6.1 万亿美元，同比分别下降 5.9% 和 7.8%。从 RCEP 区域占世界贸易的比重来看，2022 年为

---

① 2021 年，RCEP 区域对世界贸易增速达到 26.7%，占世界的比重达到 28.8%；除缅甸外，其他 RCEP 成员国当年贸易同比增速多在 20%~30% 之间浮动，印度尼西亚和文莱同比增速高达 40.3% 和 64.1%，中国为 28.8%。同期，RCEP 区域吸引外国直接投资流量同比增长 52.6%，除文莱、柬埔寨、泰国和越南外，包括中国在内的绝大多数 RCEP 成员国利用外资均创历史新高。

② 其中柬埔寨、老挝和文莱三国为 GTF 镜像数据。

28.1%，2023 年约为 28%，虽较 2021 年（28.8%）和 2020 年（28.7%）略有降低，但仍然高于 2018—2019 年期间 27% 的平均水平（图 1-1）。

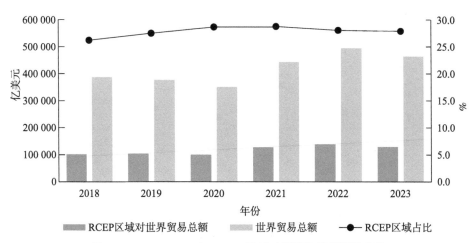

图 1-1　2018—2023 年 RCEP 区域对世界贸易总额及占比

注：2023 年为镜像值。

资料来源：根据 GTF 数据库整理。

2023 年，以美元计价，泰国、中国和越南对世界贸易进出口额较 2022 年同比分别下降 3.0%、5.0% 和 5.5%，新西兰（-7.7%）、菲律宾（-8.1%）、日本（-8.6%）、柬埔寨（-8.7%[①]）、澳大利亚（-8.6%）、印度尼西亚（-9.2%）、新加坡（-9.3%）、缅甸（-9.6%）、韩国（-9.9%）和马来西亚（-10.6%）等十国对世界贸易额同比降幅在 7%～10%。在区域主要成员中，泰国、中国和越南的对外贸易降幅较小（图 1-2）。

与 RCEP 生效实施前的 2021 年相比，RCEP 多数成员对世界贸易发展仍然较为稳健。以美元计价，2023 年，印度尼西亚、澳大利亚、马来西亚、泰国、缅甸对世界贸易较 2021 年增长较快，增幅分别为 12.4%、8.7%、7.7%、6.9% 和 5.9%；新加坡（3.9%）、越南（3.4%）、菲律宾（3.9%）增幅超过 3%，韩国为 1.3%，中国（-1.0%）、日本（-1.4%）和新西兰（-2.0%）则有轻微下降（图 1-3）。

---

① 根据柬埔寨海关网站（https://stats.customs.gov.kh/en）数据计算。

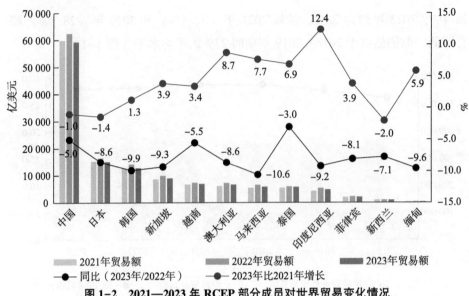

图 1-2 2021—2023 年 RCEP 部分成员对世界贸易变化情况

资料来源：根据 GTF 数据库整理。

(二) 区域内部贸易呈现波动发展

RCEP 生效实施后的两年内，区域内部贸易较 2021 年均有所增长。2022 年和 2023 年，RCEP 区域内部贸易分别为 6.0 万亿美元和 5.6 万亿美元①，较 2021 年分别增长 9.7% 和 0.4%，占 RCEP 区域对世界贸易的比重稳定在 43% 左右（图 1-3）。

RCEP 生效实施后，中国、日本和韩国在 RCEP 区域内贸易中位居前三，2023 年三国对 RCEP 成员贸易额占 RCEP 区域内贸易的比重分别为 32.1%、12.4% 和 10.5%。东盟国家中，新加坡、越南、马来西亚、泰国、印度尼西亚占比在 5%~8% 之间（图 1-4）。

但也需看到，与对世界贸易相比，RCEP 区域内部贸易波动幅度略大。2023 年，中国（-6.7%）、日本（-11.8%）、韩国（-12.7%）、泰国（-4.6%）、新西兰（-8.9%）、越南（-4.6%）、澳大利亚（-8.3%）、菲律宾（-6.9%）等八国对区域内部贸易同比下降幅度在 4%~13% 之间波动，仅越南、澳大利亚、菲律宾对区域内部贸易降幅低于对世界贸易降幅（图 1-5）。

---

① 2023 年柬埔寨、老挝和文莱三国为 GTF 镜像数据。

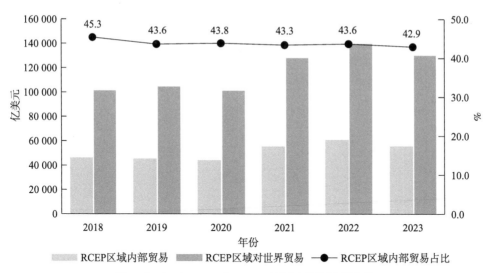

图1-3 2018—2023年RCEP区域内部贸易及占比

注：2023年为镜像值。

资料来源：根据GTF数据库整理。

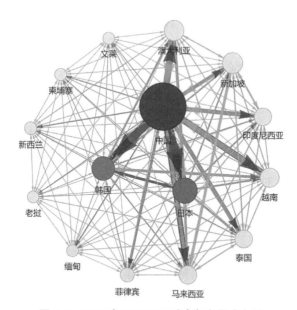

图1-4 2023年RCEP区域内部贸易流向图

注：国家点的面积以该国对区域总贸易额为权重绘制；线的粗细以国家间贸易额为权重绘制。

资料来源：根据GTF数据库整理。

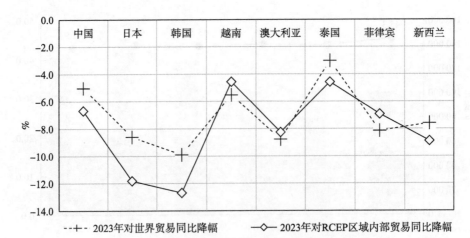

图 1-5　2023 年 RCEP 部分成员对区域内部贸易同比变化

注：以美元计价。

资料来源：根据 GTF 数据库整理。

东盟整体与中国等成员对 RCEP 区域内贸易依赖度较为稳定。2018—2022 年期间，东盟对 RCEP 区域内贸易的依赖度在 56.4%~56.9% 之间轻微浮动，2022 年为 56.7%，较 2021 年仅下降 0.2 个百分点，2023 年预计与 2022 年持平①。东盟中的菲律宾、越南、印度尼西亚对 RCEP 区域内贸易的依赖度持续上升，2023 年分别为 63.5%、56.4% 和 62.4%，比 2021 年分别提高了 1.3 个、0.9 个和 0.8 个百分点；泰国 2023 年依赖度为 54.5%，比 2021 年下降 3.2 个百分点。2023 年，日本、韩国对 RCEP 区域内贸易的依赖度均降至 46.0%，分别比 2021 年降低了 2.0 个和 2.3 个百分点。2021—2023 年期间，澳大利亚与新西兰对 RCEP 区域内贸易的依赖度较为稳定，前者在 66% 左右浮动，后者约为 61%（图 1-6）。

非油气类矿产品、运输设备及部分食品农产品贸易额逆势增长，显示出较强的发展韧性。一是 RCEP 为区域内成员加强关键矿产资源领域的供应链合作提供了更多保障，区域内以稀土、新能源矿产等为代表的金属矿及矿砂贸易额持续增长。2023 年，澳大利亚对 RCEP 伙伴金属矿及矿砂贸易额达到 938.8 亿美元，占该类产品对世界贸易总额的 93.3%，同比增长 3.8%，高于

---

① 因 2023 年柬埔寨、老挝和文莱三国为 GTF 镜像数据，此处东盟整体 2023 年数据也为预计值。

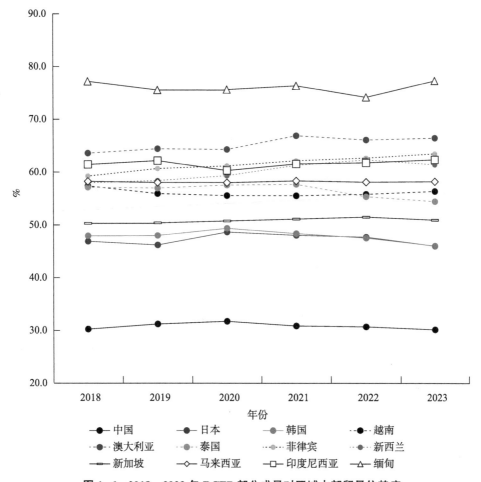

图1-6 2018—2023年RCEP部分成员对区域内部贸易依赖度

资料来源：根据GTF数据库整理。

该类产品对世界贸易增速1.6个百分点；中国与RCEP伙伴的稀土①贸易额达到23.9亿美元，占该类产品对世界贸易总额的81.0%，同比增长30.7%，高于该类产品对世界贸易增速21.7个百分点。二是在汽车、船舶、航空器等品类的带动下，RCEP区域运输设备产品贸易额大幅增长。2023年，中国、日本、韩国、泰国、澳大利亚车辆及其零附件（HS87章）对世界贸易额同比增

---

① 含HS 25309020、HS 280530和HS 2846项下商品。

速均超过10%；中国、韩国和越南船舶及浮动结构体（HS89章）对世界贸易额同比增速分别达到18.1%、13.5%和30.3%，日本、泰国、澳大利亚同比增速分别为7.6%、2.9%和5.2%，其中韩国（61.3%）、泰国（12.8%）对RCEP区域内部贸易增速明显高于对世界贸易增速。后疫情时代，随着航空运输市场的快速恢复，航空器、航天器及其零件（HS88章）贸易呈现高速增长态势。2023年，中日韩三国该章产品对RCEP区域内部贸易额同比增速分别达到58.1%、46.2%和67.9%，明显高于同期该章产品对世界贸易的增速。三是在2023年以来价格持续上涨的大背景下，受益于RCEP生效实施带来的贸易自由化便利化水平的提高，谷物、糖及糖食、食用水果及坚果、可可及其制品、饮料等食品农产品对区域内贸易呈现更快增长速度。

（三）区域各国吸引外资出现分化

两年来，成员国扩大开放、提振合作信心，为企业在区域内生产经营提供了更多确定性，RCEP区域逆势发展，成为全球投资的热点区域。2022年，全球外国直接投资（FDI）流量下降了12.4%，而RCEP区域吸引外国直接投资流量达到5311.1亿美元，逆势增长13.9%，占全球的比重达到41.0%，较2021年提高了9.5个百分点（图1-7）。据联合国贸易和发展会议（UNCTAD）统计，2023年，全球外国直接投资流量下降了1.8%，显示出投资者对海外扩张仍持谨慎态度。增长前景疲软、经济分化趋势、贸易和地缘政治紧张局势以及产业政策和供应链多样化的挑战，均影响了各国的外商直接投资流动。2023年，RCEP15个成员国吸引外国直接投资流量为4596.1亿美元（图1-8），同比下降了15.4%，反映出RCEP区域内投资环境所面临的挑战。同期，RCEP区域吸引外国直接投资流量占全球的比重达到34.5%。

2023年，多数东盟成员国吸引外资延续了2022年以来的良好态势，非东盟成员国吸引外资普遍下降。尽管整体趋势偏向下行，但RCEP区域内却存在着显著的差异化和韧性，非东盟成员国在2023年吸引外国投资流量普遍呈现下降趋势，而东盟国家中，越南、菲律宾、柬埔寨、新加坡、缅甸和老挝吸引外国直接投资流量同比呈现不同程度增长（图1-9）。

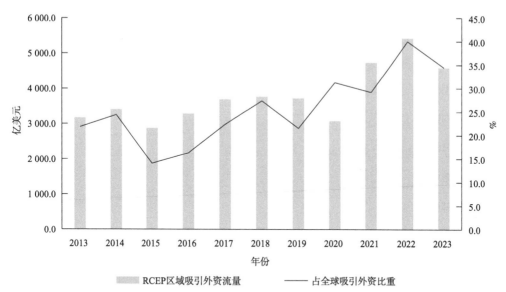

图 1-7　2013—2023 年 RCEP 区域吸引外国直接投资流量及占比

资料来源：作者根据 UNCTAD 发布的 *World Investment Report* 2024 整理。

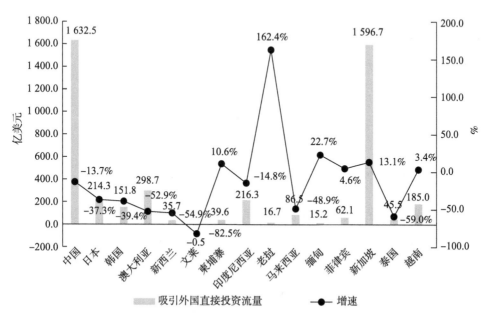

图 1-8　2023 年 RCEP 成员国吸引外国直接投资流量及增速

资料来源：作者根据 UNCTAD 发布的 *World Investment Report* 2024 整理。

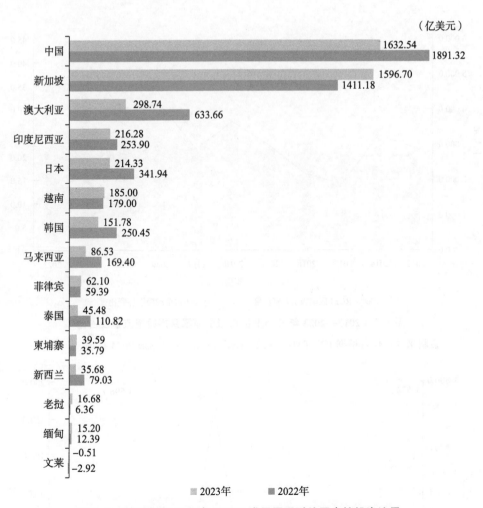

图 1-9 2023 年和 2022 年 RCEP 成员国吸引外国直接投资流量

资料来源：作者根据 UNCTAD 发布的 *World Investment Report* 2024 整理。

从国别结构看，中国、新加坡、澳大利亚吸引外资流量位列 RCEP 区域内前三，金额分别为 1 632.5 亿美元、1 596.7 亿美元和 298.7 亿美元，分别占比 12.3%、12.0% 和 2.2%（图 1-10）。吸引外资的存量方面，RCEP 区域内外国投资主要沉积在中国和新加坡，分别为 36 596.3 亿美元和 26 323.6 亿美元，占 RCEP 区域外国投资存量的 40.8% 和 29.4%（表 1-3）。

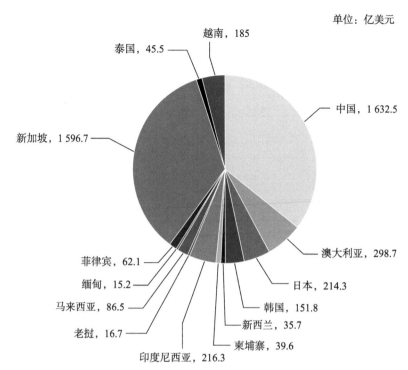

图 1-10　2023 年 RCEP 区域吸引外国直接投资的国别结构

注：图中数字单位为亿美元。

资料来源：作者根据 UNCTAD 发布的 *World Investment Report* 2024 整理。

表 1-3　2023 年 RCEP 成员国吸引外国直接投资流量和存量情况

国别/区域	流量/亿美元	同比/%	存量/亿美元
中国	1 632.5	-13.7	36 596.3
日本	214.3	-37.3	2 468.0
韩国	151.8	-39.4	2 841.5
澳大利亚	298.7	-52.9	8 074.3
新西兰	35.7	-54.9	991.3
文莱	-0.5	-82.5	67.5
柬埔寨	39.6	10.6	484.2
印度尼西亚	216.3	-14.8	2 856.9
老挝	16.7	162.4	144.0
马来西亚	86.5	-48.9	2 017.4

续表

国别/区域	流量/亿美元	同比/%	存量/亿美元
缅甸	15.2	22.7	399.5
菲律宾	62.1	4.6	1 189.9
新加坡	1 596.7	13.1	26 323.6
泰国	45.5	−59.0	2 908.7
越南	185.0	3.4	2 289.7
RCEP 区域	4 596.1	−15.4	89 652.8
全球	13 318.1	−1.8	491 308.5
占比	34.5	—	18.2

资料来源：作者根据 UNCTAD 发布的 *World Investment Report* 2024 整理。

（四）区域吸引绿地投资逆势上扬

RCEP 生效实施两年来，随着区域营商环境的日益改善和确定性的不断增强，RCEP 区域吸引的绿地投资项目数量、金额持续增加。据 fDi Markets 统计，2023 年，RCEP 区域吸引的绿地投资项目共计 2340 个，同比增长 28.6%，比 2021 年增加了 33.9%；投资金额达到 2430.9 亿美元，同比增长 29.8%，比 2021 年增加了约 1.2 倍（表 1-4）。

表 1-4 2018—2023 年 RCPE 区域吸引绿地投资及占比

年份	RCEP 区域吸引绿地投资项目数量/个	全球吸引绿地投资项目数量/个	RCEP 区域吸引绿地投资项目数量占全球比重/%	RCEP 区域吸引绿地投资金额/亿美元	全球吸引绿地投资金额/亿美元	RCEP 区域投资金额占全球比重/%
2018	3 119	18 531	16.8	2 534.1	9 511.7	26.6
2019	2 731	18 502	14.8	1 897.5	8 489.7	22.4
2020	1 621	13 320	12.2	1 123.9	6 393.0	17.6
2021	1 747	14 857	11.8	1 125.8	7 993.7	14.1
2022	1 819	16 441	11.1	1 872.6	11 781.4	15.9
2023	2 340	16 810	13.9	2 430.9	12 945.9	18.8

资料来源：根据 fDi Markets 数据库整理。

以 RCEP 生效前后为时间节点，RCEP 区域吸引绿地投资项目数和金额持续增长，呈"V型"复苏。2018—2021年，RCEP区域吸引绿地投资项目数和投资金额呈现整体下降趋势，项目数从3 119个下降至1 747个，下降幅度约为44%，占比从16.8%降至11.8%；投资额从2 534.1亿美元下降至1 125.8亿美元，降幅约为56%，占比从26.6%降至14.1%。2022年RCEP生效实施后，RCEP区域吸引绿地投资项目数和投资金额持续复苏回升，绿地投资金额实现两连增，2023年达到2 430.9亿美元，同比增长29.8%，约是2021年的2.2倍，已接近2018年（2 534.1亿美元）的水平。绿地投资项目数则在2023年达到了2 340个，同比增长28.6%，约是2021年的1.3倍，但较2018年（3 119个）的水平仍有较大差距（图1-11）。2022—2023年期间，RCEP区域吸引的绿地项目平均投资金额均超过100万美元，而2019—2021年期间均不足70万美元；每年投资的企业数量平均达到1 634家，远超过2020—2021年年均1 347家的水平。

受美国产业回流等政策影响，RCEP区域吸引绿地投资占全球绿地投资比重仍未回到2018年水平。2023年，RCEP区域吸引绿地投资项目数和投资额分别占全球的13.9%和18.8%，虽然相较2021的低点均有一定程度的回升，但仍然低于2018年16.8%和26.6%的占比。其中，2023年RCEP区域吸引绿地投资金额的占比相较2018年低了7.8个百分点（图1-11）。值得注意的是，近年来美国采取"产业回流、资本回流、友岸外包"等政策，使得北美地区吸引的绿地投资份额迅速提高，这也是RCEP区域份额相对下降的主要原因之一。2021年，北美地区吸引绿地投资金额达到2 787亿美元，占全球的34.9%，比2018年提高了14.5个百分点；尽管2023年有所回落，但北美地区占比仍达26.8%，相比2018年仍提高了6.5个百分点。

RCEP生效实施后，可再生能源行业吸引绿地投资表现最为突出，电子元器件制造和通信业持续位列前五。2022—2023年，RCEP区域可再生能源行业吸引绿地投资金额达955.8亿美元，高居各行业第一名，占RCEP区域吸引绿地投资总额的22.2%；电子元器件制造和通信业吸引绿地投资额分别为367.6亿美元和311.6亿美元，同比分别增长49.1%和52.9%（表1-5）。RCEP的生效实施为区域发展可再生能源相关产业提供了动力。一是随着RCEP的实施，清洁能源设施零部件等产品的关税有望在未来进一步降低。二是在区域内各成员国加快能源转型、大力发展新能源产业等政策的支持下，

RCEP 为区域内包括新能源汽车、光伏等新能源相关产业的合作提供助力，促进各种要素实现跨国高效流动。

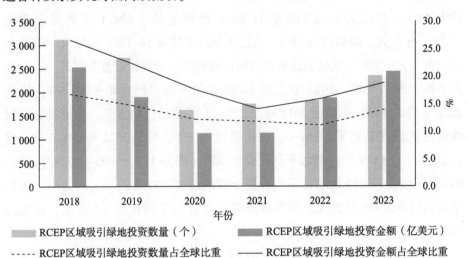

图 1-11　2018—2023 年 RCEP 区域吸引绿地投资及占比

资料来源：根据 fDi Markets 数据库整理。

表 1-5　2018—2023 年 RCEP 吸引绿地投资前五大行业分布

2018—2019 年			
排序	行业	吸引绿地投资额/亿美元	占比/%
1	房地产	574.9	13.0
2	煤炭、石油、天然气	568.4	12.8
3	可再生能源	506.0	11.4
4	酒店和旅游业	388.9	8.8
5	自动驾驶主机	319.2	7.2
2020—2021 年			
排序	行业	吸引绿地投资额/亿美元	占比/%
1	电子元器件	246.6	11.0
2	可再生能源	234.2	10.4
3	通信	203.8	9.1
4	化学	191.0	8.5
5	半导体	182.9	8.1

续表

2022—2023 年			
排序	行业	吸引绿地投资额/亿美元	占比/%
1	可再生能源	955.8	22.2
2	矿业	456.8	10.6
3	房地产	418.8	9.7
4	电子元器件	367.6	8.5
5	通信	311.6	7.2

资料来源：根据 fDi Markets 数据库整理。

东盟整体吸引绿地投资金额呈显著上升态势，占比逐年增大。2023 年，东盟吸引绿地投资金额为 1 489.6 亿美元，同比增长 65.1%，相比 2021 年增加了近两倍，占 RCEP 区域吸引绿地投资总额的比重也提升到 61.3%，比 2021 年提高 16.5 个百分点。东盟国家中，印度尼西亚、越南、马来西亚和菲律宾是增长主力军，"量""速"兼备。2023 年，以上四国吸引绿地投资额依次为 574.4 亿美元、287.7 亿美元、281.6 亿美元和 191.7 亿美元，同比分别增长 144.2%、18.8%、104.2%和 508.6%，相比 2021 年分别增加了 529.2%、287.8%、57.1%和 1 689.0%。上述四国吸引绿地投资所占比重分别为 23.6%、11.8%、11.6%和 7.9%。其他非东盟成员国中，日韩吸引绿地投资实现快速增长。2023 年，日本和韩国吸引绿地投资金额分别为 259.4 亿美元和 146.3 亿美元，同比分别增长 207.1%和 154.2%，相较 2021 年分别增加了 81.1%和 232.2%。同期，澳大利亚吸引绿地投资金额为 233.7 亿美元，相对于 2022 年的高基数下降 65.1%，但比 2021 年增加了 84.8%（表 1-6）。

表 1-6　2021—2023 年 RCEP 成员吸引绿地投资情况

国别/区域	2021 年		2022 年		2023 年		2023 年相对变化	
	金额/亿美元	占比/%	金额/亿美元	占比/%	金额/亿美元	占比/%	同比/%	对比2021 年/%
澳大利亚	126.5	11.2	669.1	35.7	233.7	9.6	−65.1	84.8
中国	237.3	21.1	141.5	7.6	288.5	11.9	103.9	21.6
日本	143.2	12.7	84.5	4.5	259.4	10.7	207.1	81.1

续表

国别/区域	2021 年		2022 年		2023 年		2023 年相对变化	
	金额/ 亿美元	占比/%	金额/ 亿美元	占比/%	金额/ 亿美元	占比/%	同比/%	对比 2021 年/%
韩国	44.0	3.9	57.5	3.1	146.3	6.0	154.2	232.2
新西兰	71.0	6.3	17.9	1.0	13.5	0.6	−24.6	−81.0
东盟	503.8	44.8	902.1	48.2	1489.6	61.3	65.1	195.6
文莱	1.5	0.1	0.015	0.0	0.032	0.0	113.3	−97.9
柬埔寨	3.7	0.3	7.0	0.4	24.8	1.0	253.3	564.7
印度尼西亚	91.3	8.1	235.2	12.6	574.4	23.6	144.2	529.2
越南	74.2	6.6	242.1	12.9	287.7	11.8	18.8	287.8
马来西亚	179.2	15.9	137.9	7.4	281.6	11.6	104.2	57.1
菲律宾	10.7	1.0	31.5	1.7	191.7	7.9	508.6	1 689.0
新加坡	106.3	9.4	100.8	5.4	69.5	2.9	−31.0	−34.6
泰国	33.7	3.0	146.9	7.8	56.4	2.3	−61.6	67.2
缅甸	1.5	0.1	0.7	0.0	0.5	0.0	−22.6	−63.9
老挝	1.7	0.1	—	—	3.0	0.1	—	78.4

资料来源：根据 fDi Markets 数据库整理。

三、主要结论与启示

（一）主要结论

由于 RCEP 生效实施不足三年，还难以运用合理的计量工具对其实施效果进行更加深入的评估，但结合贸易投资数据和企业问卷结果以及专家层面的研讨，仍然可以得出以下结论。

一是 RCEP 为经济全球化注入新动能。RCEP 生效实施两年多来，面对新冠疫情、通货膨胀、汇率波动以及地缘政治、经济安全等多重挑战，持续释放机制红利，有力提振了区域贸易与投资信心，成为全球经济增长的新引擎。一方面，RCEP 区域一体化的开放效应部分抵消了全球外需波动以及贸易限制性措施大幅增加带来的不利影响，数字贸易、绿色贸易等新型贸易发展明显加速，也对全球经济增长产生积极影响。另一方面，RCEP区域是全球绿地投资、跨国并购等投资合作的重要地区，RCEP生效实施促进区域生产网络和生产方式转型，重塑全球产业链、供应链格局。同时，RCEP生效实施为区域内新一代信息技术、人工智能、清洁能源、生物医药等新产业发展创造了制度环境，为全球投资增长提供了重要动力。

二是RCEP增强了区域贸易的发展韧性。RCEP生效实施提高了区域贸易自由化、便利化水平，成员之间的贸易韧性增强，在全球贸易波动和冲击中保持了相对稳定。2023年，RCEP区域对世界贸易总额为13万亿美元，高于2021年12.8万亿美元的水平。从RCEP区域在世界贸易中的占比来看，2022年和2023年约为28%，虽较2021年（28.8%）和2020年（28.7%）略有降低，但仍然高于2018—2019年期间27%的平均水平。在出口方面，2023年，RCEP区域出口额为6.9万亿美元，占全球出口份额的30%，接近欧盟的水平（31.2%），远高于美墨加区域（13.7%）；在进口方面，RCEP区域进口额为6.1万亿美元，占全球进口份额的25.8%，低于欧盟4.3个百分点，高于美墨加区域7.4个百分点（图1-12）。从贸易商品来看，2023年，RCEP区域三分之一以上的货物贸易集中于机电产品（HS84章和HS85章），矿物燃料（HS27章）、车辆及其零附件（HS87章）、无机化学品（HS28章）等商品贸易额相比2021年分别实现30.7%、22.0%和45.0%的增长。

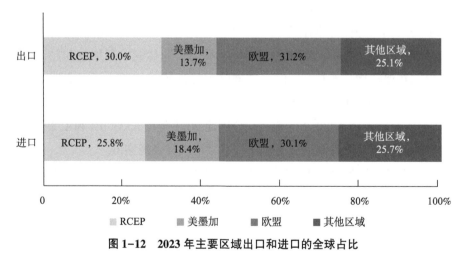

图1-12 2023年主要区域出口和进口的全球占比

资料来源：根据GTF数据库整理。

三是 RCEP 促进区域产供链深度融合，各成员国均从中获益。RCEP 生效实施增强了区域产业链供应链的紧密性，对于提升区域整体竞争力具有重要意义。RCEP 通过降低关税和非关税壁垒，促进成员间的贸易增长，反映出区域内供应链整合的进一步深化。而原产地累积规则也使企业更倾向于从区域内采购中间产品和零部件，在区域内灵活布局产业链，为各成员跨境产业合作提供了重要支撑。RCEP 区域已在汽车、石化、机械、电子、纺织、能矿产品、农副产品加工等领域形成了紧密的产业链供应链合作关系，内部贸易显示出较强的发展韧性。2023 年 RCEP 区域内部贸易约为 5.6 万亿美元，较 2021 年增长 0.4%，占 RCEP 区域对世界贸易的比重稳定在 43% 左右。中国、日本和韩国在 RCEP 区域内贸易中位居前三，2023 年三国对 RCEP 成员贸易额占 RCEP 区域内贸易的比重分别为 32.1%、12.4% 和 10.5%。东盟国家中，新加坡、越南、马来西亚、泰国、印度尼西亚占比在 5%～8% 之间。

四是 RCEP 提升了区域投资合作预期。RCEP 生效实施两年来，各成员扩大开放、提振合作信心，区域营商环境不断改善，为企业在区域内生产经营提供了更多确定性。2022 年，全球 FDI 流量下降 12.4%，而 RCEP 区域吸引外国直接投资流量达到 5 311.1 亿美元，逆势增长 13.9%，占全球的四成左右。2023 年，剔除中转经济体资金流动剧烈波动的影响，全球 FDI 流量比上年下降 10% 以上，加之美国产业回流等政策影响，RCEP 区域吸引 FDI 流量也下滑至 4596.1 亿美元，同比下降 15.4%，占全球比重为 34.5%，仍高于 2021 年 5.3 个百分点。其中，柬埔寨、老挝、缅甸、菲律宾、新加坡和越南等成员吸引 FDI 保持增长态势。同时，区域吸引绿地投资逆势上扬，表明各方对 RCEP 区域投资预期仍在不断上升。2023 年，RCEP 区域吸引绿地投资项目数 2 340 个，投资金额 2 430.9 亿美元，分别比 2021 年增长 33.9% 和 1.2 倍。可再生能源、电子元器件制造和通信业吸引绿地投资表现突出。

五是 RCEP 区域经贸合作潜力有进一步释放空间。2023 年，RCEP 区域内贸易总额约占 RCEP 整体对外贸易总额的 43%，但与欧盟相比仍有较大的提升空间。部分 RCEP 成员国已经公布了原产地证书的签发和利用情况，显示出企业正在从 RCEP 开放中受惠。据日本经济产业省统计，2022 年和 2023 年日本商工会议所签发的 RCEP 原产地证书数量分别达到近 9 万份和 13.7 万份，居其签发的各类优惠贸易协定证书之首。据韩国海关总署统计，2022年，韩国利用RCEP原产地证书的出口额为33亿美元，进口额为56亿美元，主要集中在日本和中国。据中国海关总署统计，2023年，RCEP项下享惠进口905.2亿元，减让税款23.6亿元；享惠出口2700.7亿元，可享受成员国关税减让40.5亿元。与同期中国、日本、韩国对RCEP成员国的进出口规模相比，其RCEP证书利用情况仍有较大的提升空间，未来对贸易促进的增长潜能还可进一步提高。从东盟国家的情况来看，由于之前与RCEP区域内的非东盟成员已经签署过较高水平的双边自贸协定，因此RCEP的利用率相对就更低。例如，2023年，印度尼西亚共发放10 320份RCEP原产地证书，出口额为4.4亿美元，占出口总额的0.32%。2023年，越南利用RCEP原产地证书的出口额为18亿美元，占出口总额的比重虽较2022年（0.7%）有提高，但也只有1.3%。目前对中国、日本等国企业的问卷调查显示，受访企业中，RCEP等自贸协定的原产地证明的利用率也还有上升的空间。

特别是与货物贸易相比，RCEP区域服务贸易规模相对较小但发展潜力巨大，投资领域的内部合作也还有进一步挖掘和拓展的空间。在投资特别是绿地投资方面，美欧等区域外经济体仍是对RCEP成员国绿地投资的主要来源地，且部分成员国在吸引绿地投资方面也呈现下降态势。随着2023年RCEP在印度尼西亚和菲律宾的生效实施，以及中国香港、斯里兰卡和智利等经济体也在申请加入RCEP，预计未来RCEP区域经贸合作潜力还有进一步释放的空间。

（二）启示

虽然得到上述结论，但是我们仍然需要客观评估和看待RCEP生效实施的效果。

一是在关注RCEP短期效果的同时，要更加重视RCEP的长期效应和动态效应。RCEP照顾了大多数成员国的发展实际，采取了较为温和、渐进式的贸易投资自由化安排，由于绝大多数成员之间已有较高水平的自贸协定，因此RCEP对贸易投资的影响也将是一个渐进和长期的过程，就客观经济规律而言不能期待短期内显著见效。随着关税水平的逐步降低和非关税壁垒的逐步消除，以及服务投资市场的全面开放，RCEP 对区域内贸易投资的促进作用将逐步得到释放。特别是从长期来看，RCEP 在促进区域规制融合、降低制度性合作成本以及巩固和发展区域产业链供应链等方面的深远影响值得期待。RCEP 作为一个开放的"活"协定，未来将逐步推动开放承诺和规则标准的不断升级，吸纳更多的新成员加入，推动更大范围产业链供应链体系的发展，让更多国家、更多企业从中受益；同时，随着 RCEP 影响力的不断增强，其对区域外经济体的溢出效应会更加明显，对全球经济增长的带动作用也会进一步加强。

二是在关注 RCEP 各成员受益的同时，更要看到 RCEP 带来的创造效应和溢出效应。从 RCEP 生效实施以来贸易投资数据来看，成员之间呈现出的分化引发了关于谁受益更多、谁受益更少的讨论，RCEP 的目标是希望通过利益平衡的贸易自由化安排和包容开放的高标准经贸规则体系，保障每个成员共同获益、实现"多赢"。RCEP 对柬埔寨、老挝、缅甸等欠发达成员提供了特别优惠待遇，帮助其提高能力以适应更高水平的开放要求，对中小企业也列出了广泛的合作领域以促进其从中获益，目前也正在推动经济技术合作项目。只有在共同获益的目标下，RCEP 才能够可持续发展，因此不能仅仅关注"蛋糕"如何分、谁受益更多、谁是领导者，更需要关注如何充分发挥 RCEP 带来的贸易投资的创造效应和溢出效应，共同把 RCEP 区域贸易投资的"蛋糕"做大，促进各成员通过 RCEP 实现互利共赢。

三是要看到 RCEP 对贸易投资影响机制的复杂性，其实施效果受到外部因素的扰动。RCEP 等自贸协定对贸易投资的影响机制比较复杂，不仅存在一定的滞后效应，还会受到各种外部因素的干扰。对于企业而言，其产业链供应链的调整决策需要综合考虑各种因素，RCEP 的生效实施仅是其考虑的因素之一。汇率、价格波动以及地缘政治、经济安全等宏观因素，对贸易投资具有更大、更直接的影响，而这些影响的方向不一定与 RCEP 相一致。对此，需要有更加客观的认识和正确的预期。尤其是当前亚太区域贸易发展环境日益复杂严峻，不仅面临着逆全球化和地缘政治博弈等外部压力，而且一些国家在产业链供应链等领域采取歧视性和排他性措施，干扰企业正常的贸易投资活动和供应链布局。这些做法与 RCEP 和 WTO 的市场化规则背道而驰，不仅影响到 RCEP 区域产业链供应链价值链的构建，也给区域内贸易投资带来更多不稳定因素。

　　四是 RCEP 可能并不完美，也存在一些客观局限与不足，如企业利用率和协定开放水平有待提高、规则标准履行有待强化、行业或区域受益不均衡等，但这些问题都能在发展中不断得到解决和完善，未来更需要的是合力去探寻解决这些问题的方案。例如，在 RCEP 与其他自贸协定叠加实施的情况下，企业只要能够顺畅地用好用足这些自贸协定并从中受惠，综合利用率就会提升，那么即使 RCEP 这一协定的利用率偏低，也不应成为一个现阶段被突出强调的问题。我们更应看到，在当前全球大变局以及传统国际经贸秩序面临剧烈冲击的环境下，RCEP 作为一个开放包容、互利共赢的区域自由贸易协定，成员国致力于推动贸易投资自由化便利化，打造务实的经济合作平台而非政治博弈的工具，能够为企业在区域内的贸易投资提供更有力的制度性保障和更加友好的合作环境，帮助企业减轻外部环境不确定性带来的困难与风险。在此形势下，更需要 RCEP 各成员方继续坚持 RCEP 自由开放的合作理念，相向而行。

四、合作推动 RCEP 全面高质量实施的政策建议

　　经过两年多的实施，RCEP 已然显现出应对全球变局、抵御外部风险与不确定性的强大韧性，为区域各国贸易投资和经济产业发展发挥了积极作用。未来，各成员方应继续共同努力，进一步推动 RCEP 全面高质量实施，不断增强区域合作动能，积极打造亚太乃至全球经济增长的新引擎。

（一）协同建设 RCEP 区域开放合作新平台

　　共同推动 RCEP 合作机制与相关架构的完善和优化，包括为充分发挥RCEP 支持机构的作用，并逐步推动其成为单独的 RCEP 秘书处（表 1-7）。加强货物委员会、服务和投资委员会、可持续发展委员会和商业环境委员会四个附属机构下的经贸合作，开展务实合作项目，共同解决协定实施中遇到的困难，并为协定的提质升级凝聚共识。鼓励各方充分利用 RCEP 区域内的经济技术合作资金，围绕贸易便利化、电子商务与消费者保护、知识产权、服务贸易负面清单、竞争、政府采购等领域，协同加强对老挝、缅甸、柬埔

寨等欠发达成员的能力建设。推动RCEP条款审议，适时开展后续升级谈判，进一步降低关税与非关税壁垒，简化通关程序，优化原产地规则，放宽服务贸易和投资市场准入，提升电子商务、知识产权、中小企业等规则标准，并探讨纳入环境与可持续发展、劳动者权益、国有企业等议题。逐步完善新成员加入细则与程序，支持更多有意愿的经济体加入RCEP，以RCEP+等方式扩大朋友圈，共同将RCEP打造成为亚太地区最具吸引力的区域开放合作平台。

表1-7　RCEP的机构设置

一级	二级	三级
RCEP部长级会议	RCEP联合委员会 协定承诺设立RCEP秘书处，各方推动在东盟秘书处设立RCEP支持机构（RCEP Support Unit）	货物委员会
		服务和投资委员会
		可持续发展委员会
		商业环境委员会

资料来源：根据RCEP文本及公开资料整理。

（二）积极构建互利共赢的RCEP产供链合作网络

RCEP成员在融入全球市场的过程中，彼此之间也建立了紧密的产业链供应链关系。应进一步利用好RCEP等自贸协定的制度规则，全面拓展产业链上下游环节的贸易投资，在互利共赢的前提下共同建设安全稳定、畅通高效、具有韧性的区域产业链供应链合作网络。可在RCEP框架下，以东盟为中心，探讨建立务实的产业链供应链合作平台，加强风险预警与沟通协调，共同维护区域产业链供应链的稳定。鼓励有意愿的RCEP成员在电动汽车等新能源相关产业、粮食和农产品以及关键能源矿产等领域，开展产业链供应链合作示范。利用RCEP平台加强区域标准协调，推动跨国企业、行业组织与标准化机构合作，促进RCEP区域国际标准的制定和实施，以实现区域产业链供应链的高效运行和持续优化。

（三）以新质生产力为重点打造RCEP合作新增长点

抓住当前数字经济、绿色经济以及创新产业快速发展的机遇期，充分利用 RCEP 市场开放承诺和高标准经贸规则,聚焦新质生产力,加强成员间国际合作,拓展应用场景,创新商业模式,积极培育新兴与未来产业,共同打造 RCEP 区域新的经济增长点。探讨推动数字贸易与绿色产品贸易的进一步自由化,促进数字经济、绿色经济等领域的标准互认,为区域内跨境电子商务、云计算、大数据、人工智能、低空经济、新能源、新材料、生态农业、生物、环保等领域的国际合作提供便利。加强区域内数字经济、绿色经济相关的基础设施建设,创新数字金融、绿色金融产品与服务模式,加快推动经济产业向数字化和绿色低碳转型,促进各方共享发展红利。在 RCEP 框架下加强知识产权保护,倡导开放的国际创新合作理念,探索建立科技创新成果的区域共享机制,为区域内科研合作、人才交流提供更加宽松自由的发展环境。

(四) 加快推动 RCEP 在区域内全面高质量实施

成员方应共同推动 RCEP 全面高质量实施,促进信息交流与能力建设,加强企业应用 RCEP 的经验与案例分享,帮助企业尤其是中小企业更好利用 RCEP 优惠,进一步提高 RCEP 利用率,增强 RCEP 实施效能,激发 RCEP 开放潜能。促进 RCEP 成员方加快向服务贸易负面清单开放模式转化,加快区域内专业人员执业资质互认与查验,鼓励成员方实施单向或双向的免签入境政策,深化医疗、教育、养老、文化、旅游等服务领域开放合作,提升区域整体专业服务水平。推动实施贸易调整援助政策,通过再培训计划、财政资助、政策支持等方式,确保因 RCEP 市场开放而受到不利影响的行业和工人获得全面支持。建立 RCEP 监测评估机制,定期评估贸易自由化给经济、社会和环境等带来的影响,以便于制定和调整相关政策。此外,还应促进 RCEP 与区域内其他自贸协定的协同实施,加强资源、数据与信息共享,为企业综合利用区域经济一体化安排、享受自由贸易红利提供更多支持,进一步扩大自贸协定叠加带来的经济效益。鼓励各方在 RCEP 与双边自贸协定框架下,通过新谈判或升级谈判等方式,积极协商,单方或相互之间推出有吸引力的开放举措,灵活推动更具深度的一体化合作,释放更大的开放红利。例如,中国与东盟已经全面完成中国—东盟自贸区 3.0 版谈判,未来可促进其与 RCEP 的协同实施,为区域经济增长提供更加强劲的开放动能。

专栏：中国—东盟自贸区3.0版谈判

中国—东盟自贸区是中国第一个对外商谈和建立的自贸区，也是东盟的第一个自贸区。2002年，中国和东盟领导人开启了自贸区建设的伟大历程。双方秉持互利共赢的原则，经友好协商，先后达成并实施了货物贸易协议、服务贸易协议和投资协议，于2010年建成自贸区。2015年，双方达成升级协议，形成自贸区2.0版，并于2019年全面实施。

2021年11月，习近平主席在中国—东盟建立对话关系30周年纪念峰会上提出，要尽早启动中国—东盟自贸区3.0版建设，东盟各国领导人积极响应。2022年11月，双方正式启动自贸区3.0版谈判，并将其列为中国—东盟经贸合作的优先事项。历经近两年的时间、9轮正式谈判、100余场工作组会议，双方在9个领域取得了丰硕成果，在现有中国—东盟自贸区和RCEP基础上，全面拓展新兴领域互利合作，加强标准和规制领域互融互通，促进贸易便利化及包容发展。2024年10月10日，第27次中国—东盟领导人会议在老挝万象举行。会上，李强总理与东盟十国领导人宣布实质性结束中国—东盟自贸区3.0版谈判，并发表《关于实质性结束中国—东盟自由贸易区3.0版升级谈判的联合声明》。2025年5月20日，中国—东盟经贸部长特别会议以线上方式举行，双方经贸部长共同宣布全面完成中国—东盟自贸区3.0版谈判。中国—东盟自贸区3.0版旨在利用数字贸易和可持续发展以及为中小微企业提供持续支持，以打造更强有力和更具韧性的供应链，保持贸易和投资市场开放，促进长期增长。

中国—东盟自贸区3.0版涵盖9个领域，既包含中国—东盟自贸区现有领域，也包括双方具有巨大合作潜力的新兴领域，具体为：数字经济、绿色经济、供应链互联互通、标准技术法规与合格评定程序、卫生与植物卫生措施、海关程序和贸易便利化、竞争和消费者保护、中小微企业、经济技术合作。这些领域的提升有助于构建包容、可持续的区域经济，提升供应链连通性和韧性，支持中国和东盟数字化转型。

第二篇　学术观点篇

RCEP 生效实施影响与前景分析

本部分围绕 RCEP 生效实施后，对全球、区域和中国的影响以及 RCEP 未来发展前景等热点问题进行专题分析。

一、RCEP 生效实施为全球贸易投资增长注入强劲动力[①]

RCEP 作为一个以开放包容共享为特征的世界上最大的自贸协定，于 2022 年 1 月 1 日正式生效实施，并于 2023 年 6 月对全部 15 个成员全面生效。中国政府提出要高水平、高质量实施 RCEP，并联合 RCEP 成员齐心协力共同推动地区高标准开放型经济体系建设，为全球经济和贸易投资增长注入新动能。

（一）RCEP 生效实施为推动新全球化前行注入新动力

当前，世界百年未有之大变局[②]给 RCEP 前行带来了前所未有的考验。其中一个重大变化，是基于 WTO 等多边经贸规则推动的全球化陷入困境，全球经济和贸易投资增长的黄金时代结束了。其原因是全球化存在着三个难以解决的内在矛盾：一是全球化缺少解决全球失衡和再平衡的调整机制，无法建立能够解决"特里芬困境"的全球治理体系。全球失衡矛盾累积的最终出路是危机出清，使全球化陷入停滞甚至倒退。二是全球化缺少解决损益不平衡带来的矛盾和问题的机制，全球化受损者成为反全球化的主力军。三是全球化缺少平衡大国实力对比变化的机制，大国竞争常常会走向冲突甚至滑向热

---

① 作者：张燕生，中国宏观经济研究院研究员。

② 百多年前，曾发生过 1870 年至 1913 年的全球化和第二次工业革命。其中，1890 年前后，当时的霸权国家英法由盛而衰转向贸易保护主义，新兴国家美德由弱而强要求国际格局调整，最后引发了 1913 年至 1945 年的两次世界大战。当前，世界经济政治发展也处于一个历史性十字路口，很像历史上的 1890 年至 1913 年。大国竞争是滑向热战，还是建立硬刹车机制，维护和平的国际环境，取决于大国竞争的选择。

战。其中，存在着一个"全球化悖论"，即反全球化的旗手往往曾经是全球化的推手。如1870—1913年的英国、1990—2008年的美国。他们在早期推动了全球化发展，随即先后转向贸易保护主义，同时不择手段打压、阻遏和制裁新兴国家。因此，RCEP成员需要有更大的战略定力排除非经济因素干扰推动区域和全球开放、发展和合作。

推动新全球化前行是RCEP的重要使命。当前，全球化陷入停滞，导致全球贸易增长率与全球GDP增长率的倍数已经从国际金融危机前的2左右下降到现在不到1。在可预期的未来，这个倍数还会保持在较低水平（表2-1）。然而，世界上有两种截然不同的新全球化取向。一种是美西方推动的新全球化，即"去中国化"。其战略试图用时间来瓦解全球化时代形成的世界经济与中国经济、国际产供链与中国产供链、全球贸易投资与中国贸易投资之间的相互依存联系。另一种是RCEP推动的新全球化，即奉行开放合作。RCEP开放包容的特征决定它不是一个排他性、选择性、激进性的区域贸易组织，而是一个由小经济体联盟推动的新型的、渐进的、包容的新全球化生态模式。大国的作用体现在再平衡调节、社会安全网、竞争性结构等问题上担当公共产品供给责任。欧盟是另一种区域一体化模式，它逐步建立一个更高层次的超主权国家的治理模式，但英国脱欧提示了其面对的不确定性风险。在RCEP区域内部，东盟、中日韩、澳新是三个差距巨大的经济合作圈。要做到求同存异、合作共存、互利共赢远比欧盟更困难。所以，它是一个超长期渐进过程。

中国式现代化将推动RCEP区域一体化进程走深走实。中国式现代化既是中共二十届三中全会的主题，也是新时代新征程党和国家的中心工作。推进人口规模巨大国家的现代化，这必然涉及中国经济与世界经济之间的关系。首先，构建基于扩大内需战略的新发展格局将有利于夯实RCEP的需求基础。过去国际大三角分工格局是美欧提供市场和技术、东亚提供制造和物流、中东俄罗斯等提供能源和资源。未来国际分工格局将转变为RCEP区域不仅为世界提供制造和物流，而且提供市场和技术。中国将从过去参与国际循环、嵌入国际工序分工体系的外向型发展阶段，转向扩大内需和进口、培育国际合作竞争新优势的新阶段。在这个阶段，中国经济与世界经济之间将形成良性互动的关系。2035年，预计中国将成为世界第一大消费市场，不仅为

RCEP成员创造更多本地需求，而且将为全球经济和贸易投资增长注入新活力。其次，推动新质生产力发展的国际合作模式将促进RCEP经济增长方式转型。新质生产力的核心标志是大幅提升全要素生产率，相对生产率增长将为促进全球经济和贸易投资增长作出更大贡献。最后，维护和平的发展环境是RCEP前行的重要基石。本地区有很多潜在的风险点。RCEP成员要从地区共同福祉出发，排除域外因素干扰，探索建立维护和平、搁置争议、共同开发的区域合作新模式，实现RCEP区域一体化共同利益的最大化。

表2-1　全球货物贸易增长率与全球GDP增长率的倍数

年份	倍数	年份	倍数	年份	倍数
1990	1.4	2002	1.6	2014	0.9
1991	2.7	2003	1.9	2015	0.7
1992	2.9	2004	2.3	2016	0.5
1993	2.5	2005	1.6	2017	1.5
1994	2.8	2006	1.9	2018	1.0
1995	2.5	2007	1.5	2019	0.2
1996	1.4	2008	1.1	2020	1.6
1997	2.4	2009	—	2021	1.5
1998	1.6	2010	—	2022	1.0
1999	1.5	2011	1.6	2023	-0.4
2000	2.4	2012	0.8	2024	1.0
2001	0	2013	0.9	2025	1.2

注：GDP是市场汇率加权计算。

资料来源：贸易数据源于WTO。

（二）RCEP生效实施为全球贸易投资增长注入新活力

当前，世界经济正面临地缘政治干扰的挑战，RCEP生效实施将为促进全球经济和贸易投资增长作出贡献。一是RCEP区域一体化的开放效应将部分抵消全球外需波动以及贸易限制性措施大幅增加带来的不利影响。表2-2数据显示，RCEP生效实施以来，澳新出口占全球出口的比重保持在1.8%左右、中日韩在20.2%左右、东盟6国在7.6%左右，三个经济合作圈出口占全球出口份额在30%左右。其区域贸易一体化效应将对全球贸易增长产生重要影响。表2-3数据显示，澳新进口占全球进口的比重保持在1.4%左右、中日韩在16.8%左右、东盟6国在7%左右，三个经济合作圈进口占全球进口份额25.2%左右。其扩大区内需求的共同努力将为全球贸易投资增长提供需求动力。二是RCEP生效实施以来成员之间的中间产品贸易比重持续上升，同时中国与美国之间的中间产品贸易比重出现了大幅下降，与日本的中间产品贸易比重也出现下降。一方面，反映了规避地缘政治经济影响而出现的迂回贸易增长方式开始起作用；另一方面，去地缘政治化仍是RCEP下一步努力的方向。三是RCEP生效实施以来服务贸易、数字贸易、绿色贸易等新型贸易方式增长明显加速。其中，人工智能和数字技术促进东盟和中国跨境电商增长，出现了从中国制造到亚洲制造、全球制造的贸易范式的拓展。四是RCEP生效实施以来互惠规则利用率不平衡问题依然突出，迫切需要提升发展中国家有效利用RCEP自由便利规则促进发展的能力建设，尤其是探索开放包容发展机制促进全球普惠贸易发展的新路径。五是RCEP生效实施以来促进了绿色贸易的迅猛发展。其中，中国企业把握新能源革命、绿色革命和数字技术革命机遇，在清洁能源和新能源、新能源汽车、储能等领域取得了长足的技术和产业进步。

表2-2 世界主要国家和地区的出口占全球出口的比重

季度占比	澳新	中日韩	东盟6国	欧盟	美墨加
2020年一季度	1.6%	18.0%	7.9%	13.2%	14.1%
2020年二季度	1.9%	23.2%	7.8%	12.1%	12.0%
2020年三季度	1.6%	22.3%	7.9%	12.5%	12.6%
2020年四季度	1.6%	22.5%	7.4%	12.8%	12.6%
2021年一季度	1.7%	20.7%	7.7%	12.3%	12.7%
2021年二季度	1.9%	21.1%	7.4%	11.9%	12.6%
2021年三季度	1.8%	22.1%	7.5%	11.4%	12.3%
2021年四季度	1.7%	22.0%	7.6%	11.1%	12.4%
2022年一季度	1.8%	19.7%	7.7%	11.1%	12.6%

续表

季度占比	澳新	中日韩	东盟6国	欧盟	美墨加
2022年二季度	2.0%	19.8%	7.7%	10.8%	13.4%
2022年三季度	1.8%	21.0%	7.9%	10.4%	13.3%
2022年四季度	1.9%	20.1%	7.4%	11.4%	13.3%
2023年一季度	1.9%	19.0%	7.4%	11.8%	13.4%
2023年二季度	1.8%	20.2%	7.3%	11.8%	13.5%
2023年三季度	1.7%	20.7%	7.7%	11.6%	13.7%
2023年四季度	1.7%	20.5%	7.5%	11.7%	13.5%
2024年一季度	1.7%	19.5%	7.6%	11.7%	13.5%

资料来源：CEIC数据库。

表2-3　世界主要国家和地区的进口占全球进口的比重

季度占比	澳新	中日韩	东盟6国	欧盟	美墨加
2020年一季度	1.3%	17.0%	7.2%	11.6%	17.6%
2020年二季度	1.5%	19.2%	7.0%	11.1%	17.7%
2020年三季度	1.4%	18.3%	6.8%	10.9%	18.2%
2020年四季度	1.4%	17.6%	6.7%	10.8%	17.6%
2021年一季度	1.4%	18.0%	7.0%	10.9%	17.0%
2021年二季度	1.4%	18.3%	7.0%	11.1%	17.2%
2021年三季度	1.4%	18.6%	6.9%	11.1%	17.4%
2021年四季度	1.4%	17.9%	7.0%	11.6%	16.9%
2022年一季度	1.4%	17.2%	7.0%	12.3%	17.0%
2022年二季度	1.4%	16.7%	7.3%	12.5%	17.8%
2022年三季度	1.4%	17.4%	7.4%	12.6%	17.7%
2022年四季度	1.4%	17.1%	6.8%	12.3%	17.3%
2023年一季度	1.4%	16.6%	6.7%	11.9%	17.1%
2023年二季度	1.4%	16.4%	6.7%	11.6%	17.9%
2023年三季度	1.5%	16.6%	7.1%	11.2%	18.4%
2023年四季度	1.4%	16.9%	7.1%	10.9%	17.6%
2024年一季度	1.4%	16.4%	7.2%	10.7%	17.8%

资料来源：CEIC数据库。

RCEP 生效实施为全球贸易投资增长注入新活力。第一，RCEP 区域有五个国际金融中心，为上海、香港、新加坡、悉尼、东京。下一步，这五大金融中心预期将形成与纽约、伦敦并驾齐驱的全球性国际金融组合中心，从而为 RCEP 区域通过第四次金融革命驱动第四次工业革命①，为推动全球经济和贸易投资增长作出新贡献。第二，RCEP 区域是全球绿地投资、跨国并购、双向投资的重要地区。这不仅将促进东亚生产网络和东亚生产方式的转型，而且将重塑全球产业链供应链格局，使日本制造、韩国制造、中国制造逐步扩展到越南制造、印尼制造、泰国制造、柬埔寨制造等。第三，RCEP 区域数字化转型和绿色化转型带动了平台经济的发展，进而成为企业出海的领头羊。如汇丰预测全球 2.6 万亿美元的跨境电商市场中，2025 年中国跨境电商商品交易总额（GMV）将达到 5 000 亿美元。第四，RCEP 将带动第三方合作发展。如 Stellantis 集团与浙江民企零跑集团合资成立的零跑国际，在中国"新三样"面对欧美和新兴市场的关税壁垒、数量壁垒、规则壁垒的情况下，零跑国际 2024 年底前将欧洲销售网点扩展至 200 家，并将进军印度和亚太、中东、非洲以及南美市场。第五，RCEP 区域创投、私募、风投加大对人工智能、新一代信息技术、量子信息技术、清洁能源、生物医药、新材料等新领域投资增长。同时，RCEP 新生代企业本地化区域化跨界化双向投资能力正在快速成长。第六，中国企业在应对个别经济体"脱钩断链"形势下加快构建全球化供应链。据《经济学人》的估计，2016 年以来中国上市公司在全球南方销售额翻两番，达 8 000 亿美元②。其中，海外仓、跨境经济贸易合作区、境外经济合作区、出口加工区等产业园区建设明显加快（表 2-4）。

表 2-4　世界主要地区和国家双向投资发展情况

单位：亿美元

双向投资	全球	欧盟	北美	东南亚	中国	日本	韩国
2020—FDI	9 845.78	1 548.88	1 188.90	1 193.10	1 493.42	117.68	87.65
2020—ODI	7 795.07	1 026.70	2 681.32	679.64	1 537.10	997.03	549.10

---

① 陈雨露教授认为，金融科技集成创新将成为第四次工业革命发展的新动力。

② 《经济学人》封面文章，"中国企业正在赢得全球南方市场"，2024 年 8 月 4 日。

续表

双向投资	全球	欧盟	北美	东南亚	中国	日本	韩国
2021—FDI	16 218.08	2 665.02	4 498.17	2 084.47	1 809.57	342.80	220.60
2021—ODI	18 819.22	6 196.77	3 834.04	909.62	1 788.20	2 088.98	758.70
2022—FDI	13 557.49	−848.31	3 785.27	2 231.34	1 891.32	342.25	179.96
2022—ODI	15 747.24	1 697.90	4 493.98	833.39	1 631.20	1 622.72	771.70
2023—FDI	13 318.13	586.45	3 612.71	2 263.17	1 632.53	214.35	187.90
2023—ODI	15 505.84	1 827.46	4 938.99	885.14	1 301.00	1 840.37	633.8

资料来源：全球、欧盟、北美、东南亚数据源于联合国贸易和发展会议 2024 年 7 月 24 日报告，中日韩数据源于各国发布的相关数据。

（三）RCEP 未来转型升级的方向和路径

RCEP 的未来转型升级方向存在多样性选择。RCEP 作为世界上最大的开放包容的自贸协定，常常被批评为"低标准"。事实上，各成员高水平、高质量实施 RCEP 的各项规则就是一个很大的进步。一是推动 RCEP 规则、规制、管理、标准等向更高水平规则体系提升是一个水到渠成、瓜熟蒂落的过程。二是推动双边自贸协定升级版，也是 RCEP 成员建设高标准市场体系、更高水平开放型经济新体制的一种有效途径。三是《全面与进步跨太平洋伙伴关系协定》（CPTPP）作为高标准自贸协定，其排他性不仅体现在高标准制度规则上，也体现在地缘政治的影响上。如何去地缘政治化也是一个挑战。当前的场景很像拔河。拔河的一端是少数要脱钩断链的力量，试图用非经济因素"去中国化"。另一端是希望国际合作的力量。要推动国际合作前行，增进最广泛的战略互信是最重要的一步。

首先，RCEP 要积极发挥各成员重塑战略互信和贸易投资合作关系的重要作用。促进东盟、中日韩、澳新之间的深度融合关系，改善与欧盟、北美之间的全面合作关系，深化与高质量共建"一带一路"关系。

其次，RCEP 要积极探索建立有效化解区域内存在的各种竞争与合作矛盾和问题的协调机制，推动建立避免赢者通吃、零和博弈、以强凌弱的不当竞争行为的机制，形成错位竞争、差异发展、协调冲突的开放合作的机制。

再次，RCEP 要推动建立区域内合规、维权、协调机制。其中，充分发挥世贸组织等多边经贸规则体系的作用，充分发挥大国公共产品供给的作用，充分发挥东盟增强 RCEP 内部凝聚力的作用，推动 RCEP 行稳致远。

最后，RCEP 要成为完善全球经济治理体系的重要力量。

二、RCEP 生效后区域贸易发展成效与未来政策导向[①]

RCEP 正式生效以来，随着各成员方协定实施工作的全面启动和逐步深入，为各国疫后经济复苏和贸易投资增长带来重要机遇，区域贸易自由化便利化政策红利初步显现，对稳定和促进亚太地区经济合作与发展产生了积极影响。面对今后充满不确定性的国际环境变化和持续低迷的全球经济形势，RCEP 区域合作仍然存在许多亟待解决的新课题。如何把握好区域制度性合作的方向和路径、在巩固和提升 RCEP 贸易自由化成果上不断取得新成就，这是一个亟待深入研究的重要问题。

（一）RCEP 区域贸易疫后复苏的实际进展与积极影响

自 2022 年 1 月中国、日本、澳大利亚、新西兰、韩国等主要成员率先完成国内批准程序至 2024 年 11 月，RCEP 正式生效已经过去近三年的时间。作为全球最大自由贸易安排，RCEP 生效给区域成员带来了什么好处，对亚太地区经济一体化产生了怎样的影响？以下将基于全球贸易数据进行分析盘点。

1. RCEP 区域贸易疫后复苏取得积极进展

根据 WTO 贸易统计计算，2023 年，RCEP 成员的商品进出口总额达到13.0 万亿美元，比 2019 年增长 24.5%；服务进出口总额达到 1.3 万亿美元，比 2019 年增长 18.0%；二者均已明显超过了新冠疫情前实际规模，从区域整体来看，RCEP 成员的商品和服务贸易疫后复苏取得明显进展。与此同时，这一时期的 RCEP 区域贸易还呈现以下几个突出特点。

一是 RCEP 成员商品和服务出口展现出更为强劲增长态势。计算结果表

---

① 作者：赵晋平，中国服务贸易协会副会长、国务院发展研究中心对外经济研究部原部长、研究员。

明，2023年和2019年相比，RCEP成员商品出口贸易额增长了26.9%，高出同期全球商品出口增速1.8个百分点，而且明显快于疫情前2014—2018年RCEP区域商品出口贸易额累计增长水平。在15个RCEP成员中，柬埔寨、印度尼西亚、老挝、澳大利亚、中国、越南、马来西亚等国同期出口增幅较大，均在30%以上；新西兰、菲律宾、日本、缅甸等国增速较低，甚至出现了负增长，成员间差异较大。另外，分国别来看，各国对RCEP出口增长的贡献存在较大差异，其中，在RCEP区域26.9%的增幅中，中国增长的贡献达到16.1个百分点，其后依次是澳大利亚、印度尼西亚、韩国、越南、新加坡、马来西亚，分别贡献了1.4~1.8个百分点，充分展现了这些经济体的较强出口增长能力。从服务贸易来看，2023年RCEP成员服务出口额比2019年增长了18.0%，同样略好于同期全球服务出口增长水平。分国别来看，新加坡、中国、韩国服务出口增长对RCEP总体服务出口增长的贡献高居前三位；文莱、柬埔寨、日本、新西兰、缅甸、泰国等国服务出口尚未恢复到2019年的水平。总体来看，服务出口增长略低于商品出口。

二是RCEP成员进口复苏态势较为平稳。计算结果表明，2023年RCEP成员商品进口合计达到6.0万亿美元，比2019年增长21.8%。分阶段看，这一时期服务贸易进口实现恢复性增长，增速已经高于2014—2018年期间的累计增长水平，疫后复苏取得积极进展。分国别来看，除缅甸外，各成员均实现增长，其中中国、韩国、越南等三国进口增长的贡献最大，分别拉动总体进口增长了9.5个、2.8个和1.5个百分点。2023年RCEP成员服务贸易进口比2019年增长15.9%，同样实现了两位数增长。分国别来看，除缅甸、老挝、柬埔寨外其他成员都实现了恢复性增长，进口规模超过2019年；其中越南、新加坡、印尼的进口增长最快；而新加坡、中国、韩国对同期RCEP区域进口增长的贡献最大，分别拉动总体服务进口增长6.5个、3.9个和1.2个百分点。

2. RCEP区域内贸易比重稳步上升

区域内贸易比重可以很好地反映区域成员之间相互贸易关系重要程度，也是评估区域经济一体化水平的重要标志。根据2019年、2022年和2023年世界贸易矩阵的计算结果，2023年RCEP成员区域内出口贸易比重达到39.2%，比2019年提高4.7个百分点，比2022年降低1.1个百分点；另外，2023年RCEP成员区域内进口贸易比重为49.4%，比2019年水平明显提高，但低于2022年水平（表2-5）。基于上述结果可以得到以下几点结论。

表2-5 世界主要贸易安排和经济体的区域内贸易比重

国家和区域	出口			进口		
	2019年	2022年	2023年	2019年	2022年	2023年
RCEP	34.5	40.3	39.2	41.0	49.6	49.4
中国	27.0	27.6	27.2	31.8	31.6	31.7
东盟	48.7	51.7	51.7	66.6	67.6	67.8
日本	42.8	45.1	41.5	49.4	51.5	51.6
USMCA	50.1	50.5	51.3	39.0	38.0	38.8
美国	33.5	33.0	33.5	29.4	29.1	30.1
欧盟	63.5	62.0	61.3	64.2	59.6	62.0
APEC	69.2	68.7	68.4	71.6	73.0	72.6

注：进口根据出口方出口额计算；中国、东盟、日本、美国的出口、进口区域内比重分别表示这些经济体对其所属区域协定成员出口、进口占其对外出口、进口增额的比重。

资料来源：作者根据JETRO世界贸易矩阵数据计算（见JETRO《世界贸易投资报告》）。

第一，RCEP成员间相互贸易依存度明显增强，区域内贸易的重要性显著提升。2018年以来，美国对主要贸易伙伴加征高额关税等极端贸易保护措施不断出台，再加上随后新冠疫情暴发等因素的叠加影响，全球供应链中断给包括东亚国家在内的多数经济体经济稳定带来巨大伤害。在这一背景下，以近岸化、区域化为特征的产业布局调整受到各国政府和企业的高度重视，全球产业链供应链重构明显加快。东亚地区作为全球制造中心之一，长期以来对区域外市场有着较强的依赖性，区域内贸易比重和北美、欧洲等地区相比保持较低水平，经济稳定受外部市场波动冲击的风险长期存在。近年来，随着区域成员经济发展水平的不断提升，巩固和提升区域生产网络的需求持续增长，双边或区域性贸易安排逐步增多，尤其是RCEP进程不断取得新进展，为区域经济一体化提供了制度性支撑，也为企业展现了区域市场扩容的良好前景，为区域成员之间相互贸易投资增长注入新动力。这是区域内贸易比重上升的主要原因。

第二，和《美国—墨西哥—加拿大协定》（USMCA）、欧盟（EU）等全球大型贸易安排相比，RCEP区域内贸易比重存在进一步提升空间。区域多边自贸安排对于提升区域内贸易比重具有十分重要的作用。从协定正式生效的时间来看，RCEP刚刚起步，过渡期尚未结束，贸易自由化的创造效应还仅仅是初步的，区域内贸易比重和历史较长且十分成熟的EU、USMCA相比存在较大差距。例如，按照2023年WTO贸易矩阵计算，RCEP区域内出口比重达到39.2%，明显低于EU、USMCA同期的区域内出口比重。

第三，RCEP主要成员对区域内进口的带动作用较为明显。2019—2023年期间，中国、东盟、日本等主要经济体的区域内进口占比均明显高于其区域内出口比重，表明这些经济体市场需求扩大对区域内其他成员出口产生较大影响，对区域内贸易稳定和增长作出了积极贡献。

第四，区域内贸易持续稳定态势面临新的不确定性。近年来，受美国等西方国家将经济问题政治化等因素的影响，以"近岸化""友岸化"为特征的供应链重构进一步加剧，市场力量主导下的区域贸易格局面临许多新的不确定性因素。2023年，RCEP区域内出口和进口比重和上年相比均有所下降，区域内贸易稳定格局面临着新的挑战和风险。

3. RCEP区域成员贸易在APEC中的重要性上升

自20世纪90年代以来，在区域成员的共同努力下，亚太区域经济合作取得积极进展，亚太经济合作组织（APEC）就是其中一个重要的合作成果，并对推动区域经济一体化作出了积极贡献。RCEP虽然起步较晚，但作为亚太区域合作潮流中应运而生的区域合作机制，对亚太区域经济一体化亦将产生长期深远的影响。

一是RCEP成员跨境贸易在APEC区域经济中的重要性持续上升。

根据WTO统计计算，2023年RCEP成员商品进出口总额占同期APEC贸易总额的比重达到52.8%，分别比2015年、2019年提高1.24个和0.25个百分点。和目前亚太地区存在的CPTPP、USMCA和中国—东盟自贸区（CAFTA）等三个规模较大的贸易安排相比，比重均超20个百分点，优势十分明显，展现了RCEP对APEC经济走向的重要影响力。另外，RCEP贸易占APEC比重目前略小于"印太经济框架"（IPEF），但基于以下几点原因判断，

IPEF 对 APEC 的影响短期内尚难以超过 RCEP：首先是 IPEF 机制目前尚未签署自由贸易协定，区域合作的贸易创造效应相对有限；其次是 IPEF 成员与 RCEP 成员的重合度较高，对 RCEP 非 IPEF 成员的贸易转移效应较小；最后是近年来 IPEF 进出口贸易占 APEC 比重保持逐步下降趋势，今后存在继续下降的可能性。WTO 数据显示，RCEP 出口占 APEC 比重高于贸易总额，与其他贸易安排的比重之差进一步拉大，并且高于 IPEF，RCEP 在 APEC 成员出口中的重要性超过进口。从服务贸易来看，2023 年 RCEP 服务贸易进出口额占 APEC 比重为 47.7%，分别高于 CPTPP、USMCA，达 15 个百分点左右，但明显低于 IPEF，美国作为全球第一的服务贸易大国对提升 IPEF 在 APEC 服务贸易中的影响力起到了重要作用。考虑到 RCEP 服务贸易进出口额 2023 年仅达到总贸易额（商品贸易+服务贸易）的 18.1%，低于 APEC 成员 19.7% 平均水平等因素，如何提升服务贸易发展水平成为 RCEP 成员面临的共同课题。

二是 RCEP 成员贸易增长对 APEC 贸易增长作出了突出贡献。

作为 APEC 地区最大的自贸安排，RCEP 增长对亚太地区的跨境贸易增长具有举足轻重的影响。2019—2023 年期间，RCEP 成员的商品贸易累计增长比 APEC 商品贸易增长加快 0.6 个百分点；对后者同期增长的贡献率高达 53.9%，超过了 CPTPP、USMCA 等其他自贸安排，也高于 IPEF 的同期实际水平。从 2014—2023 年的更长时期来看，由于仅 RCEP 商品贸易增长就拉动 APEC 实现了 15.5 个百分点的增长，在区域内各类合作机制中贡献最大。另外，CAFTA 在不同时期的累计增长水平均明显高于 RCEP 平均增速和其他区域机制，为引领 RCEP 区域贸易增长发挥了重要作用，中国和东盟贸易增长成为长期以来 APEC 持续增长的主要动力源泉（表 2-6）。从 WTO 的服务贸易统计来看，2019—2023 年期间，RCEP 成员服务贸易进出口总额累计增长速度为 16.8%，比 APEC 平均增长水平低 1.5 个百分点，也低于 CPTPP、USMCA、IPEF 等其他亚太地区合作机制增长速度；同期，RCEP 增长的贡献率达到 44.5%，仍然为 APEC 服务贸易 18.3% 的同期增长率贡献了 8.1 个百分点，但明显小于 IPEF 的带动效果，进一步印证了 RCEP 成员在服务贸易领域存在短板的结论（表 2-7）。

表2-6　RCEP与其他区域合作平台对APEC增长的贡献

	各时期商品贸易额累计增长速度（%）			对APEC商品贸易额增长的贡献率（%）			拉动APEC商品贸易额增长百分点		
	2014—2023年	2014—2018年	2019—2023年	2014—2023年	2014—2018年	2019—2023年	2014—2023年	2014—2018年	2019—2023年
RCEP	29.9	6.9	24.5	56.4	66.1	53.9	15.5	3.6	12.9
CPTPP	26.3	5.2	22.2	27.8	27.9	27.0	7.6	1.5	6.5
USMCA	30.3	5.8	24.7	33.1	32.0	31.5	9.1	1.7	7.5
CAFTA	38.3	9.5	28.1	49.5	62.3	43.7	13.6	3.4	10.4
IPEF	26.6	6.1	22.8	52.6	61.5	51.9	14.4	3.3	12.4
APEC	27.5	5.4	23.9	100.0	100.0	100.0	27.5	5.4	23.9

资料来源：*作者根据WTO贸易统计计算。*

表2-7　RCEP与其他区域合作平台对APEC增长的贡献

	各时期服务贸易额累计增长速度（%）			对APEC服务贸易额增长的贡献率（%）			拉动APEC服务贸易额增长百分点		
	2014—2023年	2014—2018年	2019—2023年	2014—2023年	2014—2018年	2019—2023年	2014—2023年	2014—2018年	2019—2023年
RCEP	41.9	18.8	16.8	48.6	55.1	44.5	19.8	8.9	8.1
CPTPP	46.0	15.8	20.5	33.1	28.7	33.5	13.5	4.6	6.1
USMCA	43.0	14.7	19.9	36.6	31.5	37.8	14.9	5.1	6.9
CAFTA	53.7	24.0	22.1	39.8	45.0	38.6	16.2	7.3	7.1
IPEF	48.4	17.9	21.3	79.1	74.0	79.7	32.3	12.0	14.6
APEC	40.8	16.2	18.3	100.0	100.0	100.0	40.8	16.2	18.3

资料来源：*作者根据WTO贸易统计计算。*

三是 RCEP 成员对 APEC 区域内贸易增长作出了重要贡献。

促进区域成员之间相互贸易持续增长、逐步提升区域内贸易比重是推动区域经济一体化的重要目标之一。从区域主要成员出口来看，2023 年 APEC 区域内商品贸易比 2019 年增长 24.3%，其中 RCEP 对 APEC 区域内出口增长的贡献率达到 63.0%，拉动 APEC 区域内贸易增长了 15.3 个百分点，远超 USMCA 的贡献；其中，中国、东盟对区域内成员出口的较快增长，为推动 APEC 区域内出口增长作出了突出贡献。从进口来看，RCEP 的贡献率提升到 70.0%，拉动区域内进口增长提高了 17.0 个百分点，比 USMCA 贡献高 6.2 个百分点；其中，分国别来看，中国从成员进口增长对促进区域内贸易增长的贡献明显大于美国。总体来看，在中国的引领下，RCEP 区域成员贸易增长对促进 APEC 区域内贸易增长发挥了重要作用，成为亚太地区经济稳定和持续增长的重要力量（表 2-8）。另外，日本在 APEC 区域贸易中的重要性和拉动作用出现逐步下降。值得注意的是，2023 年和 2022 年相比，APEC 出口贸易下降了 6.4%，其中，RCEP、中国和东盟对区域内出口下降幅度超过 APEC 平均降幅，与此相反，USMCA 的降幅要小得多。

表 2-8　APEC 主要成员面向区域成员贸易增长对区域内贸易增长的贡献

	APEC 主要成员对区域内成员出口			APEC 主要成员从区域内成员进口		
	2023 年比 2019 年增长（%）	对 APEC 区域内贸易增长贡献率（%）	拉动区域内贸易增长百分点	2023 年比 2019 年增长（%）	对 APEC 区域内贸易增长贡献率（%）	拉动区域内贸易增长百分点
APEC	24.3	100.0	24.3	24.3	100.0	24.3
RCEP	26.1	63.0	15.3	37.7	70.0	17.0
USMCA	25.4	29.2	7.1	29.4	44.3	10.8
中国	30.3	30.2	7.3	17.6	13.1	3.2
东盟	35.0	22.6	5.5	28.9	20.5	5.0
美国	21.5	13.7	3.3	30.1	31.3	7.6
日本	0.3	0.1	0.0	12.5	3.7	0.9

资料来源：作者根据 WTO 贸易统计计算。

4. RCEP 成员区域外出口为稳定全球供应链发挥了积极作用

近年来，受新冠疫情和地缘政治争端等事件冲击，世界各国对维护产业链供应链稳定高度重视。维护产业链供应链稳定受供给和需求两个方面因素影响，从供给方来看，RCEP 成员对区域外出口构成全球供应链的重要组成部分，为满足区域外商品需求增长提供了有力支撑。

根据 WTO 贸易统计和 JETRO 贸易矩阵数据计算，2023 年，RCEP 成员对区域外出口达到 4.23 万亿美元，比 2019 年增长了 17.8%，对全球（不含RCEP 成员）同期进口增长的贡献率达到 16.8%，拉动 RCEP 成员以外经济体商品进口需求增长 4.4%，仅比欧盟减少了 0.4 个百分点，远高于 USMCA 的贡献。另外，中国拉动全球（不含中国）进口达到 3.7 个百分点，明显高于美国、日本的贡献（表 2-9）。上述结果说明了 RCEP 对稳定全球供应链发挥了积极作用。一般情况下，多数人更容易使用个体出口增量占总体增量之比评价个体增长对总体增长的贡献。实际上这样的计算结果仅能够反映二者增量之间的数量对比，并不能真正反映个体对总体内其他个体经济的影响。事实上一个国家的出口是其他国家进口增长的结果。因此，计算这一国家出口增量和同期其他国家进口增量的比例，在忽略二者之间到岸和离岸价格差异的情况下，能够很好说明这一国家出口对其他经济体进口增长的贡献，同时还能说明 RCEP 出口的外溢效应。总体来看，RCEP 在保持区域内出口稳定增长的同时，对区域外出口实现较大增长，外部效应十分明显，对稳定全球供应链发挥了积极作用。

表 2-9　RCEP 等区域合作平台及主要经济体区域外贸易增长的溢出效应

	2023 年区域外贸易比 2019 年增长（%）		区域外出口增长对全球（不含本身）进口增长的外溢效应		从区域外进口增长对全球（不含本身）出口增长的外溢效应	
	出口	进口	贡献率（%）	拉动百分点	贡献率（%）	拉动百分点
RCEP	17.8	4.5	16.8	4.4	4.0	1.0
USMCA	21.7	25.2	6.9	1.7	13.0	3.3
欧盟	30.9	34.8	19.4	4.8	20.3	5.2
中国	34.9	23.2	14.4	3.7	8.5	2.0
美国	22.9	22.3	5.8	1.5	9.2	2.3

续表

	2023 年区域外贸易比 2019 年增长（%）		区域外出口增长对全球（不含本身）进口增长的外溢效应		从区域外进口增长对全球（不含本身）出口增长的外溢效应	
	出口	进口	贡献率（%）	拉动百分点	贡献率（%）	拉动百分点
日本	4.0	4.2	0.3	0.1	0.3	0.1
APEC	27.8	18.9	32.8	9.0	22.9	5.9

资料来源：根据 WTO 贸易统计和 JETRO 贸易矩阵数据计算。

（二）巩固和提升 RCEP 区域贸易发展成果面临的新课题

1. 巩固区域贸易疫后复苏势头

2023 年 RCEP 成员国际贸易和新冠疫情之前的 2019 年相比，实现较大幅度增长，但和 2022 年相比出现 7.0% 的负增长；其中出口、进口分别下降 5.9% 和 8.2%；降幅均大于全球平均水平。分国别来看，除中国、泰国、越南的降幅较小外，RCEP 其他成员降幅普遍大于 RCEP、全球平均降幅。2023 年在全球经济复苏持续低迷、地缘冲突加剧，贸易保护主义措施密集出台背景下，全球和主要经济体对外贸易全面下降，这是 RCEP 成员国际贸易负增长的主要原因。但是，RCEP 成员自身存在的经济复苏放缓、汇率贬值加剧、出口管制和进口限制增加等带来的影响也不容忽视。加强成员间合作，共同创造良好政策环境巩固和提升 RCEP 区域贸易持续复苏势头是各国面临的重要课题。

2. 加快落实 RCEP 贸易自由化措施

RCEP 于 2022 年 1 月 1 日起正式生效，截至 2024 年 11 月已经过去近三年的时间。按照各国的关税减让承诺，多数成员相互零关税覆盖面应当超过 50% 的水平。另外，中国、日本和韩国作为区域三个最大经济体，首次在 RCEP 框架下相互成为自由贸易伙伴，这些因素本应是 RCEP 成员相互贸易进入快速增长新阶段的有利条件。但 2023 年和 2022 年相比，RCEP 区域内贸易下降了 8.7%，降幅超过 RCEP 对全球出口的平均降幅；其中，中国对日本和日本对中国出口分别下降 8.7% 和 12.8%；RCEP 成员中仅中国和东盟之间相互贸易降幅明显低于平均降幅。RCEP 的贸易创造效应未达预期，除了全球贸易下降、汇率波动等因素的影响，日本、韩国等跟随美国采取严格对华出口管制政策也是其中的一方面原因。另外，根据东亚商务委员会（EABC）和日本贸易振兴机构（JEYRO）联合开展的一项调查，约70%的受访者知道RCEP，但只有24.2%的受访者实际使用过RCEP，RCEP利用率仍然处于较低水平。2024年9月，RCEP部长级会议在老挝首都万象召开。会议重申，RCEP成员不会采取任何违背RCEP义务的措施，维护开放、自由和基于规则的市场，消除不必要的贸易壁垒，并致力于加强贸易和投资便利化。但是，如何将这些共识真正落到实处，促使RCEP产生巨大贸易创造效应，仍然是各成员亟须共同解决的紧迫问题。

3. 着力扩大区域贸易外溢效应

坚持开放的地区主义是RCEP区域合作的基本精神。提升区域内贸易比重，增强区域供应链稳定的目标和扩大区域经济的外溢效应并不冲突。以RCEP出口增长的外溢效应为例，2019—2023年期间，RCEP区域内出口比重有所上升，对全球其他经济体进口增长的贡献率依然保持较高水平，在稳定全球供应链方面作出了积极贡献；欧盟的区域内进口占比明显高于RCEP，但同期对区域外出口增长的贡献仍然大于RCEP，说明即使在区域内贸易比重较高的背景下仍有扩大对区域外溢出效应的条件。与此同时，由于RCEP区域外进口增长缓慢、区域内进口占比偏高等，进口增长的外溢效应明显偏低，区域外出口大于进口的贸易失衡长期存在，给RCEP区域贸易可持续发展带来不确定性。区域成员应在加快推进区域内贸易自由化便利化制度建设的同时，扩大区域市场开放，提高在全球范围内配置要素资源的能力，助力开放型世界经济发展。

4. 培育服务贸易发展新动能

服务贸易是RCEP区域贸易发展中的短板。2023年，RCEP服务贸易占全部贸易（货物贸易+服务贸易）总额的比重为18.1%，低于USMCA、IPEF等全球重要区域的同期水平，甚至低于APEC和全球平均水平；另外，这一比重比2019年还下降了1个百分点（表2-10）。因此，长期来看，RCEP成员扩大服务贸易规模和全球份额仍然具有较大空间和潜力。WTO报告显示，按照增加值核算服务贸易大约占到全球贸易总额的二分之一；按照贸易额核算，占比仅为四分之一左右。因此，扩大服务贸易有利于提升出口方的出口附加值水平，创造更多内部增加值增长机会。另外，发展服务贸易有利于降低生产资料和能源强度，契合制造服务化以及绿色低碳型经济发展的大趋势，满足人们数字和服务消费日益增长的需要，对于提升区域经济发展质量和水平、促进开放型世界经济发展，具有十分重要的战略意义。

表 2-10　RCEP 服务贸易占贸易总额的比重及其国际比较

	服务贸易额 （亿美元）		比 2019 年 增长（%）	服务贸易占贸易 总额比重（%）		比 2019 年 提高（%）
	2019 年	2023 年		2019 年	2023 年	
RCEP	24 592	28 734	16.8	19.1	18.1	-0.96
CPTPP	15 240	18 361	20.5	20.8	20.6	-0.23
USMCA	17 697	21 221	19.9	22.6	21.9	-0.68
CAFTA	16 309	19 907	22.1	18.1	17.4	-0.70
IPEF	34 914	42 339	21.3	24.4	24.2	-0.23
APEC	50 923	60 240	18.3	20.4	19.7	-0.74
世界	122 672	150 706	22.9	24.2	23.9	-0.34

资料来源：根据 WTO 服务贸易统计计算。

5. 促进成员间相互投资

扩大成员间相互投资有利于增强区域内跨境产业链供应链韧性、提升区域内贸易依存度。UNCTAD 数据计算结果显示，2023 年，RCEP 成员吸收外来投资和对外投资分别达到 4 596 亿美元、4 640 亿美元，分别比 2019 年增长 26.4% 和 5.3%，疫后恢复取得明显进展；但值得注意的是，和 2022 年同期相比，二者分别下降 16.4% 和 21.7%，明显大于世界平均 1.8% 的降幅。

近年来，外来投资和对外投资政策领域的泛安全化、泛政治化倾向在美国等西方国家范围内蔓延，产业链供应链重构的"友岸化""近岸化"趋势明显，在导致全球跨境投资整体下降的同时，还出现了结构分化现象，包括中国在内的 RCEP 成员的双向投资受到不同程度的冲击，面向区域内的投资走向也相应出现变化。例如，日本对外投资统计显示，2023 年对中国的直接投资为 38 亿美元，比 2022 年减少 18 亿美元，而且首次低于日本面向非 RCEP 成员印度的投资额。从韩国的统计来看，同期对中国投资由 85 亿美元下降到

19亿美元，美国则以277亿美元规模继续保持韩国最大投资对象国地位。毋容置疑。日本、韩国等RCEP成员迫于美国压力实行的投资和出口安全管制政策导致其对中国等RCEP区域内投资和贸易关系受到伤害，同时也是RCEP区域内贸易投资面临较大下行压力的主要原因之一。中国持续扩大和东盟等RCEP主要成员之间双向直接投资、不断增强相互供应链韧性的实践经验，充分印证了促进成员间相互投资对于稳定和提升RCEP区域内生产网络的重要性和紧迫性。

6. 提升数字贸易发展水平

2020—2022年，受新冠疫情等因素影响，全球供应链遭受冲击，传统商品和服务贸易活动收缩，但以数字化、智能化为特征的电子商务等数字经济迎来快速发展新机遇，在互联网、计算机、现代通信技术不断取得新突破背景下，以中国为代表的RCEP成员跨境贸易的数字化、智能化转型加快，并为区域经济复苏注入新动力。以中国为例，近年来电子商务交易额持续较快增长，2023年已经接近社会消费品零售总额的50%（UNCATD），远高于全球19%的平均水平，在全球占比超过50%，其中跨境电子商务交易额占比连续多年保持5%以上水平。但是，在与提供内容相关跨境数字服务贸易领域，中国和发达国家相比还存在较大差距，数字跨境总流量在主要国家（地区）中属于较小规模。数字跨境流动规模是衡量数字贸易实力大小的重要指标。在RCEP成员中除了新加坡在全球数据流动总量排名靠前，其他国家均未进入前十。根据国际电信联盟的统计，目前亚洲地区数字跨境流动总量仅占全球总流量的14%，远低于欧洲65%的水平，仍存在巨大提升空间。如何加快推进区域成员数字基础设施建设、增强数字网络平台互联互通能力、实现高水平数字贸易自由化便利化制度建设目标并引领全球数字贸易规则制定，是RCEP区域合作面临的一个十分重要和紧迫的课题。

7. 加快绿色低碳转型

2023年12月13日，《联合国气候变化框架公约》第二十八次缔约方大会（COP28）在阿联酋迪拜闭幕。《巴黎协定》"全球盘点"获得通过，决定在最近10年加大气候行动力度：总体目标确定为将全球升温幅度控制在1.5℃以内。决议中虽然没有包含化石能源退出的要求，但提出了"过渡"倡议，标志着化石燃料时代"终结的开始"。会议提出，缔约方必须采取行动，争取到

2030年在全球范围内实现可再生能源产能增加两倍，能源效率提高一倍。RCEP区域是全球最为重要的制造业中心，能源消费规模和强度远高于全球平均水平，在减少温室气体和污染物排放、提升可再生能源利用率等方面肩负十分重要的责任。另外，世界主要经济体关于绿色低碳的贸易投资规则和法规大量增加，其中也包含了一些借机推出的有悖于多边规则的贸易保护主义措施。如欧盟等发达经济体实行的碳边境调节税制度、德国等大国的供应链尽职调查法规等对发展中国家企业事实上形成较多贸易壁垒，RCEP区域的企业开展区域内外贸易投资活动的成本明显上升，区域生产和贸易面临着加快推进绿色低碳转型的巨大压力，为此必须付出更多的努力。

（三）促进RCEP贸易自由化不断取得新成效的政策方向

面对复杂多变的国际环境和区域经济发展中存在的诸多新课题新问题，RCEP成员应当坚持开放包容和互利共赢的区域合作方向，持续深化成员间双边和多边制度性合作，不断推出高水平的区域贸易投资自由化便利化政策举措。

1. 坚守多边规则

多边规则是互利共赢国际合作关系的基本准则，也是规范各方市场竞争行为的重要依据。单边主义和搞"小圈子"行为不符合真正多边主义的基本精神。面对亟待各国携手解决的气候变化、社会公平等全球性议题，RCEP成员、尤其是大国首先应当依据《联合国2030年可持续发展议程》《巴黎协定》等多边规则确立的人权与绿色标准，摈弃供应链重构指导中的泛意识形态做法，规范各自政策方向，逐步将绿色低碳、公平竞争、争端解决、劳动保护等条款纳入RCEP规则体系，加强企业参与国际商业活动的行为规范引导，支持企业履行联合国负责任投资原则。RCEP成员要在切实维护多边组织的权威性和有效性，加快落实世贸组织投资便利化协定、服务贸易国内规制参考文件等多边成果上作出更多努力，积极推进多边平台数字经济和环境产品等相关诸边谈判，促进全球治理结构改革。RCEP还应当坚持开放的地区主义，在通过设置最不发达成员的过渡期、特殊保障等安排促进区域内包容性增长的同时，积极扩大和区域外经济体的互利共赢合作关系，提升区域经济发展的外溢效应，为促进开放型世界经济发展作出积极贡献。

2. 规范安全管制标准

国际上实行外资安全和出口管制制度的经济体不断增加，但一些国家相关政策存在的国别歧视、缺乏透明度以及泛化安全概念等问题日益突出，往往演变成为其抑制他国发展的工具，给各国企业开展正常国际业务带来巨大成本和不确定性。从大国关系来看，跨国投资增长是企业基于市场作用的合理选择，相互贸易依存度上升是经济关系更加稳定和加强的重要表现，而不应当成为所谓"去风险化"的理由。大国之间应建立外资安全和出口管制政策协调机制，通过加强对话、政策沟通和规则制定，消除贸易投资保护主义和滥用国家安全手段的不正常市场竞争行为，促进互利共赢国际合作体系不断深化和提升。2024年5月举行的中日韩领导人会议上，三国就加强出口管制政策领域的对话与政策协调达成共识。除此之外，中韩和中日之间也先后就加强双边出口安全管理政策对话达成一致。随着这些共识得到落实并逐步实现机制化，将有利于引领RCEP区域内关于涉及安全管理领域的政策沟通和协调，防范外部因素对区域合作走向的干扰，减少滥用安全管理可能给区域经济带来的伤害。RCEP应加强贸易政策评估机制化建设，通过加强对各成员的政策评估和审查，保障协定自由化便利化规则全面有效落地实施。

3. 深化产业链供应链合作

事实证明，"脱钩"不能解决任何国家自身存在的结构性问题；"断链"将给世界经济带来巨大伤害。近年来，一些区域外国家出于分化东亚合作、维护自身全球支配地位的需要，不仅加大了对中国等新兴经济体崛起的遏制力度，还和其盟友联手推动所谓以共同价值观为纽带的产业链供应链重构，迫使部分RCEP成员进行"选边站队"和政策转向，对区域生产网络的安全稳定和区域经济增长基础造成损害。2024年9月，在老挝万象召开的RCEP第三次部长级会议上，各成员方承诺不再出台任何有悖于RCEP自由化目标要求的贸易措施，在排除外部干扰、保障区域合作机制正常运行等方面取得了积极进展。各成员方，尤其是发达经济体应当通过自身实际行动展现维护RCEP规则权威性的决心。RCEP成员必须承担积极推动区域经济一体化进程的重要责任，为各国企业创造按照市场规律开展投资和生产布局的良好环境，坚持开放包容的合作方向，把巩固和提升区域内外合作成果置于重要战略地位，深化相互贸易投资关系和政策协同，鼓励和支持本国企业扩大区域内外投资，不断增强跨境产业链供应链韧性，促进开放包容有韧性的区域生产网络建设不断取得新成效。

4. 升级贸易自由化安排

近年来，区域自由化便利化制度安排不断增加，顺应了企业对各国实行贸易投资自由化便利化政策的普遍诉求，有利于降低企业成本，扩大贸易创造效应，助推区域和全球经济一体化发展。面对当前贸易保护主义抬头的严峻形势，中国推出了一系列扩大制度型开放的重要举措，如实现单边开放入境签证和专业技术资质互认政策，实施专业技术人才引进措施，促进商务人员往来自由便利；加快推进自由贸易试验区和海南自由贸易港等高水平开放平台建设；和东盟共同完成 3.0 版自贸协定谈判；积极推动中日韩自贸协定、RCEP 后续谈判和 CPTPP 加入谈判，彰显了中国坚定奉行扩大开放基本国策的决心。RCEP 其他成员也应在提升区域经济一体化水平上做出进一步的努力，共同推进迈向更高自由化便利化标准的 RCEP 后续谈判，向新成员敞开加入谈判的大门，扩大协定覆盖领域和地区范围，发挥亚太区域制度性合作主渠道作用，为实现贸易投资自由化便利化水平更高、覆盖区域更广、合作领域更宽的亚太区域经济一体化目标作出积极贡献。

5. 培育企业国际竞争合作新优势

打造一流营商环境、减少对企业参与正常市场活动的政策干预是促进成员间相互投资持续发展的重要条件。除此之外，RCEP 成员还应当加大面向企业 ESG 合规的信息服务和政策引导，鼓励本国企业认真履行社会责任、完善公司治理和绿色低碳转型。政府要打造有利于企业转型升级和创新的政策环境，促进企业制造和服务融合发展，鼓励企业加强数字化、智能化平台和管理体系建设，提升生产和营销、管理等企业经营活动的数字化智能化水平。另外，政府要引导企业优化商业伙伴关系，鼓励企业利用自由贸易协定降低贸易投资成本、增强自身合法权益保障、构建长期稳定的合作伙伴关系。政府还应通过引导企业在目标市场设置分支机构、扩大对外投资稳定跨境供应链、加强和跨国公司之间的供应链伙伴战略性合作等政策措施，助力企业构建安全稳定的跨境产业链供应链。

三、RCEP 对东亚产业链供应链重构的影响[①]

(一) 东亚产业链供应链重构的发展现状

东亚供应链长期遵循着效率导向的自然经济规律持续进化，但随着新冠疫情、乌克兰危机以及美国对华遏制战略的推进，这一自然演化进程遭遇了显著干扰和挑战。在全球环境充满不确定性的背景下，加速了全球供应链的区域化重组。[②] 跨国公司日益将焦点转向强化其全球供应链的安全性、韧性与可持续性。东亚地区企业为了应对潜在风险并保障业务连续性，正积极探索并实施新的产业布局和投资策略，通过缩短供应链距离、减少物流依赖及增强对供应链的直接控制，来提升供应链的抗风险能力和灵活性，推动产业链、供应链进入深度调整阶段。

1. 东亚供应链正加速向区域化、多元化转型

面对近年来频繁发生的突发事件，全球价值链的脆弱性暴露无遗，全球供应链出现了显著的短链化、区域化和本土化趋势。跨国公司纷纷从以往效率优先的"即时响应"供应链管理转向风险导向的"风险缓冲"策略，强调供应链的韧性与安全。在东亚地区，全球价值链转向更具区域性的价值链，东亚区域内中间品和资本品贸易的快速增长，标志着东亚供应链区域化趋势的加强。从历史上看，亚洲地区的全球价值链后向联系超过前向联系，因为亚洲地区在供应链中扮演着重要的组装角色，特别是在中高科技领域。然而，由于亚洲的后向联系不如其他地区多样化，上游供应链的任何中断都有可能阻碍全球价值链的生产和弹性。自新冠疫情暴发以来，东亚地区的全球价值链前向联系已经多元化。随着东亚地区全球价值链一体化变得更加区域化，其前向联系更加明显。然而，在东亚地区，几乎没有出现国内中间产品采购量的显著增长，同时，国内增值服务满足国内需求的份额也未见明显增加。[③]

[①] 作者：沈铭辉，中国社会科学院亚太与全球战略研究院研究员；张中元，中国社会科学院亚太与全球战略研究院研究员。

[②] 刘红、刘洪钟：《东亚供应链调整背景下的中日合作》，《日本学刊》2023年第2期。

[③] Asian Development Bank, "Asian Economic Integration Report 2024 Decarbonizing Global Value Chains," 2024.

2. 中国正成为东亚区域供应链核心枢纽

在东亚区域价值链中，中国的地位经历了显著的提升，显示出中国在东亚区域供应链中的重要性和影响力。中国最终需求吸收的增加值比例也大幅提升，体现了中国作为强大需求市场的吸引力。这些变化表明中国已成为东亚区域价值链中不可或缺的关键节点。中国与东亚其他国家之间的前向关联日益紧密。以中国增加值（CVA）在其他东亚国家出口中所占份额的比例显著上升，显示出这些国家对中国供应链的依赖加深。尽管中国与 RCEP 成员国的后向关联在某些方面有所减弱，但整体趋势仍显示出复杂的区域生产网络正在形成。中国出口中来自其他东亚国家的增加值占比略有下降，但并未改变中国与区域内国家紧密联系的基本格局。[①] 此外，"中国+1" 的供应链重组策略日益受到在华跨国公司的青睐，即在保留中国作为重要生产基地的同时，增加至少一个替代生产地点，以分散风险并保障供应链安全。

3. 中日韩从"垂直—互补"到"水平—竞争"的产业关系转型

中日韩作为东亚地区供应链网络的核心，2022 年日韩对中国的中间品贸易依赖度较之前年份有所下降，两国在供应链布局上正发生微妙变化。日韩部分劳动密集型、低技术水平的生产环节正逐步向东南亚等低成本地区转移，中美贸易摩擦加速了这一进程，使日韩企业为缓解关税压力而寻求新的生产地；为应对供应链危机，日韩企业开始面向中美两个平行市场进行布局，试图形成两套标准体系以巩固市场份额。长期以来，中日韩在全球产业链中形成了独特的"垂直—互补"关系，其中日韩占据上游技术优势，而中国则依托庞大的市场和丰富的人力资源成为中下游的生产基地。然而，随着中国经济的快速增长和技术实力的提升，特别是在新兴产业如新能源汽车、数字经济等领域的快速崛起，中日韩之间的产业分工模式正逐渐发生转变。中国的部分行业已超越日韩，展现出强大的生产潜力，促使三国间的"水平—竞争"关系日益增强，甚至在某些领域形成了竞争与合作并存的复杂格局。[②]

4. 东亚区域产业链仍对外部市场存在较高的依赖度

东亚供应链的平稳运行曾依赖于美国作为最大消费市场的强大进口需求能力，但这种模式在国际金融危机后暴露出不可持续性，传统的"东亚生

---

① 白光裕、梁明：《RCEP 框架下中国区域价值链优化研究》，《广西社会科学》2022 年第 10 期。

② 潘怡辰、蔡桂全、宋云潇：《供应链重构与日韩对华投资再选择》，《国际贸易》2023 年第 11 期。

产—美欧消费"国际分工格局已显露出脆弱性。随着全球经济格局的演变，东亚地区的开放特征不会改变，但与北美和欧洲之间的"脱钩"迹象日益明显，中美贸易摩擦和新冠疫情加速了这一进程。面对中美贸易摩擦的潜在风险，众多跨国公司不得不重新评估其全球供应链布局，倾向于构建更短、更区域化的供应链体系，以提高灵活性和增强韧性。东亚各国政府通过实施一系列政策措施，致力于构建区域内外生产与消费均衡发展的经济循环模式，以增强供应链的韧性，提升产业链的适应性和灵活性。中国对美国和欧盟市场的依赖性虽有所下降，但仍保持较高水平，特别是在高科技领域，显示出中国产业链对外部市场的依赖。中国将东亚视为供应链重构的首要目的地和应对外部挑战的重要依托，正在积极参与并塑造一个更加多元化、更具韧性的区域价值链体系。

（二）RCEP 对东亚产业链供应链重构的影响

RCEP 自 2022 年生效以来，成员国利用 RCEP 的货物贸易减税和贸易投资便利化等措施和规则，加强中间产品贸易关系，增强了区域价值链的韧性，推动东亚区域制造业贸易向更高水平的一体化发展，形成更加稳定的制造业贸易网络。[1] RCEP 的签署与生效成为强化区域产业链、供应链和价值链融合的关键，RCEP 的关税减让、服务贸易成本降低及原产地累积规则等措施，增强了东亚区域价值链的紧密性与效率，对推动东亚区域优化产业链布局以及提升区域整体竞争力具有重要意义。[2]

1. RCEP 通过降低关税和削减非关税壁垒，提升了东亚区域产业链的关联性

RCEP 通过降低关税和削减非关税壁垒，不仅大幅降低了贸易成本，还极大地提升了区域内货物贸易的自由化水平。RCEP 的实施既促进了区域内贸易增长，也极大地推动了区域间消费变动引发的中间投入驱动型产业转移的增长。[3] RCEP 还降低了出口市场的准入门槛和商品流通的成本，显著增强了供

---

① Kejuan Sun, Hao Xiao, Zhen Jia, and Bin Tang, "Estimating the effects of regional value chains of the RCEP in a GVC-CGE model," *Journal of Asian Economics*, 88, 2023, 101647.

② 索维、张亮：《RCEP、全球价值链重构及中国的应对策略》，《江苏社会科学》2022 年第 5 期。

③ 韩佳容、贾孟瑶、余壮雄：《RCEP 背景下的贸易合作与产业转移》，《经济学动态》2024 年第 7 期。

应链的灵活性和效率。通过区分中间产品与最终产品检验 RCEP 对两者在贸易与福利效应上的不同影响，结果发现 RCEP 显著促进了成员国间的贸易增长，且中间产品的贸易增幅远超最终产品，体现了区域内供应链整合的深化。对于非 RCEP 成员国而言，RCEP 生效实施导致了较为明显的最终产品贸易转移，而中间产品的转移效应则相对较弱。① RCEP 的关税减让安排具有策略性，RCEP 允许各成员国针对不同国家制定差异化的减税承诺，既保障了国内产业的竞争力，又促进了区域供应链的多元化发展。中间产品在区域内的更广泛流通与深度整合，促使成员国的后向（供应链上游）与前向（供应链下游）区域价值链参与度均实现提升，进一步促进了区域内生产网络的优化与升级，为成员国之间的经济合作与产业升级提供了强大动力。②

2. RCEP 中"累计增加值原则"的引入促进了东亚区域产业链的协同发展

在东亚地区，错综复杂的自由贸易区网络曾导致原产地规则应用复杂多变，显著增加了企业的贸易成本。RCEP 区域内统一且简化的原产地规则的实施，为降低合规成本、促进贸易便利化开辟了新路径。RCEP 推出的原产地累积规则，其原产地认定标准宽松且开放，允许成员国间的原产地价值成分累积，显著降低了中间产品符合原产地要求的难度，使得成员国企业在生产过程中能够更灵活地利用其他成员国的原材料，为生产企业提供了更多元化的选择。RCEP 的"自主声明"制度进一步降低了企业成本，提升了通关效率，原产地宽松标准对区域内贸易的促进作用明显，对区域内产业链、供应链产生了显著的贸易创造效应，为区域经济的持续增长提供了有力支撑。③ RCEP 的区域原产地累积规则鼓励企业在区域内灵活布局生产链和供应链，突破了传统国家或地区的界限，极大地降低了东亚区域产业链、供应链的运营成本，使得 RCEP 成员国更倾向于从区域内采购中间产品和零部件，从而享受优惠

---

① Siyi Peng, Zijie Fan, Wenjie Hu, and Jiaqi Yuan, "RCEP, global value chains and welfare effects: a quantitative analysis based on the distinction between intermediates and final goods," *Applied Economics*, 2024, 56（28）, pp. 3334-3348.

② Kejuan Sun, Hao Xiao, Zhen Jia, and Bin Tang, "Estimating the effects of regional value chains of the RCEP in a GVC-CGE model," *Journal of Asian Economics*, 88, 2023, 101647.

③ 杨继军、艾玮炜、陆春怡：《RCEP 原产地规则对区域供应链重构的影响》，《国际贸易》2023年第 7 期。

税率并降低供应链的不确定性，为成员国跨境产业合作提供了强大的支撑，深化了 RCEP 各成员国之间的经济联系。[①]

3. RCEP 协调多方利益，促进东亚区域供应链深度融合

RCEP 是第一个将中国、日本和韩国这三个主要东亚经济体聚集在一起的自由贸易协定，迂回实现了中日韩自由贸易安排，有效地消除了三国之间复杂和间接的贸易规则限制，有助于三国企业实现资源的垂直跨境整合，形成平等互惠的协作关系。以半导体产业为例，三国在半导体产业价值链中的定位差异明显：日本作为设计领域的核心参与者，主要贡献于前端半导体制造所需的先进设备和材料；韩国则不仅在设计领域有所建树，还深入前端半导体制造环节，形成了更为全面的产业链布局；中国则侧重于后端半导体制造，并与韩国在前端制造领域建立了紧密的合作关系。RCEP 的实施普遍降低了成员国间的进口关税壁垒，韩国半导体产品在进入中国市场时享受到了更为显著的关税减免，这一政策红利直接提升了其在华市场的竞争力。[②] 中日韩三国作为 RCEP 中的关键经济体，其较高的关税减让幅度不仅加强了三国间的产业链合作，还推动了亚太区域经济一体化的进程。一些研究发现，中日韩三国经济行为明显向"为该地区生产"和"从该地区购买"转变，这标志着三国正积极调整其生产价值链和需求价值链的布局，从全球范围逐渐向区域内集中。[③]

4. 降低制度性成本，弱化隐形壁垒，增强东亚区域产业链韧性

RCEP 的贸易自由化与便利化措施，显著提升了亚太地区的制度型开放水平。RCEP 通过实施贸易投资便利化等一系列措施，显著改善了东亚区域的整体贸易投资环境，极大地促进了产业融合，为构建东亚区域产业链奠定了坚实基础。RCEP 通过全面的市场准入承诺，为成员国跨境产业合作提供了坚实的制度保障，促进了成员国之间的市场开放和东亚区域内契约环境的改善。RCEP 在知识产权保护、中小企业创新等方面的务实合作，通过优化资源配置和生产要素流动，使得各成员国能够基于各自的比较优势进行专业化生产，促进了高技术产业在成员国间的优化布局和成员国之间的产业链协同，强化

① 许明：《RCEP 对中国产业链供应链影响机制与优化路径研究》，《亚太经济》2023 年第 2 期。

② Yuxin Peng, "Japan and South Korea's engagement in the Chinese market post-RCEP implementation: A case study of the semiconductor industry," *Asia and the Global Economy*, 4, 2024, 100085.

③ Kejuan Sun, Hao Xiao, Zhen Jia, and Bin Tang, "Estimating the effects of regional value chains of the RCEP in a GVC-CGE model," *Journal of Asian Economics*, 88, 2023, 101647.

了区域创新链的协同，推动 RCEP 成员国从比较优势向竞争优势转化，有利于各国产业逐步迈向全球价值链的高端位置。① 在面临供应链冲击时，一个更加完善的制度环境不仅有助于降低供应链断裂的风险，增强供应链的韧性，促进成员国在全球产业链供应链中的深度融合与协同发展，② 还有助于增强区域产业链的稳定性和安全性。

（三） 进一步发挥 RCEP 促进东亚产业链供应链构建的对策与建议

要进一步发挥 RCEP 在促进东亚产业链供应链构建方面的作用，需要多方面的努力和配合。通过优化产业链布局、深化区域经济一体化、加强市场准入与规则对接、推动科技创新与数字化转型以及应对潜在挑战与风险等措施的实施，推动东亚产业链供应链的高效运行和持续优化。

1. 优化产业链布局、推动科技创新与数字化转型

在 RCEP 框架下深化跨境产业合作，关键在于构建具备高度竞争力的产业体系，奠定与全球供应链对接的产业基础。通过中日韩和东盟在制造业领域的错位发展，进一步增强互补性。中日韩可以有序向东盟国家转移低端制造业，实现产业链的优化升级。利用中国市场潜力大、配套能力强等优势，与日本、韩国在新材料、人工智能、数字技术等领域展开深度合作，推动中日韩创新网络建设，提升区域整体竞争力。东亚国家通过加强供应链管理、建立研发中心等方式，加大对核心技术研发的投入，鼓励企业自主创新，减少对域外发达经济体的技术依赖。聚焦优势产业，如电子、汽车、绿色化工及数字经济等，通过推动科技成果转化，提升产业链的技术含量，推动产业升级和转型。通过新科技与产业的融合，巩固和发挥东亚国家在数字经济等新领域的先行优势，推动产业链数字化转型。积极探寻并开拓亚太地区经济贸易发展的新路径与增长点，实现更高水平的经济融合与繁荣。③

---

① Hui Wen, Yu You and Yue Zhang, "Effects of tariff reduction by regional comprehensive economic partnership (RCEP) on global value chains based on simulation," *Applied Economics Letters*, 2022, 29 (20), pp. 1906—1920.

② 沈国兵、沈彬朝:《高标准贸易协定与全球供应链韧性: 制度环境视角》,《经济研究》2024 年第 5 期。

③ 卢光盛、赵皓童:《IPEF 与 RCEP: 差异、影响及相关思考》,《亚太经济》2024 年第 4 期。

2. 加强市场准入与规则对接、促进区域标准协调

RCEP 所预期的实际收益，在很大程度上依赖于其在服务贸易、投资、电子商务等关键领域的深入实施与内在议程的积极进展。RCEP 有利于进一步增强中低端制造业和资源产业国家的比较优势，但对服务业和高端制造业国家比较优势的促进作用在一定程度上不足。[①] RCEP 国家要致力于增加服务贸易的自由化和便利化，在海关程序、电信、金融等方面进行合作，减少行政和非关税壁垒；减少对参与 RCEP 国家服务的外国机构和人员的服务出口、投资、居住和运营的准入限制，为外国和国内投资者提供平等待遇；完善服务贸易监管法律体系，为各方提供透明、公平、公正的环境。RCEP 在边境后措施上的承诺相对有限，加之其复杂且长期的关税削减进程、严格的原产地规则及繁琐的行政程序，可能延缓了协议潜在效益的释放，甚至阻碍企业充分利用 RCEP 提供的贸易优惠。各国应对照 RCEP 在以上各领域的高标准规则，进一步完善国内相关法律法规和政策体系。为加强知识产权保护和执法制定更详细、更全面的规定，以促进成员国之间的技术转让和合作，将合作实践中积累的改革创新成果有效融入 RCEP 规则体系并不断优化。加强 RCEP 成员间的标准合作对接，充分利用 RCEP 相关条款推动区域标准协调，促进跨国企业和行业组织的合作，特别是跨国企业和标准化机构的合作，加强东亚地区国际标准的制定和实施。RCEP 成员间要加强合作，通过激活和利用 RCEP 中的内置条款，深化 RCEP 规则体系，并探索未来扩大其覆盖范围的可能性，推动东亚地区实现更高水平的贸易自由化。[②]

3. 简化 RCEP 中产品特定原产地规则和运营认证程序

RCEP 的原产地规则（ROO）被视为推动贸易便利化及强化现有区域价值链的关键因素。然而，在现实中还存在一系列潜在障碍可能阻碍其预期效益的充分发挥，可以通过进一步谈判，释放 RCEP 在促进区域内贸易方面的

[①] Chong Yin, Xiao-ni Su, Wen-chao Wang, Ying-xin Cui, "Structural imbalance and integrated economic development of RCEP countries on perspective of industrial network," *Technological Forecasting & Social Change*, 209, 2024, 123728.

[②] Pramila Crivelli and Stefano Inama, "A Preliminary Assessment of the Regional Comprehensive Economic Partnership," *ADB Briefs*, NO. 206.

潜力。① 原产地证书的不同形式及成员间实施差异导致了操作上的不一致性，增加了企业的合规难度。RCEP 文本中未能纳入如直接装运文件证据不变更等最佳实践条款，也限制了其贸易便利化的效果。② 与 CPTPP 的原产地规则相比，CPTPP 在吸收最新原产地规则管理经验方面更为积极，如引入了自我认证等最佳实践。相比之下，RCEP 在接纳这些创新做法时稍显保守，在放宽产品特定原产地规则（PSRO）及相关管理要求的简化上仍有提升空间，利用 RCEP 的内置议程，并结合世界海关组织、世界贸易组织及东盟等政府间论坛的现有工作，共同推动原产地规则及相关程序的简化，确保原产地证明及相关行政程序的透明度和商业友好性。③ 建议扩大累积范围至 RCEP 区域内的所有加工与处理程序，并考虑引入自我认证作为首选的原产地证明方式，同时加速实施认证的出口商机制。此外，原产地规则的复杂性需要技术援助和能力建设，以避免发展中经济体在自由贸易协定和单边贸易优惠计划的谈判中处于不利地位。④

四、高质量实施 RCEP 推动中国开放型经济建设⑤

RCEP 是世界上人口最多、经贸规模最大、最具发展潜力的自由贸易区，自 RCEP 2022 年 1 月 1 日正式生效、2023 年 6 月对所有成员全面生效以来，中国已将 RCEP 作为深化制度型开放的重要平台，通过梳理 RCEP 的 701 条约束性义务和 170 项鼓励类义务，要求各部门、各地方高标准履行 RCEP 承诺，在全面落实协定规定的市场开放承诺和规则中，改革边境规则和边境后规则，推动货物贸易、服务贸易、国际投资、电子商务等规则朝着自由化、便利化、

---

① Asian Development Bank, "An Assessment of Rules of Origin in RCEP and ASEAN+1 Free Trade Agreements," 2023.

② Asian Development Bank, "The Regional Comprehensive Economic Partnership Agreement: A New Paradigm in Asian Regional Cooperation?" 2022.

③ Asian Development Bank, "An Analysis of the Product-Specific Rules of Origin of the Regional Comprehensive Economic Partnership," 2022.

④ Pramila Crivelli, Stefano Inama, and Jeremy Marand, "The Determinants of Product-Specific Rules of Origin: An Econometric Analysis in the Regional Comprehensive Economic Partnership," *ADB Economics Working Paper Series*, 2024, No. 713.

⑤ 作者：桑百川，对外经济贸易大学国际经济研究院院长、教授。

市场化、法治化的方向迈进，催动了开放型经济体制建设，也强化了 RCEP 区域内贸易、投资和产业合作，初步释放出 RCEP 的制度红利，促进国民经济发展。

（一）释放货物贸易创造效应

按照贸易自由化、便利化要求，RCEP 成员对货物贸易减让关税，减少非关税措施，实行累加计算的原产地规则，推动成员间货物贸易合作，成员间总体的贸易韧性增强，在全球贸易波动和冲击中保持了相对稳定。中国多数省份制定了利用 RCEP 规则、扩大对 RCEP 成员贸易的方案，一批企业学习利用 RCEP 规则，加大拓展 RCEP 贸易规模的力度，货物贸易创造效应初步显现。

但是，按照 RCEP 的关税承诺，货物贸易零关税率最终将超过 90%，要达到这一水平需要较长时间。根据各成员关税减让承诺，在协议生效 5 年内，仅有 42% 的区域内进口能够实现零关税，10 年内达到 61%，15 年内达到 77%，而达到约 90% 的区域内零关税水平则需要 20 年。而且各成员间关税减让承诺不一，同一成员对其他不同成员的关税减让存在差异，增加了企业享受减税的信息搜集成本，加剧了不同成员企业的不平等竞争，企业的原产地规则利用率偏低。

为了更大释放协定的贸易创造效应，更好利用 RCEP 规则，中国不同地区需要根据自身经济贸易条件，采取以下措施：

一是制定出口重点产品清单。针对 RCEP 成员对中国关税减让承诺，结合地区产业特色，制定《出口 RCEP 关税优势商品清单》，用以指导企业办理原产地证书，降低出口关税成本，扩大对 RCEP 成员的出口规模。

二是制定重点进口产品清单。针对中国对 RCEP 成员关税减让承诺，结合地区需求，制定《进口 RCEP 关税优势商品清单》，利用关税减让机遇，扩大 RCEP 成员产品进口，强化与 RCEP 成员的贸易联系。

三是用好 RCEP 原产地关税减让规则。建设相关国家进口商品集散中心，帮助企业熟悉 RCEP 的原产地规则和关税优惠安排，节省企业办理优惠原产地证书时间，培养中小企业专门人才，提高 RCEP 原产地规则利用率。

四是落实海关简化程序及措施。加快建设具有国际先进水平的"单一窗口"和智慧海关，实施简化海关程序的高效管理手段。

同时，在 RCEP 层面，完成阶段性关税减让承诺后，需要进一步提升各成员关税减让幅度，推动形成对不同成员统一的关税减让水平；建立 RCEP 秘书处，在秘书处设置适用所有成员的统一的 RCEP 原产地管理平台，发布用于生产出口产品的物料清单、计算附加值或本地价值含量的相关要求、评估原产地规则微小加工的要求、原材料和中间产品的定价等信息，方便企业查询，降低企业运用 RCEP 规则的成本，提高原产地规则利用率。

（二）释放投资创造效应

RCEP 建立了共同的投资规则和市场准入政策，包括投资自由化、投资促进、投资保护、投资便利化四个方面，除成员方实行保留和不符措施外，都对投资实行了负面清单制度，给予成员方准入前国民待遇和最惠国待遇，规定了投资公正公正待遇、征收、外汇转移、损失补偿等投资保护纪律，细化了投资促进和投资便利化措施，重视外商投资纠纷的协调解决。RCEP 投资规则既继承了传统投资协定的主要内容，也展现了国际投资缔约实践的新发展，投资自由化、便利化程度显著提升，为投资者创造了一个更加稳定、开放、透明、便利的投资环境，具有国际投资创造效应。

RCEP 生效实施以来，中国与 RCEP 多数成员间的双向投资稳定发展。为了充分利用 RCEP 投资规则，中国全面检视国际投资管理制度、政策，完善外商投资法实施细则，实现与 RCEP 投资规则对接，推动了国际投资制度和规则体系建设。充分把握 RCEP 投资规则为双向投资带来的机遇，有助于促进国内国际双循环。

为了进一步释放 RCEP 投资规则的投资创造效应，扩大中国与 RCEP 成员间的双向投资规模，推动开放型经济体制建设，需采取以下措施：

一是落实好外资企业国民待遇。对照 RCEP 投资规则，跟踪落实外资企业国民待遇情况，在产业政策、科技政策、资质许可、注册登记、上市融资、税收和合规补贴的激励政策、开业条件、服务价格等方面，不折不扣地给予 RCEP 成员投资企业国民待遇，保障其依法平等参与政府采购、招投标、标准制定；进一步完善知识产权保护的法律体系，平等对待国内外所有企业、个人及投资者的知识产权，加大外商投资合法权益的保护力度，健全外资企业投诉机制。

二是促进外商投资便利化。按照RCEP投资规则，进一步积极推进外商投资"放管服"改革，减少外商投资行政审批事项，提高行政效率，提升政府部门服务功能，完善外资企业管理服务机制，优化外资企业设立备案登记事项，简化企业设立和变更管理程序。做好企业要素可得、政策兑现、融资支持、用工保障、人才引育等服务保障工作，及时解决外商投资遇到的困难。

三是围绕重点产业精准招商。RCEP成员构成复杂，既有发达国家，也有发展中国家；对外投资能力不同，既有资本净流出国，也有资本净流入国。中国经济结构存在多层次性、不平衡性的特点，各地吸收外商投资的禀赋千差万别，因此，在利用RCEP自由化、便利化投资规则扩大利用外资中，需要根据不同成员的对外投资特点，结合本地区利用外资的优势和需求，制定具有针对性的招商引资方案，实行精准招商，保障投资制度变迁效应最大化。

四是推动重点企业高质量"走出去"。RCEP各成员经济发展阶段不同，既有完成工业化的国家，也有工业化尚处于起步阶段的国家，对国际投资的需求存在明显差异。中国在长期工业化进程中积累了大量优质产能，形成了大批治理制度规范、技术领先的优秀企业。RCEP确立的投资规则优化了企业对外投资的制度条件。通过进一步细化对不同RCEP成员的投资方向，优化对外投资服务，支持重点企业对外投资，有助于提升对RCEP成员投资的效率，增强投资合作韧性，并带动相关国家经济社会发展。

（三）助推服务贸易更快发展

RCEP通过服务贸易章节的25个条款和金融服务、电信服务、专业服务3个附件，以及各成员在服务贸易领域的开放承诺，明确了各成员在服务贸易领域的业务和纪律，涉及服务贸易的国民待遇、最惠国待遇、市场准入、本地存在、国内法规等内容，致力于消减成员之间的限制性、歧视性措施，扩大市场开放，促进区域服务贸易发展。

在开放承诺中，日本等7个成员采用负面清单模式，中国等8个成员虽然采用正面清单模式，但在协定生效后的6~15年内要逐步过渡到负面清单模式。中国、新西兰、泰国在采取正面清单承诺的同时，还承诺了"棘轮"义务，锁定了开放承诺和进一步扩大投资开放的趋向。

中国在 RCEP 的服务贸易开放承诺远高于在 WTO 的承诺，在 WTO 承诺的 100 个部门基础上，新增 22 个服务部门，提高了 37 个服务部门的开放水平，并承诺进一步推动 24 个分部门的自由化水平。

中国及其他成员在履行 RCEP 服务贸易开放义务、遵守服务贸易规则中，修改国内法规，改革国内规制，提升 RCEP 服务贸易的自由化、便利化程度，增强服务贸易透明度，为加强服务贸易合作、促进服务贸易发展提供了制度保障。

为进一步释放 RCEP 服务贸易自由化、便利化效应，提升与 RCEP 成员间服务贸易水平，中国需采取以下措施：

对照 RCEP 服务贸易开放承诺，提高法律、建筑工程、广告、银行、保险、证券、海运及相关服务、航空器维修、房地产服务等领域的开放水平，修订完善服务贸易负面清单，早日实现服务贸易负面清单与 RCEP 承诺的对接，在 RCEP 服务贸易开放中实行负面清单管理制度。

深入研究 RCEP 成员服务贸易承诺表，抓住 RCEP 服务贸易开放的机遇，大胆利用 RCEP 成员在软件研发、制造业研发、管理咨询、医疗服务、教育服务、专业设计等领域的优质资源，推动中国相关领域开放发展。

培育具有国际竞争力的服务企业，积极融入 RCEP 产业分工合作。利用服务贸易数字化和数字服务贸易发展机遇，吸引和聚集以云计算、大数据、物联网、工业互联网、区块链、人工智能、虚拟现实等重点技术为基础的数字服务企业。发挥中国在服务外包领域的优势，加快拓展 RCEP 服务外包市场。

梳理重点领域 RCEP 成员含金量高的职业资格，制定职业资格来华服务认定目录，并动态调整。根据各成员《自然人临时移动具体承诺表》，出台各类商务人员签证及准予临时入境便利化措施。

推动知识产权运用转化，打造线上线下一站式知识产权转化服务平台，加强对 RCEP 成员在著作权和相关权利、商标、地理标志、专利、工业设计等重点领域的知识产权保护和运用。

（四）推动跨境电子商务更快发展

RCEP 纳入了电子商务等新型贸易形式，成为首次在亚太区域内达成的范围全面、水平较高的多边电子商务规则。RCEP 电子商务章节涵盖了促进电子商务使用和合作等相关内容，包括促进无纸化贸易、推广电子认证和电子签名、保护电子商务用户个人信息、保护在线消费者权益、加强针对非应邀商业电子信息的监管合作等规则，并就跨境信息传输、信息存储等问题达成重要共识，为各成员加强电子商务领域合作提供了制度保障，有利于改善跨境电子商务发展环境，增强各成员电子商务领域的政策互信、规制互认和企业互通，促进区域内电子商务的发展，推动数字革命成果在区域产业链、供应链中的应用。

贸易文件电子化，承认电子署名和电子认证在区域贸易中的有效性，贸易文件由传统的纸质文件签署变为电子化签署，提高了商务贸易效率。数据移动自由化，保障了商业运营数据可以实现跨境移动，对相应的计算机相关设备运用作了原则上的规定，营造了良好的电子商务交易环境。个人信息保护方面，构建起电子商务贸易、网上消费、个人信息、应对骚扰邮件和信息等基本规则，保障了电子商务贸易环境的安全、高效。通关手续便捷化，货物通关采用高效管理手段，缩短加急货物、生鲜货物等时效性较短的货物放行通关时间，提高了跨境物流运输的效率。电商流通免税，不对电子商务征收关税，开放电子商务市场，减少标准壁垒，避免各国跨境电商出口税收政策不一致，优化了跨境电商营商环境。

当然，RCEP 各成员物流服务标准不一，制约跨境物流服务效率。需要在倡导各成员物流网络协调合作、加大数字技术运用、构建智慧物流网络的同时，建立起统一的跨境物流服务标准。RCEP 成员风险防控制度缺乏统一规范，制约了跨境电子商务发展。在实行海关便利化措施中，各成员为防范跨境电子商务贸易中存在的虚假交易、审单查验等风险，制定了差异化的风险防控制度，不利于跨境电子商务贸易发展。需要鼓励数字技术应用，促进智慧海关建设，并推动建立 RCEP 统一的跨境电子商务风险防控制度框架。

五、RCEP 生效实施效果与升级发展方向①

RCEP 的生效实施是中国制度型开放的标志性成果，对推动亚太地区经济持续发展、维护世界践行多边主义具有重要的战略作用和现实意义。本节首先呈现了 RCEP 自生效实施后，为区域经济、各成员国经济带来的显著效果，接着通过比较分析 CPTPP 与 RCEP 的差异，并结合亚太地区的现实发展趋势，为 RCEP 未来的升级发展方向提出建议。

当前时期，国际形势纷繁复杂、全球经济增长放缓、地缘政治风险上升等多重挑战接踵而至。在此背景下，中国作为世界第二大经济体、货物贸易第一大国，肩负重要的历史使命。面对新形势，我国应统筹国内国际两个大局，继续牢牢把握 RCEP 带来的机遇，全面发挥区域市场开放优势，以高水平制度型开放促进高质量经济发展。通过深化与 RCEP 成员国的经济合作，提升中国在全球供应链中的地位，助力构建以国内大循环为主体、国内国际双循环相互促进的新发展格局，加快实现中国式现代化的历史进程，为世界经济的稳定与繁荣作出更大贡献。

（一）背景

党的二十届三中全会通过的《中共中央关于进一步全面深化改革 推进中国式现代化的决定》明确指出，必须坚持对外开放基本国策，坚持以开放促改革，依托我国超大规模市场优势，在扩大国际合作中提升开放能力，建设更高水平开放型经济新体制。为实现这一目标，中国要稳步扩大制度型开放，优化区域开放布局，持续增强国际合作。RCEP 生效实施正是中国在稳步扩大制度型开放方面的一个重要里程碑。

RCEP 作为全球规模最大的自由贸易协定，于 2020 年 11 月 15 日由中国、日本、韩国、澳大利亚、新西兰及东盟十国等 15 个国家正式签署，并于 2022 年 1 月 1 日对其中 10 个成员国正式生效，随后于 2023 年 6 月 2 日对 15 个成

① 作者：余淼杰，辽宁大学党委副书记、校长，国家级人才称号特聘教授，北京大学博雅特聘教授，电子邮箱：mjyu@ lnu.edu.cn；顾源，辽宁大学国际经济政治学院博士研究生，电子邮箱：gclast@ 163. com。

员国全面生效。RCEP 以建立一个现代、全面、高质量和互惠的经济伙伴关系框架为目标，致力于推动成员国之间的经济合作与一体化。为此，RCEP 从货物贸易、服务贸易、投资、知识产权、电子商务、竞争政策、政府采购等 20 个方面作出了开放承诺，为成员国创造了更便捷的贸易渠道和更安全的投资环境。RCEP 不仅是开放、自由、公平、包容和以规则为基础的多边贸易体制的典范，更是亚太地区经济一体化的重要推动力量。

（二）RCEP 生效实施的当前效果

作为总人口数量、经济体量、贸易总额均占全球总量约三分之一的自由贸易区，RCEP 区域为亚太地区的经济增长注入强大动力。自 RCEP 正式生效实施两年以来，各成员国在投资、贸易、经济体量等多个方面获得巨大红利，大幅深化了国家之间的经济合作与贸易往来，促使了本国经济发展，促进了区域经济繁荣。

1. RCEP 扩大贸易总额

RCEP 通过降低关税、非关税壁垒，改善基础设施等方式，提高了自贸区内的贸易便利化程度，促进了区域内要素流动，扩大了自贸区的贸易总额，提升了成员国的外贸开放度。RCEP 正式生效实施两年以来，自贸区的进出口总额突破 12 万亿美元，年均增长 0.46%。各成员国的贸易总额稳步上升，其中，中国的进出口总额最大，于 2023 年达 5.9 万亿美元，占 RCEP 区域总量的 45.7%；澳大利亚的增速最高，达 4.70%，韩国年均增长 0.61%，东盟十国年均增长 2.78%（图 2-1）。2023 年，日本的外贸开放度达 35.7%，较 RCEP 正式生效实施前提高了 5.33%。韩国的外贸开放度高达 74.55%，较 RCEP 正式生效实施前提高了 5.35%。基础设施以老挝为例，凭借中老铁路改善了物流运输条件，加快了商品流通速度，大幅降低了老挝对外贸易的运输成本，扩大了老挝的进出口规模。

在扩大出口方面，RCEP 通过充分发挥各成员国的比较优势，增加了各成员国的出口机会。2023 年，RCEP 成员国总出口额达 6.97 万亿美元，约占全球总量的 29.79%。就 RCEP 区域内部而言，中国向 RCEP 其余十四个成员国的总出口额于 2023 年达 9100 亿美元，占中国总出口额的 26.98%。自 RCEP 正式生效实施后，中国向 RCEP 其余成员国的总出口额年均增长 2.18%，远超中国整体出口增速。以中国向澳大利亚的出口为例，中国凭借低生产成本、高产品质量的比较优势，向澳大利亚出口大量电子产品、机械设备和家具等，两年来，中国向澳大利亚的出口额年均增长 5.44%。

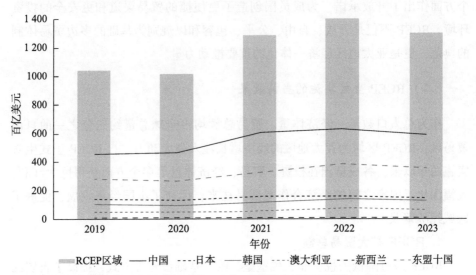

图 2-1　2019—2023 年 RCEP 区域及各成员国进出口总额

数据来源：世界银行数据库。

　　在扩大进口方面，RCEP 通过促进成员国之间优势互补，完善了各成员国的经济结构。例如，老挝借助 RCEP 平台，从其他成员国进口机械设备、电子产品等高附加值产品，弥补其第二产业发展不足的短板，以提升其工业化水平，实现经济的多元化发展。与此同时，其他成员国通过从老挝进口优质农产品，缓解本国在第一产业产品供给上的不足，进一步优化产业结构。2023 年，RCEP 成员国的总进口额达 6.03 万亿美元，约占全球总量的25.3%。RCEP 生效实施后，RCEP 成员国的总进口年均增长 0.28%，其中老挝的进口年均增长率高达 10.41%。

　　2. RCEP 丰富贸易种类

　　贸易壁垒的降低不仅能够扩大进出口总额，同时也能够丰富进出口产品的种类。以中国对 RCEP 其余成员国出口产品的种类为例，RCEP 生效后在 6位码层面上整体呈增长趋势（图 2-2），较五年前相比更为显著。其中，中国对韩国的出口产品种类最为丰富，于 2022 年达 4 731 种产品；中国对缅甸出口产品的种类增加得最为明显，对老挝出口产品的种类有下降趋势。

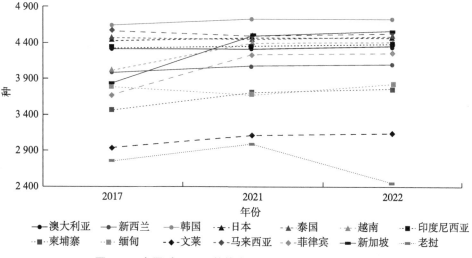

图 2-2　中国对 RCEP 其他成员国出口产品 6 位码种类

数据来源：CEPII 数据库。

3. RCEP 增加区域投资

RCEP 从简化投资程序、保障投资权益等方面着手，降低了投资壁垒，增加了投资自由度。对外直接投资方面，中国的体量最大，2023 年达 1 853.01亿美元；澳大利亚的增幅最大，在 RCEP 生效实施后年均增长率达 42.67%；印度尼西亚于 2022 年达到峰值 66.35 亿美元。外商直接投资方面，新加坡的体量最大，2023 年达 1 752.46 亿美元；老挝的增幅最大，在 RCEP 正式生效实施后年均增长率达 28.91%；澳大利亚于 2022 年达到峰值 703.71 亿美元。

4. RCEP 促进经济增长

RCEP 通过区域内服务贸易的高水平开放，推动成员国服务业的高质量发展，促进各成员国的经济增长。在服务贸易的开放方式上，RCEP 区域目前已有 7 个成员国采用负面清单模式，即除非在清单中明确列出，所有其他服务部门均对外开放。其余 8 个成员国亦将于 RCEP 生效实施后 6 年内将正面清单模式转化为负面清单模式。在服务贸易的开放水平上，所有成员国均作出了高于各自原有"10+1"自贸协定水平的开放承诺，保障区域内开放的高度和广度，其中，中国服务贸易开放承诺达到了已有自贸协定的最高水平。在服务贸易的开放效果上，通过服务贸易的提升促进各成员国服务业的增长，进而提高了各成员国的 GDP。以 2015 年不变价美元为标准，RCEP 正式生效实施以来，除文莱外，其余成员国的国内生产总值均呈上升态势。其中，中国 GDP 的年均增长率高达 4.08%，人均 GDP 的年均增长率高达 5.31%。2023 年，RCEP 的 15 个成员国 GDP 之和达 29.5 万亿美元，占全球总量的 28.1% （图 2-3）。

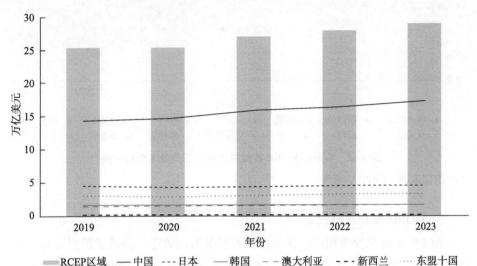

图 2-3　2019—2023 年 RCEP 区域及各成员国 GDP

数据来源：世界银行数据库。

（三）RCEP 与 CPTPP 比较分析

CPTPP 是全球最高标准的自贸协定，包含澳大利亚、加拿大、智利、日本、马来西亚、墨西哥、新西兰、秘鲁、新加坡、越南和文莱等 11 个成员国，在货物贸易、服务贸易、投资、知识产权保护、环境标准、劳工标准、国企改革等多个领域均有详细规制。由于 RCEP 成员国中存在较多的发展中国家，而 CPTPP 成员国中发达国家占比更多，因此相较于 CPTPP 的涵盖领域广、开放水平高的开放形式，RCEP 更侧重于货物贸易，是渐进式开放的自贸协定，二者在市场准入、服务贸易、货物贸易、知识产权、劳工标准、环境标准等方面均存在差异。

市场准入方面，CPTPP 在投资和服务贸易领域全面采用负面清单模式，即对于市场主体而言"法无禁止即可为"，要求各成员国除了限制或禁止开放的领域，应当以一般自由化措施予以全方面开放。RCEP 则在服务贸易领域采用正面清单与负面清单相结合的模式，其中 7 个成员国采用负面清单模式，8 个成员国现采用正面清单模式，但将于协定生效 6 年内转化为负面清单模式。

服务贸易方面，CPTPP 在数字贸易领域的规则范围较广，数据跨境流动的自由化水平更高，包含数字产品的非歧视待遇、源代码等争议性内容，且设立数字贸易的争端解决机制。RCEP 则倡导成员国在敏感的数字领域进行对话协商，在数据跨境流动、数据本地化存储等方面的监管性更强。

货物贸易方面，CPTPP 是全面削减关税模式，即在协定生效后，大部分商品立即实现零关税，剩余商品在较短过渡期内实现零关税；RCEP 则是逐步削减关税模式，即在协定生效 10 年内，区域内 90%以上的商品实现零关税，允许部分国家根据国情选择较长的过渡期，允许赋予一些敏感商品一定的灵活性。

知识产权方面，RCEP 是基于《与贸易有关的知识产权协议》(TRIPs) 的要求，允许成员国根据自身的经济水平和产业需求，采取渐进式保护措施；CPTPP 则是高于 TRIPs 的要求，尤其在专利权利、地理标志、生物制品数据、执法和纠纷解决机制等方面有更严格的规制。

劳工环境方面，尽管 RCEP 部分成员国在其他国际协定中已有相关承诺，但是 RCEP 没有在劳工权益和环境标准上提出明确要求。CPTPP 则要求成员国必须遵守强制性环境保护条款以及国际劳工组织（ILO）的核心劳动标准，且若成员国违反条款，会面临贸易制裁或其他形式的纠正措施。

（四）RCEP 升级发展的未来方向

正值 RCEP 正式生效实施三周年，国际环境严峻复杂，单边主义不断抬头，贸易模式日新月异，发展方式迅速转型。面临错综复杂的世界政治格局和经济变化趋势，RCEP 作为全球规模最大的自由贸易协定，应在市场准入、服务贸易、货物贸易、知识产权、劳工环境等方面进一步补充完善，使 RCEP 升级发展成为更高水平的自贸协定，在巩固自贸区体量的同时提升自贸区质量，实现区域内经济的常态化繁荣，助推世界经济的可持续发展。

　　市场准入方面，重点在于服务贸易。首先，RCEP 应加快全面采用负面清单承诺方式的进程，使所有成员国尽快一致采用负面清单承诺方式，拓宽服务贸易开放的广度。其次，RCEP 应增加服务贸易开放的深度，对已采用负面清单承诺方式的成员国提出优化要求：一是减少负面清单中的限制措施数量，确保负面清单的真实效果。二是在清单条目中增加 CPC 产业分类编码，提高负面清单的透明程度。

　　服务贸易方面，重点在于数字贸易。首先，RCEP 应增加电子商务的条款内容，纳入"关于接入和使用互联网开展电子商务的原则""互联网费用分摊"等非争议性内容。其次，RCEP 应拓宽电子商务争端解决机制的适用范围，细化透明度条款的具体内容，提高 RCEP 数字贸易规则的约束力。最后，RCEP 应在确保数据安全的同时提高数据跨境流动的自由程度，提升区域内经济的数字化水平。

　　货物贸易方面，重点在于关税水平。首先，RCEP 应全面削减关税水平，加快削减关税水平的速度，尽可能减少保护措施的覆盖范围。其次，RCEP 应尽量统一关税取消的标准，在帮助区域内发展中国家融入全球经济的同时，尽可能扩大开放程度。最后，RCEP 应健全关税的争端解决机制，允许成员国在关税争议中诉诸国际仲裁或其他法律手段，为企业和政府提供更强的保障。

　　知识产权方面，重点在于提高标准。首先，RCEP 可以扩大知识产权的涵盖范围，对"产品在新领域的应用""未披露的试验数据或其他数据""数字版权""生物制品和仿制药"等内容做出明确规定。其次，RCEP 可以丰富知识产权的权利内容，延长专利的保护期、宽限期。最后，RCEP 可以强化知识产权的执法措施，扩大司法机关的自由裁量权，提高边境措施的规定目标。

　　劳工环境方面，重点在于健全规则。首先，RCEP 可以从范围、义务、约束三个维度着手，制定高标准的劳工、环境保护规则，维护劳工权益、发展绿色经济，实现经济增长与人民幸福、生态文明的协同发展。其次，RCEP 可以设置关于劳工、环境保护国际合作的相关条款，将劳工、环境条款纳入争端解决机制，增强对压榨劳工、污染环境的约束力。

（五）结语

　　RCEP 自生效实施以来，给成员国的经济发展带来巨大动力，给多极化的世界格局带来深远影响。RCEP通过促进贸易便利化、投资发展，不仅有助于带动成员国内部经济向上向好，更有助于世界经济复苏。中国作为RCEP成员国之一，更应继续紧握RCEP机遇，全方位释放RCEP带来的贸易红利，持续畅通国际外循环，以外循环带动内循环，助力国内经济稳定向好，进而辐射全球，为全世界人民带来福祉。

第三篇　国别案例篇

成员方实施 RCEP 效果研究

RCEP 生效实施两年多来，各成员积极落实开放承诺，加大宣传推介与培训力度，帮助企业充分利用 RCEP 享惠，为促进区域贸易投资和经济产业发展发挥了积极作用。

一、中国与 RCEP 伙伴经贸合作评估[①]

RCEP 生效实施两年多来，在国际环境日益严峻复杂、对外合作面临巨大风险和不确定性的背景下，中国与 RCEP 伙伴贸易投资取得积极成效，为中国稳外贸稳外资和产业链供应链合作发挥了重要作用。

（一）RCEP 伙伴成为中国对外贸易的基本盘

1. 总体贡献

RCEP 区域对中国稳外贸特别是稳出口作用明显。RCEP 生效实施两年多来，中国与 RCEP 伙伴的货物贸易规模始终处于 12 万亿元人民币以上的水平，占中国进出口总额的比重虽略有下降，但仍保持在 30% 以上，是中国稳外贸的重要平台和抓手。2023 年，中国与 RCEP 伙伴的货物贸易额为 12.7 万亿元，比 2021 年增长 6.3%，明显高于同期与美国（-2.0%）、欧盟（4.6%）的贸易增幅；同期，RCEP 区域对中国货物贸易总额增幅（8.8%）的贡献率达到 22.1%，仅次于金砖国家（35.2%）和上海合作组织（34.7%），不仅高于美欧，也高于海合会国家和非洲区域。特别是从出口来看，2023 年，中国对 RCEP 伙伴的出口额比 2021 年增长 16.6%，高于同期中国出口总额增幅（12.0%）4.6 个百分点；同期，RCEP 区域对中国

① 作者：王蕊，商务部研究院亚洲所研究员；潘怡辰，商务部研究院亚洲所副研究员；王清晨，商务部研究院亚洲所研究实习员；刘桓，商务部研究院亚洲所副研究员；赵晶，商务部研究院亚洲所副研究员。

出口总额增幅的贡献率达到 35.7%，在主要区域中居首位（图 3-1）。这充分显示出 RCEP 区域对于稳外贸特别是稳出口的重要作用。

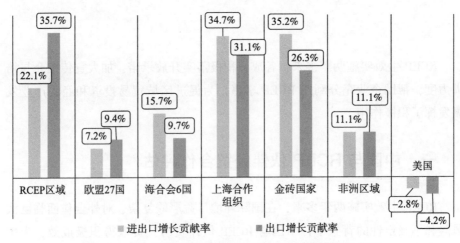

图 3-1　2023 年主要区域和国别对中国贸易增长的贡献率

注：此处贸易增长指 2023 年较 2021 年的增幅，以人民币计价。

资料来源：根据 GTF 数据库整理。

2. 国别结构

日本、韩国和越南保持为中国在 RCEP 区域的前三位贸易伙伴国，东盟整体占比超过一半。RCEP 生效实施两年多来，中国与大部分东盟成员的贸易关系更加紧密。2023 年，中国与东盟国家的货物贸易额约为 6.5 万亿元，占中国与 RCEP 伙伴贸易总额的 50.9%，比 2021 年提高 4 个百分点。其中，中国与马来西亚、印度尼西亚、新加坡的贸易额占中国与 RCEP 伙伴贸易总额的比重分别比 2021 年提高了 1.2 个、1.1 个和 1.0 个百分点（图 3-2）。从国别来看，日本、韩国、越南、澳大利亚和马来西亚是中国在 RCEP 区域的主要贸易伙伴国。2023 年，中国与日本、韩国的贸易额均超过 2.2 万亿元，占比合计超过 35%；与越南、澳大利亚的贸易额均为 1.6 万亿元，与马来西亚的贸易额为 1.3 万亿元。与上述五国贸易额占中国与 RCEP 伙伴贸易总额的七成以上，显示出较高的贸易集中度。

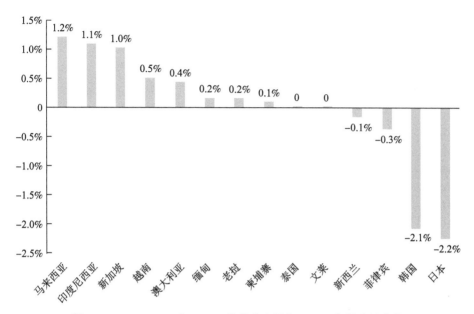

图 3-2 2021—2023 年 RCEP 伙伴占中国与 RCEP 贸易比重变化
资料来源：根据 GTF 数据库整理。

3. 产品结构

中国对 RCEP 伙伴主要出口商品包括电机电气设备及零件、机械器具及零件、塑料及其制品、车辆及其零附件、钢铁及钢铁制品等。其中电机电气设备及零件（HS85 章）仍为中国对 RCEP 伙伴出口最多的产品，且保持稳步增长，2023 年出口额超过 1.5 万亿元，较 2021 年增长 10.9%，占中国对 RCEP 出口总额的比重达到 24.1%。机械器具及零件（HS84）出口额增至 8 297.4 亿元，增长 8.5%，占比达到 12.8%。塑料及其制品（HS39）出口额 2 856.6 亿元，增长 16.6%，占比达到 4.4%（图 3-3）。

RCEP 促进运输设备、"新三样"等优势产品出口，助推贸易结构向高质量发展。RCEP 生效实施两年多来，中国优势产品的出口竞争力进一步提升。2021—2023 年，中国对 RCEP 伙伴出口车辆及其零附件（HS87 章）实现连续增长，2023 年出口额达到 2 409.3 亿元，比 2021 年增长 50.8%，远高于中国对 RCEP 伙伴出口总额的增幅（16.6%）。其中，机动车整车（HS8703）主要出口至澳大利亚、泰国、马来西亚、菲律宾等国，机动车零件（HS8708）主要出口至日本、韩国、泰国、马来西亚等国。2023 年，中国对 RCEP 伙伴船舶及浮动结构体（HS89 章）出口额增至 717.4 亿元，比 2021 年增长 60.5%，其中三分之二以上出口至新加坡（表 3-1）。

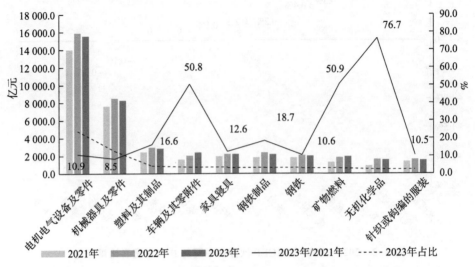

图 3-3　2021—2023 年中国对 RCEP 伙伴出口商品结构（前 10 位）

注：电机电气设备及零件为 HS85 章产品，机械器具及零件为 HS84 章产品，塑料及其制品为 HS39 章产品，车辆及其零附件为 HS87 章产品，家具寝具为 HS94 章产品，钢铁制品为 HS73 章产品，钢铁为 HS72 章产品，矿物燃料为 HS27 章产品，无机化学品为 HS28 章产品，针织或钩编的服装为 HS61 章产品。

资料来源：根据 GTF 数据库整理。

表 3-1　2021—2023 年中国对 RCEP 伙伴部分产品出口变化情况

HS	产品类别	对 RCEP 伙伴出口额（亿元）			2023 年/2021 年（%）	2023 年占比（%）	较 2021 年占比提高（%）
		2021 年	2022 年	2023 年			
98	特殊交易品	632.3	818.1	1 195.4	89.0	1.9	0.71
28	无机化学品等	880.8	1 599.2	1 556.3	76.7	2.4	0.82
42	皮革制品、旅行用品	475.9	777.9	803.0	68.7	1.2	0.38
89	船舶及浮动结构体	446.8	565.7	717.4	60.5	1.1	0.3
96	杂项制品	358.7	486.9	549.7	53.2	0.9	0.2
27	矿物燃料等	1 273.4	1 816.0	1 921.8	50.9	3	0.68

续表

HS	产品类别	对RCEP伙伴出口额（亿元）			2023年/2021年（%）	2023年占比（%）	较2021年占比提高（%）
		2021年	2022年	2023年			
87	车辆及其零附件	1597.9	2044.5	2409.3	50.8	3.7	0.85
38	杂项化学产品	711.6	1 119.2	922.5	29.6	1.4	0.14
95	玩具运动用品	1 042.0	1 350.7	1 319.1	26.6	2	0.16
64	鞋靴护腿	668.6	943.8	844.3	26.3	1.3	0.1
54	化学纤维长丝	482.6	595.0	600.9	24.5	0.9	0.06
48	纸、纸板、纸浆	561.9	735.5	689.8	22.8	1.1	0.05
62	非针织服装	1 076.3	1 269.9	1 304.2	21.2	2	0.08
73	钢铁制品	1 834.4	2 384.2	2 177.1	18.7	3.4	0.06
	合计	12 043.4	16 506.6	17 010.8	41.2	26.3	4.6

注：本表只统计出口额在500亿元以上且出口增速高于中国出口整体增速（16.6%）的产品。

资料来源：根据GTF数据库整理。

与此同时，电动载人汽车、锂离子蓄电池和太阳能电池（即"新三样"）等绿色产品对RCEP伙伴出口实现较快增长。2023年，中国对RCEP伙伴"新三样"产品出口总额达到2 127.1亿元，比2021年翻了一番。其中，电动载人汽车出口47.3万辆，出口额为542.4亿元，分别是2021年的5.0倍和7.3倍；锂离子蓄电池出口额为1 108.2亿元，是2021年的2.1倍；太阳能电池出口额为476.5亿元，比2021年增长34.3%。此外，计算机与通信技术和材料技术产品出口较2021年分别增长46.3%和52.0%，光电技术产品较2021年翻两番。上述趋势表明中国对RCEP伙伴出口产品结构进一步调整，向高技术、高附加值方向发展。

中国自RCEP伙伴主要进口商品包括机电产品、矿物产品及机械器具等。2023年，中国自RCEP伙伴进口机电产品近2.7万亿元，占中国自RCEP伙伴进口总额的42.9%。其中电机电气设备及零件（HS85）和机械器具及零件（HS84）进口合计2.3万亿元，较2021年降低10.1%，约占中国自RCEP伙伴进口总额的37.6%。进口矿物燃料（HS27）和矿砂、矿渣（HS26）等矿物产品分别为 7 213.5 亿元和 6 923.3 亿元，合计约占自 RCEP 伙伴进口总额的 22.7%（图 3-4）。

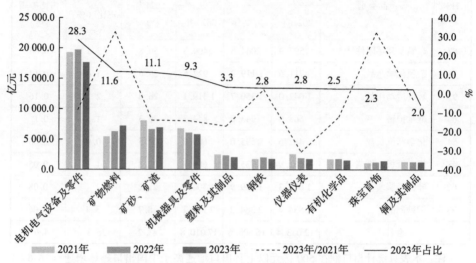

图 3-4　2021—2023 年中国自 RCEP 伙伴进口商品结构（前 10 位）

注：电机电气设备及零件为 HS85 章产品，矿物燃料为 HS27 章产品，矿砂、矿渣为 HS26 章产品，机械器具及零件为 HS84 章产品，塑料及其制品为 HS39 章产品，钢铁为 HS72 章产品，仪器仪表为 HS90 章产品，有机化学品为 HS29 章产品，珠宝首饰为 HS71 章产品，铜及其制品为 HS74 章产品。

资料来源：根据 GTF 数据库整理。

RCEP 促进贱金属制品、农产品、珠宝首饰等产品进口，更好地满足国内生产需要和多样化消费需求。RCEP 生效实施两年多来，中国自 RCEP 伙伴进口贱金属及制品实现稳步增长，进口达到 4 372.9 亿元，较 2021 年增长 6.9%。尤其是支持锂电池生产的镍及其制品进口实现大幅增长，2023 年达到 494.1 亿元，较 2021 年增长 101.3%，为维持国内新能源相关制造业供应链稳定发挥重要作用。与此同时，中国自 RCEP 伙伴进口农产品[①]实现大幅增长，2023 年进口额达到 4 375.0 亿元，较 2021 年增长 22.8%，远远高于中国自 RCEP 进口整体增速（−2.6%），也高于中国农产品进口整体增速（17.1%）。

———————————

① 此处农产品按照海关农产品商品统计口径计算，其中植物产品为 HS06-14 章产品，食品饮料为 HS16-24 章产品。

中国自老挝、缅甸、越南、澳大利亚进口农产品增幅较高，进口额较2021年分别增长120.5%、73.7%、85.0%和44.6%，自韩国、泰国、柬埔寨进口也在全国平均增速之上，分别为22.4%、21.5%、17.1%。从具体产品来看，中国自RCEP伙伴进口植物产品达1 658.8亿元，较2021年增长约42.9%，进口食品饮料达794.9亿元，较2021年增长约35.3%。此外，我国自RCEP伙伴进口珠宝首饰也有较大幅度增长，2023年进口额为1 416.4亿元，较2021年增长32.1%，澳大利亚、日本、新加坡、缅甸、泰国为主要进口来源国。在RCEP推动下，中国自伙伴国进口农产品和珠宝首饰大幅增长有利于优化市场供给结构，满足国内多元化消费及消费升级需求，促进境外消费回流（表3-2）。

表3-2 2021—2023年中国自RCEP伙伴部分产品进口变化情况

产品类别	2021年进口额/亿元	2022年进口额/亿元	2023年进口额/亿元	2023年较2021年增长率/%
农产品	3 561.9	4 268.0	4 375.0	22.8
植物产品	1 161.1	1 473.6	1 658.8	42.9
食品饮料烟酒	587.7	669.3	794.9	35.3
动物产品	1 007.8	1 206.7	1 069.5	6.1
动植物油	598.0	697.9	599.8	0.3
珠宝首饰	1 072.0	1 221.2	1 416.4	32.1
鞋帽	292.8	301.8	328.8	12.3
矿产品	13 734.3	13 557.0	15 157.9	10.4
矿物燃料	5 442.6	6 277.5	7 213.5	32.5
石膏水泥	233.6	661.5	1 021.1	337.2
贱金属及制品	4 089.0	4 605.5	4 372.9	6.9
镍及其制品	245.5	474.0	494.1	101.3
木浆纸板	608.4	600.0	648.1	6.5

注：本表只统计进口增速为正的产品，其中农产品为海关统计口径，植物产品为HS大类中第二类产品，包括6~14章产品，食品饮料烟酒为第四类产品，包括16~24章产品，动物产品为第一类产品，包括1~5章产品，动植物油为第三类产品，包括15章产品，珠宝首饰为第十四类产品，包括71章产品，鞋帽为第十二类产品，包括64~67章产品，矿产品为第五类产品，包括25~27章产品，贱金属及制品为第十五类产品，包括72~83章产品。

资料来源：根据GTF数据库整理。

（二）中国与 RCEP 伙伴投资合作积极向好

RCEP 生效实施为中国与 RCEP 伙伴的投资合作创造了更为有利的发展环境。2023 年，中国利用 RCEP 伙伴的外国直接投资略有回落，但新设企业数增长较快；对 RCEP 伙伴的直接投资实现快速增长，占中国对外直接投资流量的比重稳步提高。从绿地投资及并购数据来看，2023 年，中国与 RCEP 伙伴的投资合作也呈现出更加积极的发展态势。

1. 中国利用 RCEP 伙伴外资

据中国商务部统计，2023 年受全球投资形势影响，中国实际使用外国直接投资同比下降 13.7%，其中，实际使用 RCEP 伙伴外资金额 181.6 亿美元，同比下降 22.8%，占同期中国实际使用外资总额的 11.1%（图 3-5）。但 RCEP 伙伴在华新设企业数增长较快。2023 年，RCEP 伙伴在华新设企业数达到 6 364 家，同比增长 32.9%[①]。

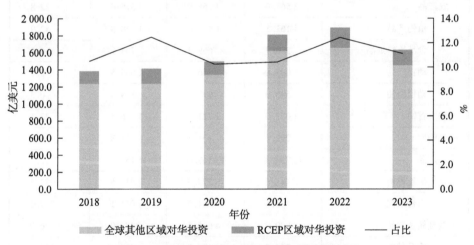

图 3-5　2018—2023 年 RCEP 区域对华投资情况

注：占比＝RCEP 区域对华投资金额/全球对华投资金额×100%；贡献率＝RCEP 对华投资增量/全球对华投资增量×100%。

资料来源：根据中国商务部数据绘制。

---

① 根据《中国外资统计公报 2023》数据计算。

RCEP 成员中，2023 年，新加坡、韩国、日本、澳大利亚四个发达国家对华实际投资金额共计 176.3 亿美元，占 RCEP 伙伴对华直接投资的比重超过 97%；四国对华投资总金额同比下降 20.6%，但与 2021 年基本持平。上述四国中，2023 年，新加坡对华投资金额为 97.8 亿美元，较 2021 年下降 5.3%；日本对华投资金额为 38.9 亿美元，与 2021 年相比仍基本持平；韩国对华投资金额为 35.1 亿美元，较 2021 年下降 13.2%；澳大利亚对华投资为 4.5 亿美元，较 2021 年增长 50.2%（图 3-6）。RCEP 生效实施后，上述国家占中国实际使用外国直接投资的比重总体保持稳定，成为中国稳外资的重要来源。

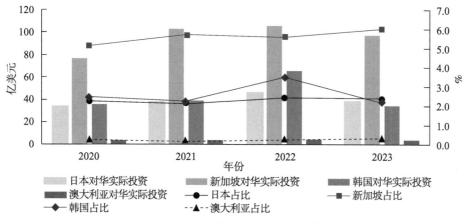

图 3-6　2020—2023 年部分 RCEP 伙伴对华投资情况

注：占比=该国对华实际投资金额/全球对华实际投资金额×100%
资料来源：根据国家统计局数据绘制。

2023 年，东盟国家在华新设企业 2 887 家，实际投资金额为 102.8 亿美元，较 2021 年微降 2.7%，占中国实际使用 RCEP 伙伴投资额的 56.6%。从投资金额来看，制造业是东盟在华投资规模最大的行业，2023 年投资金额为 27.2 亿美元，新设企业 180 家。从新设企业数量来看，批发和零售业、科学研究和技术服务业是东盟国家在华投资最为集中的两大行业，2023 年新设企业数量分别为 898 家和 616 家，投资金额为 10.3 亿美元和 12.4 亿美元。东盟国家中，印度尼西亚对华投资增长显著，2023 年为 1.5 亿美元，同比增长275%（表 3-3）。

表3-3　2023年中国实际使用RCEP伙伴国投资情况

国别/区域	实际使用外资		新设企业数	
	金额（亿美元）	同比（%）	数量（家）	同比（%）
新加坡	97.8	-7.7	1 468	24.8
日本	38.9	-15.6	888	7.2
韩国	35.1	-46.8	1 828	14.8
澳大利亚	4.5	12.5	635	40.2
马来西亚	2.1	-81.4	682	120.7
印度尼西亚	1.5	275	92	73.6
柬埔寨	0.6	20	19	0
泰国	0.5	-28.6	170	102.4
新西兰	0.2	100	126	51.8
菲律宾	0.2	100	64	106.5
越南	0.1	0	175	94.4
老挝	0	—	57	338.5
文莱	0	—	4	300
缅甸	0	—	156	173.7
RCEP合计	181.6	-22.8	6 364	32.9

资料来源：根据《中国外资统计公报2024》整理。

RCEP伙伴对华绿地投资增长明显。2023年，RCEP伙伴对华绿地投资项目数为41个，投资金额达27.6亿美元，同比分别增长28.1%和70.0%。从行业看，运输和仓储业是RCEP伙伴绿地投资最多的行业，投资金额为7.6亿美元；酒店旅游业（3.7亿美元）、房地产（3.4亿美元）、电子元器件（2.9亿美元）和生物技术（2.2亿美元）分列第2~5位。从国别看，新加坡、日本和新西兰是中国在RCEP区域内的前三大绿地投资来源国，投资金额分别为9.2亿美元、8.5亿美元和6.3亿美元，分别较2022年增加3.3倍、4.3倍和2.9倍。

2. 中国对RCEP区域投资

在2023年全球外国直接投资下降且跨境并购规模创近十年新低的背景下，中国对外直接投资逆势上扬，投资金额达1 772.9亿美元，同比增长8.7%。RCEP是中国企业对外投资的热点区域，中国对RCEP区域的直接投

资增长高于整体水平。2023 年，中国对 RCEP 伙伴全行业直接投资流量为
269.8 亿美元，同比增长 20.0%，对中国对外投资增长贡献率达 31.7%。
RCEP 的签署及生效实施对推动中国扩大对该区域投资起到积极作用。2021—
2023 年，中国对 RCEP 区域直接投资流量平均约 242 亿美元，而此前 2012—
2020 年期间多在 200 亿美元以下。同时，中国对 RCEP 区域直接投资流量占
比也在 2021—2023 年实现了 12.9%、13.8% 和 15.2% 的三连增（图 3-7）。

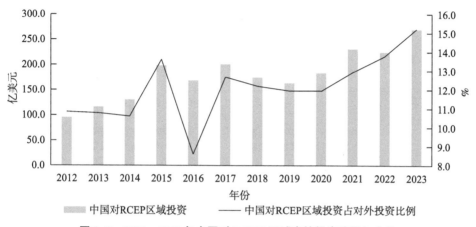

图 3-7　2012—2023 年中国对 RCEP 区域直接投资流量与占比

资料来源：根据《2023 年度中国对外直接投资统计公报》及之前历年《中国对外直
接投资统计公报》整理。

东盟和澳大利亚是中国在 RCEP 区域的主要投资对象。2023 年，中国对
东盟的直接投资流量为 251.2 亿美元，同比增长 34.7%，占中国对 RCEP 区
域直接投资流量的 93.1%（图 3-8）。截至 2023 年末，中国在东盟设立企业
数量超过 7 400 家，雇用外方员工超 72 万人。2023 年，中国在东盟投资的前
五大行业依次是制造业（91.5 亿美元）、批发和零售业（48.1 亿美元）、租赁
和商务服务业（31.8 亿美元）、电力/热力/燃气及水的生产和供应业（18.3
亿美元）、交通运输/仓储和邮政业（14 亿美元），分别占中国对东盟直接投
资流量的 36.4%、19.1%、12.7%、7.3% 和 5.6%，且投资增速均在 10% 以
上。东盟国家中，2023 年，中国投资前五大对象国依次是新加坡、印度尼西
亚、越南、泰国和马来西亚，投资额分别为 131.0 亿美元、31.3 亿美元、25.9
亿美元、20.2 亿美元和 14.3 亿美元（图 3-9）；对老挝、缅甸、柬埔寨的直接

投资实现倍增，对新加坡、越南和泰国的直接投资同比增长在50%以上。从投资存量来看，中国对 RCEP 区域直接投资最多的前三位国家为新加坡、澳大利亚和印度尼西亚，2023 年末投资存量分别为 864.5 亿美元、347.7 亿美元和 263.5 亿美元，占比分别为 38.3%、15.4%和 11.7%（表 3-4）。

图 3-8　2012—2023 年中国对 RCEP 伙伴直接投资流量

资料来源：根据历年《中国对外直接投资统计公报》整理。

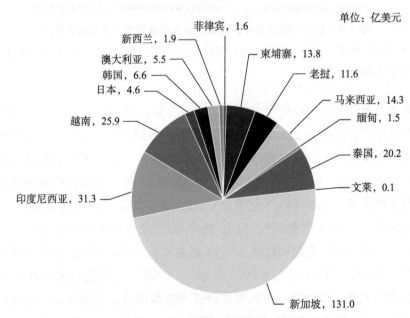

图 3-9　2023 年中国对 RCEP 区域直接投资流量（分国别）

资料来源：根据《2023 年度中国对外直接投资统计公报》整理。

表 3-4　2023 年中国对 RCEP 成员直接投资变化情况

国别/区域	投资流量		投资存量	
	金额（亿美元）	同比（%）	金额（亿美元）	同比（%）
新加坡	131	57.8	864.5	17.7
印度尼西亚	31.3	−31.1	263.5	6.6
越南	25.9	52.5	135.9	16.6
泰国	20.2	58.9	126.6	19.7
马来西亚	14.3	−11.4	134.8	11.9
柬埔寨	13.8	118.7	79.7	7.1
老挝	11.6	364.6	100.1	4.4
韩国	6.6	22.1	69.9	4.8
澳大利亚	5.5	−80.5	347.7	−2.8
日本	4.6	14.6	57.7	13.5
新西兰	1.9	57.1	26	−3.3
菲律宾	1.6	−42.2	11.9	7.5
缅甸	1.5	155.7	38.2	−3.9
文莱	0.1	74.8	1.1	12.4
RCEP 区域	269.8	20.0	2 257.5	10.2

资料来源：根据《2023 年度中国对外直接投资统计公报》整理。

中国企业对 RCEP 区域绿地投资持续增长。2023 年，中国对 RCEP 区域的绿地投资项目数达 190 个，绿地投资金额为 379.1 亿美元，同比分别增长 156.8% 和 246.5%，较 2021 年分别增长 280% 和 168.7%（表 3-5）。从国别看，2023 年，中国在 RCEP 区域内的绿地投资主要集中在东盟国家，投资金额达 330.6 亿美元，其中，对马来西亚的绿地投资最多，金额达 131.8 亿美元，越南和印度尼西亚分列其后，投资金额分别为 76.5 亿美元和 65.7 亿美元。中国对东盟国家以外的绿地投资集中在韩国，投资金额为 45.7 亿美元。从行业看，中国在 RCEP 区域内的绿地投资集中在汽车原始设备制造、金属加工、电子元器件行业，投资金额分别为 118.4 亿美元、77.1 亿美元和 70.5 亿美元；对化工（16.2 亿美元）、商业服务（15.4 亿美元）、半导体（10.1 亿美元）和其他交通工具的原始设备制造（10 亿美元）的投资也在十亿美元以上。

表 3-5 2020—2023 年中国企业对 RCEP 区域绿地投资情况

年份	投资金额/亿美元	占比/%	项目数/个	占比/%
2020	115.8	29.1	57	13.5
2021	141.1	38.1	50	14.5
2022	109.4	13.4	74	17.4
2023	379.1	52.3	190	27.5

资料来源：根据 fDi Markets 数据库整理。

中国企业对 RCEP 区域并购交易活跃度明显增加。在全球层面并购形势整体转好的背景下，2023 年，中国企业宣布的海外并购交易明显活跃，RCEP 区域也呈企稳向好态势。据 SDC Platinum 数据库统计，2023 年中国企业在 RCEP 区域的并购项目数量为 76 个，比 2022 年增加 43.4%，并购交易活跃度明显增加。其中，中国企业在新加坡的并购项目数量最多，达到 32 个，占比为 42%，比 2022 年提高 14 个百分点，以房地产、金融等行业为主。在韩国、澳大利亚、日本的并购项目分别为 14 个、9 个和 8 个，其中，在韩国的并购项目比 2022 年增加 6 个，涉及材料、半导体等行业，在澳大利亚的并购项目集中于金属采矿业，在日本的并购项目则分散于金融、食品餐饮、软件等行业（图 3-10）。

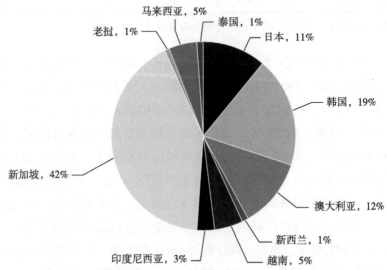

图 3-10 2023 年中国企业在 RCEP 伙伴国开展的并购交易项目数量占比

资料来源：作者根据 SDC Platinum 数据库整理。

二、RCEP 对日本经济和产业的影响以及对中日合作的建议①

(一) RCEP 对日本经济和产业的影响

1. RCEP 的生效

历经八年谈判，15 个国家于 2020 年 11 月在 RCEP 领导人会议上签署了 RCEP。虽然印度退出最初的 16 个谈判国一事令人遗憾，但 RCEP 的签署仍然推动了一个规模庞大的东亚广域经济圈的实现。该经济圈的 GDP、贸易总额和人口总数约占全球三分之一，规模超越 NAFTA、EU 和 CPTPP。

RCEP 经东盟 10 国中至少 6 个成员国及日本、中国、韩国、澳大利亚和新西兰中至少 3 个国家交存批准书后方可生效。2022 年 1 月，RCEP 对东盟 10 国正式生效，并分别于同年 2 月、3 月对韩国、马来西亚生效，于 2023 年 1 月、6 月对印度尼西亚、菲律宾生效。

2. 对扩大和深化东亚供应链的贡献

RCEP 的生效有望进一步扩大和深化东亚地区的供应链。自 20 世纪 80 年代以来，由于海外对区域内直接投资的增长，以东盟为中心的东亚境内产业供应链扩大，从而先行一步实现了事实层面上的区域经济一体化。许多中间产品（零部件）在日本、中国、韩国、东盟之间流转加工，最终的组装成品则主要从中国和东盟出口到北美、欧盟等国家和地区。

自 20 世纪 90 年代以来，《东盟自由贸易协定》（AFTA）、东盟 10+1 自由贸易协定和 RCEP 等以东盟为中心的自由贸易协定网络进一步形成，这些区域经济一体化的制度推动了事实层面上的区域经济一体化。RCEP 改善了东亚地区的市场准入，制定了适用于广泛领域的统一规则，有助于进一步提高整个地区供应链的效率和活力。以东盟为中心的 RCEP 的实现对整个东亚地区的贸易及投资自由化和便利化具有重要意义。

3. 对"自由开放的印度—太平洋"（FOIP）的促进

从地缘政治的角度看，RCEP 有望为促进"自由开放的印度—太平洋"

---

① 作者：篠田邦彦，日本政策研究大学院大学。

（FOIP）做出贡献。日本提出的"自由开放的印度—太平洋"（FOIP）战略构想重视东盟的中心性和整体性，旨在通过全面、包容和透明的一揽子方法，维护建立在规则基础上的国际秩序，促进"自由开放的印度—太平洋"地区发展成为"国际共有财产"，以保障整个亚洲、太平洋和印度洋地区的和平昌盛，为各国带来安定繁荣。

通过经济伙伴关系协定（EPA）/自由贸易协定（FTA）及投资协定等加强经济伙伴关系、谋求经济繁荣是实现"自由开放的印度—太平洋"的重要举措之一。在中美贸易摩擦、流行性疾病暴发、乌克兰危机等国际背景下，国际秩序和全球经济动荡，越来越多的国家采取保护主义措施，在此情况下，通过签署 RCEP 和 CPTPP 完善市场准入，健全电子商务、知识产权规则将有助于稳定印度—太平洋地区的经济秩序。

4. RCEP 对日本的经济影响

日本政府对 RCEP 经济影响的评估表明，日本的实际 GDP 经相应的调整期后，最终比 RCEP 未生效实施前提高约 2.7%。如果将其转换为 2019 财年的实际 GDP 水平，则相当于 15 万亿日元。根据日本政府的经济影响评估，CPTPP 为 7.8 万亿日元（GDP 增长 1.5%），日欧"经济伙伴关系协定"（日欧 EPA）为 5 万亿日元（GDP 增长 1%）。RCEP 的经济影响大于其他超大型自由贸易区。这是因为，在日本的贸易伙伴中，RCEP 的贸易额占比（47%）远高于 CPTPP（15%）和日欧 EPA（12%）。此外，日本通过 RCEP 与中国（21.3%）、韩国（5.3%）两个贸易额占日本贸易总值较高的国家签订了新的自由贸易协定，从而降低了关税，提升了经济效果（表3-6）。

表 3-6　超大型自由贸易区的对比

	RCEP	CPTPP	日欧 EPA
名义 GDP（全球占比）	29%	13%	24%
人均 GDP	10 940 美元	21 961 美元	36 601 美元
人口（全球占比）	30%	7%	8%
贸易额（全球占比）	27%	15%	33%
与日本的贸易额占比	47%	15%	12%

续表

	RCEP		CPTPP		日欧 EPA	
经济影响评估	15 万亿日元 （GDP 增长 2.7%）		7.8 万亿日元 （GDP 增长 1.5%）		5 万亿日元 （GDP 增长 1%）	
	品类基准	贸易额基准	品类基准	贸易额基准	品类基准	贸易额基准
参与国整体的免关税率	91%	89%	99%	99%	日本 94% 欧盟 100%	日本 98% 欧盟 100%

资料来源：世界银行统计、日本财务省贸易统计、日本内阁府资料等。

5. 市场准入

2019 年，日本与 RCEP 成员国之间的贸易额占日本全球贸易额的 50%左右，RCEP 的签署为日本带来巨大的经济利益。此外，如前文所述，从日本的角度来看，这将是日本与中国和韩国之间的首个经济伙伴关系协定。日本与中、韩两国之间的贸易占日本全球贸易额的 27%。

日中之间的免关税率为 86%，日韩之间的免关税率为 81%~83%，三国之间货物贸易的市场准入得到了显著改善。贸易自由化给日本带来的好处是巨大的，中国对日本免关税的工业产品比例由 8%增至 86%，韩国则从 19%增至92%。在工业产品方面，出口中国的电动车和汽油车关键部件、钢铁产品和纺织品，出口韩国的汽车零部件、化工产品和纺织品都实现了新的关税免除。此外，已与日本签订过《东盟—日本全面经济伙伴关系协定》（AJCEP）及双边经济伙伴关系协定的印度尼西亚和泰国则分别免除了钢铁产品、柴油发动机零部件关税。在农林水产品方面，市场日渐扩大的中国、韩国以及部分东盟国家则免除了加工食品、水产品和清酒的关税（表 3-7）。

表 3-7 RCEP 的货物贸易自由化

日本产品在 RCEP 签署国市场的准入情况
【关税免除率（品类基准）】86%~100%（东盟、澳大利亚、新西兰）、86%（中国）、83%（韩国）
工业产品 14 个国家中约有 92%的品类对日本取消关税。 出口中国和韩国的免税品类占比增加（中国：8%→86%，韩国：19%→92%）。 （最终免税品类示例）

中国：电动车关键零部件（部分电机、部分锂离子蓄电池电极和材料）、汽油车关键零部件（部分发动机部件、部分发动机泵部件）、钢铁制品（部分热轧钢板、部分合金钢）、纤维制品（部分合成纤维织物，无纺布） 韩国：汽车零件（凸轮轴、安全气囊、电子零件）、化工产品（液晶保护膜原料）、纤维制品（部分合成纤维织物、无纺布）。 印度尼西亚：钢铁产品（部分弹簧、储罐）。 泰国：部分柴油发动机零件。
农林水产品等 中国等国家对日本重点关注的出口品类免关税。 （最终免税品类示例） 中国：包装米饭等、米果、扇贝、鲑鱼、鰤鱼、切花、混合调味酱料、清酒。 韩国：零食（糖果、板状巧克力）、清酒。 印度尼西亚：牛肉、酱油。
RCEP 签署国产品在日本市场的准入情况 【日本的关税免除率（品类基准）】88%（对东盟、澳大利亚、新西兰）、86%（对中国）、81%（对韩国）。 工业产品 立即或分阶段免除化工产品、纤维及纤维制品等的关税。
农林水产品等 五种重要产品（大米、小麦、牛肉和猪肉、乳制品和糖料作物）不在关税减免之列。 对中国，鸡肉调制产品和蔬菜（洋葱、葱、胡萝卜、香菇、冷冻芋头、冷冻西兰花、鳗鱼调制产品）不在关税减免之列。

资料来源：日本外务省、财务省、农林水产省、经济产业省。

此外，虽然中国、韩国和东盟之间已经签署了东盟 10+1 自由贸易协定，但 RCEP 却进一步深化了关税减免。因此，在中国、韩国和东盟投资的日本企业将从汽车零部件、钢铁产品、石化产品等工业产品市场准入的改善中受益，扩大和深化供应链变得更加便利。

虽然每个东盟 10+1 自贸协定的原产地规则各不相同，但 RCEP 却制定了统一的原产地规则。原产地规则具有灵活性，认可多国之间增值累计，同时赋予部分品目在增值标准、关税税号变化标准之间的选择权，允许增值标准的弹性化。区域内原产地规则的统一消除了自由贸易协定中的"意大利面条碗"效应，可以降低企业的贸易管理成本。

在服务贸易章节中，RCEP 的 7 个签署国采用了负面清单，其余 8 个国家也将在一段时间后从正面清单转为负面清单。由此，所有保留自由化的行业都有了明确的法律依据，进一步提升了服务贸易自由化的可视化程度。此外，尽管各国的适用行业有所不同，但在面向消费者的服务（零售、房地产、保险和证券、福利、美容美发等）和面向商业的服务（物流、工程、环境、广告等）等方面，放宽外资出资比例管制等新规定得到了实现。

投资章节不仅包含对投资财产的保护，还包含投资自由化相关的规定。根据负面清单，投资方在投资许可阶段（设立前）便可在原则上获得国民待遇和最惠国待遇。此外，除了技术转让要求、专利权使用费管制等绩效要求的禁止条款，还设立了棘轮条款，以禁止重新加强已承诺放宽或取消的限制。

6. 完善规则

RCEP 在电子商务、知识产权和贸易便利化等领域制定了完善的规则，有助于在服务化和数字化程度日益推进的东亚地区建立自由公平的贸易制度。在这些规则领域，RCEP 可制定比世界贸易组织（WTO）和现有的东盟 10+1 自贸协定更高标准的规则，从而解决企业活动中最紧迫的问题。

比如，电子商务章节便引入了信息的电子手段自由跨境传输（数据自由流动）、计算机关联设备安装要求禁令（数据本地化）等促进电子商务的条款，还引入了保护在线消费者和个人信息等可靠性条款。对于源代码披露要求的禁止、金融领域的数据自由流动及数据本地化相关问题则通过"电子商务相关会谈"审议，按照流程商定。

此外，RCEP 在知识产权章节和贸易便利化章节中也规定了优于 WTO 和现有东盟 10+1 自贸协定的纪律和规则。例如，在知识产权方面规定，赋予海关官员依职权拦截和销毁假冒商品的权限、保护驰名商标（禁止在本国和他国申请注册）、拒绝恶意商标申请、取消恶意商标注册等。在贸易便利化方面，制定了如尽量在 48 小时内批准货物通关（易腐货物在 6 小时内交接）等量化指标。

如上所述，RCEP 为处于不同发展阶段、拥有不同制度的亚洲国家共同制定了电子商务、知识产权、贸易便利化等各领域规定，建立起区域内自由公平的经济规则，为东盟等发展中国家在多边自由贸易体制、经济伙伴关系协定/自由贸易协定背景下参与制定未来国际规则打好了基础。

（二）RCEP今后的课题和中日间的合作

1. RCEP今后的课题和中日间的合作

在21世纪以来以亚洲为中心的自贸区网络发展的基础上，日本从21世纪10年代初便开始积极推动跨太平洋伙伴关系（TPP）、RCEP、中日韩、日欧EPA等超大型自贸区的谈判。最终，随着RCEP于2022年生效，自贸协定签署和生效成员（自贸协定覆盖率）在日本贸易额中所占比例已达到80%左右。WTO及EPA/FTA带来的贸易投资自由化扩大和深化了以亚洲为中心的区域产业链，区域内各国的经济得以增长。另一方面，自20世纪10年代中期以来，中美贸易摩擦、乌克兰危机等地缘政治结构性变化，以及气候变化、阶层差距、利益分配、数字化等全球性问题日益显著。特别是2020年后，新冠疫情蔓延导致事态恶化，国家不得不在解决各种经济和社会问题、实现可持续增长方面承担起重要责任。

在此背景下，首先，需要通过加强RCEP的实施和提高有效利用率来进一步扩大区域内的贸易和投资，以应对地缘政治结构变化和全球性问题所导致的保护主义和供应链断裂；其次，应不断深化和扩大RCEP的内容及范围，以应对环境、劳动和数字化等全球性问题及国家资本主义和经济安全等变动；最后，要解决这些课题，最为重要的是转换视角，超越RCEP的框架，与其他EPA/FTA及区域进行合作联动（表3-8）。

表3-8　RCEP今后的课题和日本应发挥的作用

今后的课题	当前的课题	日本的作用	
		RCEP	其他自贸协定和区域合作
提高有效利用率	日本当前主要是面对中国和韩国时使用 中小企业的利用率较低	通过原产地证书的电子化等实现贸易相关的国际手续数字化 构建中坚、中小企业的数字平台以促进经济伙伴关系协定的运用 利用新出口联盟等来支援中小企业出口	

续表

今后的课题	当前的课题	日本的作用	
		RCEP	其他自贸协定和区域合作
实效性的担保	特别是发展中国家的运用还不完善（原产地证书、特惠关税率、区域内累积制度的运用）	强化对协定履行情况的监管 发展中国家政府的能力建设 与产业界对谈来改善营商环境	
内容的深化	与其他自由贸易协定相比，关税自由化水平较低 规则领域仍有许多项目有待改善	通过交涉扩大协定的关税减免品类 通过交涉深化规则	在中日韩自贸协定及与东盟的双边自由贸易协定的交涉中扩大协定领域，深化协定内容 符合高度自由化和规则的RCEP签署国加入CPTPP（严谨考量各国国情）
扩大范围	用于应对新的全球课题和地缘政治结构变化的规则不完善	考虑在协定改善流程中设立有关环境、劳动、国有企业、管制整合性等方面的新章节	"印太经济框架"（IPEF）在数字、劳务、环境等方面制定规则
扩大成员	印度脱离RCEP及南亚国家的缺席 美国对亚洲区域经济一体化的参与度低	鼓励印度重返RCEP（日本印度产业合作与供应链弹性倡议） 支持南亚国家加入	通过"东盟印太展望"（AOIP）和IPEF提高美国和印度区域合作的参与度 美国重返CPTPP

资料来源：笔者根据资料整理。

2. 提高 RCEP 的有效利用率

与包括 RCEP 在内的主要贸易对象签署超大型自贸协定后，重要的是，该如何进一步提高行业部门对经济伙伴关系协定等的有效利用。日本商工会议所相关数据显示，2023 年 RCEP 签发的原产地证书多达 137 199 件，远高于同期的其他经济伙伴关系——日本—泰国（87 202 件）、日本—印度（62 207 件）和日本—印度尼西亚（50 173 件）。此外，从 RCEP 原产地证书的详情可知，日本经由 RCEP 与其签署自贸协定的中韩两国的签发证书数量较多。期待 RCEP 今后以产地规则宽松或阶段性减免关税的品目为中心，扩大其运用范围。

另一方面，根据日本贸易振兴机构（JETRO）的问卷调查，在向 EPA/FTA 签署国出口的日本企业中，49%的企业使用了相关协定，其中大型企业的使用率约为60%（如果包括尚在考虑中的企业，则接近80%），而中小型企业的使用率较低，约为40%。2020年12月，日本政府修订了《TPP等综合政策大纲》，强化中小型企业开拓新市场的综合支持体系，改善包括原产地证书文件数字化等贸易相关的营商环境。在此背景下，为了促进对RCEP等经济伙伴关系协定的运用，可采取以下措施：①通过原产地证书等的数字化，实现贸易相关的国际手续数字化；②与经济伙伴关系协定相关的国内手续的数字化（为中小型企业利用经济伙伴关系协定建立数字平台）；③利用新出口联盟、举行研讨会及开设咨询窗口等，努力为中小型企业提供细致入微的支持。

3. 加强 RCEP 的实施

随着WTO面临挑战，处于困境之中，贸易保护主义的动向令人担忧。因此，必须确保RCEP生效实施后仍然保持有效性。RCEP为确保各签署国切实履行协定，做出了如下规定：①原则上每年举行一次RCEP部长级会议；②设置RCEP联合委员会和附属机构（各委员会）；③设置RCEP事务局。自2022年协定生效以来，RCEP已举行三次部长级会议，成立了RCEP联合委员会和附属的四个委员会（货物、服务和投资、营商环境和可持续增长）以及确保RCEP有效实施的RCEP支持单位。今后，为了确保协定的稳步实施，除了原产地证书签发的便利化、加强优惠关税率和关税配额及区域内累积规则运用，期待RCEP还能及时向业界提供相关的信息。

RCEP今后有望发展成为本区域经贸部门对话与合作的平台。为确保协定实施，其中一个重要课题便是推进发展中国家的能力建设。比如原产地规则的运作、服务贸易负面清单、电子商务相关立法等方面就存在各种需求，期待日本能与各国政府和国际组织合作推动其能力建设。此外，为改善本地区的营商环境，促进与产业界的对话与合作也非常必要。如东亚商务理事会（EABC）等行业论坛正在开展活动，旨在宣传和普及RCEP有关知识，提高其运用率。

4. 挖掘 RCEP 潜力，扩大应用范围

RCEP被称为"Living Agreement（有生命力的协定）"，在协定生效后每五年进行一次的"常规审议"期间，我们应该进一步提高协定的质量，探索像CPTPP那样自由化水平更高、规则更完善的可能性。RCEP的免关税率为91%，与CPTPP（99%）和日欧EPA（日本94%，欧盟100%）等其他超大

型自由贸易区相比，其自由化水平略低，未来还有进一步扩大减免关税品目及缩短阶段性减免期限的空间。此外，原产地规则、服务贸易、投资、电子商务和政府采购等章节中还设有审议条款。投资章节中的投资者—国家争端解决机制（ISDS）条款、电子商务章节中的禁止源代码披露要求等，这些都是需要在协定的常规审议流程中进一步深入探讨的项目。

另外，CPTPP 和日欧 EPA 等发达国家之间的自由贸易协定都有针对新的全球性课题和地缘政治结构变化的章节和条款。CPTPP 设立了环境、劳动、国有企业和监管统一性等章节，RCEP 中并未包含这些章节。亚洲经济在全球化推动下发展的同时，其环境负担加重、劳动者权益保障不足、产业政策扭曲市场等问题日益明显。期待 RCEP 今后能探讨是否应在 RCEP 中加入新章节来应对这些新课题。

5. 增加 RCEP 成员

未来应支持包括印度在内的南亚国家加入 RCEP。包括印度在内的南亚国家如果参与 RCEP，对扩大和强化南亚与东盟、东北亚和大洋洲的供应链具有重要意义。

虽然印度于 2019 年退出了 RCEP 谈判，但应继续推动印度重返 RCEP。2021 年 11 月 RCEP 正式签署时，领导人与部长宣言便明确指出，印度可以在未来任何时候重返 RCEP 成员谈判。然而，印度面临着对中国和 RCEP 其他国家的巨额贸易逆差、农村和低收入人群的反对、国内经济受新冠疫情的负面影响、制造业增长乏力等问题。如果印度在短期内难以重返 RCEP 谈判，则需要努力推进印度与东亚供应链的联系。

其他可考虑的 RCEP 新成员候选国有孟加拉国、巴基斯坦和斯里兰卡等南亚国家。这些国家的特点是：①地处印度洋海上通道的要地，具有重要的地缘政治意义；②与印度一样，人口众多，市场潜力巨大；③正在推进与部分东盟国家的自贸协定和区域合作，有望在未来加强供应链联系。如果这些国家今后申请加入 RCEP，应给予积极支持。

6. 通过中日韩自由贸易协定深化合作

中日韩三国的 GDP 和贸易额分别占世界总量的 20%，占亚洲总量约 70%，中国和韩国分别是日本的第一大和第三大贸易伙伴。纳入中韩两国市场对日本经济增长的保持和促进至关重要。迄今为止，RCEP 谈判一直被日本列为优先事项，但遗憾的是中日韩自贸协定谈判止步于 2019 年 11 月的最后一次谈判会议。期待谈判能尽快恢复并加速进展，签署具有独特附加价值、全面、高质量的中日韩自贸协定，促成包括商品贸易市场准入及电子商务、知识产权规则等重要领域事项的敲定。

7. 与 CPTPP 的联动

RCEP 的谈判多年来与 CPTPP 同时进行，双方相互促进，加快了谈判进程。未来应考虑让自由化和规则水平较高的 RCEP 签署国加入 CPTTP。英国已于 2021 年 2 月申请加入 CPTTP，并于 2023 年 7 月签署了加入协定书；继 2021 年 9 月中国提交申请后，厄瓜多尔、哥斯达黎加、乌拉圭、乌克兰和印度尼西亚也已申请加入；在 RCEP 签署国中，韩国、泰国和菲律宾也表示有加入意愿。未来，新的加入程序将评估提交申请的国家/地区是否满足以下条件：①具有高标准国际贸易和投资规则相关经验；②明确承诺促进基于规则的贸易体系的透明度、可预测性和可信度；③保证有意愿并有能力达到 CPTPP 的高标准。申请国家/地区在进入正式审核程序之前，还须获得所有 CPTPP 成员国的赞成意见。

8. 促成亚太自由贸易区（FTAAP），强化多边自由贸易体制

期待 RCEP 能在短期内从疫情冲击的影响中恢复供应链，并在中长期内与 CPTPP 共同在实现亚太自由贸易区的道路中发挥 building block（组成部分）的重要作用。通往亚太自由贸易区的路径虽然还不明确，但如果拥有多数发展中国家成员的 RCEP 里具有高水平自由化和规则的国家加入 CPTPP，那么 CPTPP 作为更高质、更包容的超大型自贸区则可以通过进一步扩大成员、深化和拓宽协定内容来实现亚太自由贸易区。期待 RCEP 和 CPTPP 这两个超大型自贸区的共同发展能刺激贸易和投资，最终加强以 WTO 为基础的多边自由贸易体制，将基于自由公平准则的经济圈扩大至全球，确保公平竞争的环境，对全球经济增长产生积极影响。

9. 基于"东盟印太展望"（AOIP）的亚洲、太平洋和印度洋地区合作

RCEP 旨在建立一个连接东北亚、东盟和大洋洲的自由开放的广域经济圈，未来有望将包括印度在内的南亚地区纳入。东盟为实现亚洲、太平洋和印度洋地区的和平与繁荣，于 2019 年通过了"东盟印太展望"。东盟印太展望将亚洲、太平洋和印度洋地区作为国际协调与合作的舞台，并作为重要支

柱探索以东盟为中心的 RCEP 后区域合作。日本自 2020 年以来一直致力于推动日本和东盟关于东盟印太展望的合作，今后应当与包括中国在内的其他国家合作，在以东盟印太展望为基础的前提下促进以东盟为中心的亚洲、太平洋和印度洋地区的海上合作，强化互联互通，实现联合国可持续发展目标（SDG），推进其他经济协作。

三、RCEP 生效的影响与韩中产业链供应链合作研究①

2024 年是 RCEP 生效实施的第三年。RCEP 是全球规模最大的贸易协定，区域总人口、GDP 总值均占全球比重约 30%，预计带来的收入增长效应是另一超级自贸协定 CPTPP 的两倍以上，其影响力将逐步扩大（Park et al.，2021）。

韩国与中国是 RCEP 的主要成员国，预计未来能够取得更积极的宏观经济效应。尤其是 RCEP 生效后，韩中两国有望加强经济合作。韩中两国已经在 2015 年签署自由贸易协定（FTA），RCEP 在此基础上进一步深化两国的合作关系，并将这种合作扩展到其他成员国。

以下将分析 RCEP 的签署对韩国与中国的意义、韩中 FTA 的效应与 RCEP 的预期效应、韩中供应链现状和 RCEP 的预期效应、韩中各产业合作案例与今后合作的方案，以及提出韩中关系相关政策建议并阐述结论。

（一）签署 RCEP 对韩国与中国的意义

1. RCEP 的效应

RCEP 可以理解为整合了东盟和五个非东盟成员国（韩国、中国、日本、澳大利亚、新西兰）分别签署的各个"东盟+1"自贸协定。RCEP 作为多边贸易协定，可为已签署的双边自贸协定赋能增效，创造协同效应。同时，RCEP 也将优化亚太地区的区域供应链，从而进一步巩固经济合作。RCEP 取消关税带来的宏观经济效应见表 3-9。

①　作者：金同铉，延世大学全球人才学院国际通商专业助理教授，Email：dhyunkim@ yonsei. ac.kr；李尚勋，韩国对外经济政策研究院北京代表处首席代表，Email：shlee@ kiep.go.kr。

表 3-9　RCEP 取消关税的宏观经济效应

国别/区域	2030 年实际 GDP（10 亿美元）	实际 GDP 增加值（10 亿美元）	增长率（%）
中国	27 839	85	0.3
日本	4 924	48	1.0
韩国	2 243	23	1.0
文莱	31	0	0.5
印度尼西亚	2 192	3	0.1
马来西亚	675	4	0.6
菲律宾	680	2	0.3
新加坡	485	0	0.0
泰国	812	4	0.5
越南	497	3	0.5
澳大利亚	2 500	1	0.0
新西兰	264	1	0.2
RCEP 区域	43 516	174	0.4

资料来源：P. Petri 和 M. Plummer（2020）。

　　RCEP 的零关税能够扩大贸易规模，从而提高成员国的实际 GDP。此外，RCEP 的生效实施有助于开放服务市场、减少非关税壁垒、促进投资等，进而带来更大的经济效应。特别是在关税取消的情况下，RCEP 可以整合成员国互相签署的双边自贸协定，能够大幅降低出口企业向区域内各国出口产品时所需的贸易成本。例如，通过 RCEP 统一各国原产地标准后，出口企业只需准备一种原产地证明，就可以出口至区域内所有国家，实现流程简化。这将能够最大限度地减少"意大利面条碗"效应——在现有的双边自贸协定下，不同的原产地规则和通关流程使得企业难以享受自贸协定的优惠。

　　此外，原产地证明的签发流程在行政方面也大大简化，在海关部门的许可制度下获得资格的企业可以自主声明原产地。与此同时，RCEP 实行原产地累积规则，放宽了原产地的标准，这意味着可将 RCEP 成员国的原产地视为区域产地。例如，越南出口的产品中使用了中国产的中间产品，如果根据 RCEP 的标准，这一中间产品则被视为在区域内有原产地，但韩越自贸协定则不适用。

RCEP 的这些规则将有助于整合并更好地利用现有的双边自贸协定。同时，也将更大程度地促进 RCEP 区域供应链的融合，强化价值链。

2. 对韩国的意义

RCEP 是韩国参与的第一个超级自贸协定，对韩国具有重要意义。实际上，RCEP 在韩国贸易中占据很大的比例，预计将在韩国贸易中发挥非常重要的作用。截至 2019 年，韩国与 RCEP 成员国的贸易规模占韩国总贸易额的 48%，其中出口占 49.6%，进口占 46.3%。

从统计数据中也可看出 RCEP 的效应。据韩国关税厅统计，韩国在 2022 年利用 RCEP 出口的规模达到 33 亿美元，进口达到 56 亿美元。从出口对象国来看，韩国对日本出口占比 67.3%，，对中国出口占比 27.7%。在进口方面，韩国自日本进口占比 48.3%，自中国进口占比 38.7%。由此可见，韩国通过 RCEP 主要与日本、中国进行贸易。韩国对中国出口的主要品类是电池材料锂化合物，达到 6.9 亿美元，规模最大；自中国进口的主要品类是氧化锂、氢氧化锂，规模为 15.9 亿美元。

3. 对中国的意义

尽管 RCEP 由东盟率先提出并主导签署，对东盟意义重大（Shimizu, 2021），但实际上，在 RCEP 成员国中担任供应链枢纽角色的是中国。如前所述，原产地累积规则等将会进一步激活以中国为中心的 RCEP 区域供应链。中国已经成为亚洲供应链的中心，与欧洲的德国、北美的美国一并成为全球三大供应链中心（Li et al., 2019）。而 RCEP 将会进一步强化以中国为中心的区域供应链。

在全球范围内的贸易保护主义增强的情况下，中国通过 RCEP 向国际社会传递了一个信息——中国是自由贸易的维护者。中国前总理李克强曾表示，"RCEP 的签署是多边主义和自由贸易的胜利"。基于此，中国在未来加强与 RCEP 成员国的经济联系，有望成为全球贸易发展的引领者。

（二）回顾韩中 FTA 与 RCEP 的预期效应

1. 韩中 FTA 效应

2014 年 11 月 10 日，韩中两国就签署 FTA 达成基本共识，2015 年，韩中 FTA 开始生效实施。不过，就韩中 FTA 而言，关税下调所带来的双边贸易创造效应并不大（Bae and Jung，2019）。如图 3-11 所示，自 2015 年起，韩中两国逐步下调彼此进口产品的关税。这一结果是因为双方通过韩中 FTA，以进口额为准，韩国对中国取消 91% 的关税，中国对韩取消 85% 的关税。

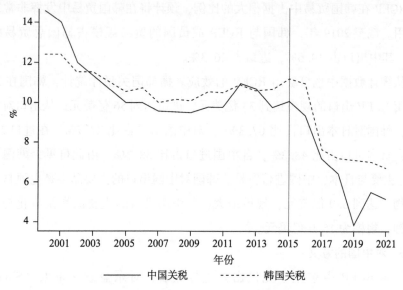

图 3-11　2000—2021 年韩中关税趋势

注：各年度 HS code 6 位编码的平均关税税率。

资料来源：全球贸易数据库（World Integrated Trade Solution）。

即便如此，韩中 FTA 效应依然低于预期，其原因在于实际适用减税的产品的占比较低，而这些品类在两国贸易中的占比仅为一半。与此同时，韩中 FTA 中的很多品类的关税撤销时间为 10 年以上，所以关税下调效果在短期内并不明显。再加上韩中 FTA 生效以后，产业结构变化、外交关系的急剧变化、贸易保护主义蔓延等外部因素限制了两国的贸易发展，也使得关税下调的效应未能充分发挥。

不过，比起关税下调带来的效应，韩中 FTA 生效更大的意义在于能够深化两国合作关系。就韩国而言，其意义重大，不仅在于与全球三大经济体——美国、欧盟以及中国都签署了自贸协定，还在于与最大的贸易伙伴国签署了自贸协定。对于中国，其意义也很大，韩国是中国签署的自贸协定中，贸易规模最大的贸易伙伴；比起中国签署的其他自贸协定，韩中自贸协定的开放水平最高。特别是韩中 FTA 是东亚三国之间签署的第一个自贸协定，对两国的经济合作具有重要意义。

2. 从韩中 FTA 的角度分析 RCEP 对韩中关系的意义

与通过双边谈判达成的自贸协定不同，RCEP 是多边贸易协定，可减轻贸易转移效应带来的负面影响。像 RCEP 这样的多边协定，由于成员国较多，可以进一步扩大区域市场，产生更多元的效应，因此，能够给 RCEP 成员国带来更高的社会福利水平。据 Li 和 Moon（2018）预测，RCEP 的签署不仅将促进中国与韩国的出口增长，也将拉动韩国 GDP 增长 2%~3%。

对比韩中 FTA，RCEP 在已签署的自贸协定撤销关税的范围内，就部分品类达成了小幅度的额外关税减让协议。①但从韩中 FTA 的效应来看，单纯依靠互相降低关税难以充分实现直接的贸易收益。因此，为了能够真正享受到多边协定的签署带来的经济惠利，需要寻求可以实现间接效应的相关方案，例如扩大包括韩国与中国在内的 RCEP 区域供应链等。

（三）韩中供应链现状与 RCEP 的预期效应

1. 韩中贸易现状

在寻求韩中未来合作方案之前，有必要先观察近期两国贸易变化的趋势。两国近期的贸易主要有以下几个特点。第一，韩国对华出口放缓、进口增加。如图 3-12 中的 A 所示，即使在 21 世纪 10 年代以前，韩国对华出口每年都快速增长。但在经历了中国需求调整期，也就是在 21 世纪 10 年代以后，韩国对华出口的增长幅度有所减缓。

---

① 具体来说，韩国对淀粉、鹿茸撤销关税，中国对钢铁、机械类撤销关税。

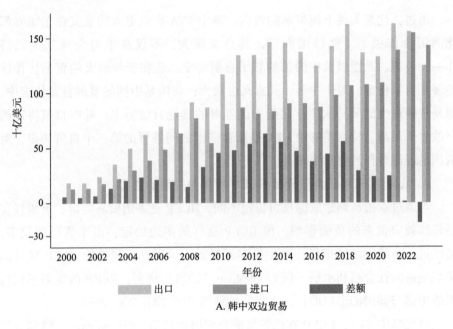

A. 韩中双边贸易

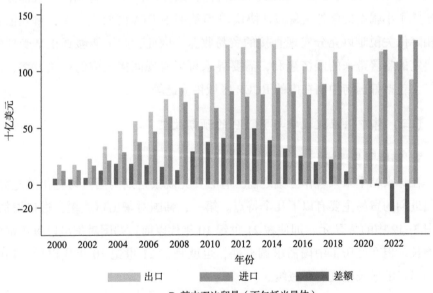

B. 韩中双边贸易（不包括半导体）

图3-12　2000—2023年韩中贸易流量

注：图B是除半导体（HS 8542）以外的韩国对华贸易收支。

资料来源：韩国关税厅（Korea Customs Service）。

第二，双边贸易中，特定品类的贸易集中度上升。韩国对华出口规模中，半导体的占比在 2000 年、2010 年、2022 年分别为 2.3%、10.7%、31.3%，每年都快速上涨。从半导体在韩国整体出口中的占比为 20% 左右这一点上看，可知韩国对华出口半导体的集中度非常高。所以，半导体在韩国对华出口贸易顺差中也占据了相当一部分。图 3-12 中的 B 展示了除半导体以外的韩国对华出口的贸易趋势，从图中可看出，在除去半导体的情况下，韩国对华贸易在 2021 年就开始出现逆差。

第三，中国产业竞争力的增强也对双边贸易产生了影响。近年，中国的电动汽车竞争力增强，正在改变韩中之间供应链的走向。过去，在传统燃油汽车方面，韩国企业向中国出口汽车中间产品，在中国境内完成汽车的生产，但随着电动汽车时代的逐步到来，供应链的上下游出现逆转。中国在电动汽车核心部件锂电池的原材料供给和电池生产技术方面展现出优势，进而在电动汽车供应链中崭露头角。图 3-13 中的 A 展示了韩国与中国的锂电池、锂的贸易规模，其中韩国的贸易逆差幅度逐渐扩大，到 2023 年，仅这一领域的贸易逆差就超过了 10 亿美元。

随着中国石化领域的自给率上升，韩国该领域的贸易顺差幅度正在迅速缩小。如图 3-13 中的 B 所示，韩国对华石化领域贸易顺差规模在 2018 年达到 89.5 亿美元后，持续下滑至 2023 年的 33.6 亿美元。与此同时，中国的聚丙烯（PP）自给率从 2015 年的 78% 上升至 2023 年的 90%。据预测，中国聚乙烯（PE）生产设备的全球占比将从 2018 年的 17% 上升至 2027 年的 23%。聚丙烯和聚乙烯是韩国具代表性的合成树脂，占韩国石化领域出口的 50%，从这一点上看，中国在这一领域的自给率上升给韩国的出口带来冲击。

2. 韩国对华海外直接投资现状

韩国是中国第四大直接投资来源国。尤其是考虑到国家经济规模，韩国的投资规模具有压倒性。韩国对华投资在 21 世纪第一个十年里迅速增长，即便是在 21 世纪第二个十年以后，也依然呈现增长的趋势，但之后，各行业的投资比例与投资目的发生了显著的变化。

首先，韩国对华投资主要行业的集中度越来越高。从图 3-14 中的 A 可以看出，半导体、电池、汽车产业、LCD 面板等主要行业占韩国对华投资的比重在 2020 年和 2022 年分别为 68.9% 和 85.7%。尤其是 2022 年，半导体的投资比重高达 66.3%。

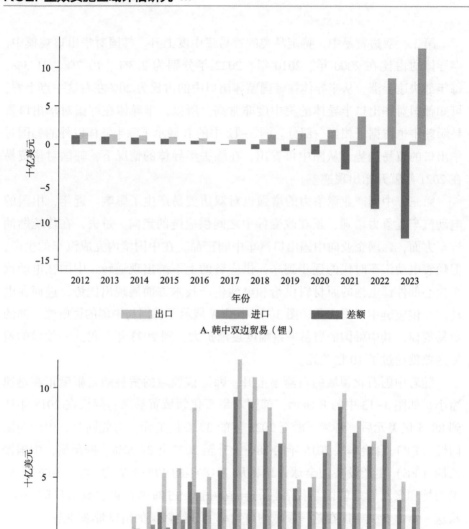

A. 韩中双边贸易（锂）

B. 韩中双边贸易（石油化工）

图 3-13 韩中贸易流量统计（锂、石油化工）

注：图 A 是锂离子蓄电池（HS 850760）、氧化锂（HS 282520）的对华贸易收支。图 B 是 HS 27 所在石化领域的对华贸易收支。

资料来源：韩国关税厅（Korea Customs Service）。

2015 年，汽车产业占韩国对华投资的 25.7%，但此后，由于韩国汽车在中国的销售业绩不断下滑，这一比例逐渐下降。而电池行业在 2017 年以前在韩国对华投资中的占比不到 1%，但在 2018 年达到 9.7%，2020 年达到 18.4%。

其次，相较于以雇佣廉价劳动力为目的的对华投资，韩国以进入当地市场为目的的对华投资逐渐增加。从图 3-14 中的 B 可以看出，截至 2004 年，韩国以进入当地市场为目的的对华投资迅速增加，而以雇佣廉价劳动力为目的的对华投资逐渐减少。韩国企业的投资与中国加工贸易逐渐减少的趋势（Yu，2020）以及中国国内创造的附加值增加的趋势（Kee and Tang，2016）有关。随着中国工资水平的提高和技术水平的改善，以加工贸易为目的而进入中国的外资企业越来越少。

3. RCEP 给韩中供应链带来的启示

综上所述，韩中两国的供应链正在重组，向以特定产业为主的方向发展，两国的角色也在随着中国的发展而发生变化。首先，韩国对华贸易长期顺差的格局在最近出现了变化。如前所述，这一变化发生的主要原因在于中国产业竞争力的增强，而非韩中 FTA。

其次，在两国的贸易中，半导体、电动汽车等部分产业集群越来越重要，在韩国对华出口和投资中，包括半导体在内的特定产业的比重越来越大。值得注意的是，半导体、电池等都是两国培育的战略性产业，这意味着，虽然两国的产品在全球市场中是竞争关系，但实际上，在这些产业中，韩中供应链相互关联，所以形成的相互交流也最多。

由此可见，韩国企业一直在持续开拓中国巨大的内需市场。仅在 21 世纪初，中国还是韩国的"工厂"，但现在，中国已经成为韩国的"市场"。然而，随着中国比较优势的提升，韩国的市场份额在不断缩小。不过，两国可以通过 RCEP 构建供应链，创造双赢局面，未来还可以考虑将韩中供应链生产的产品出口至东盟等区域内第三国市场的合作方案。相关内容将在第 5 部分展开更详细的讨论。

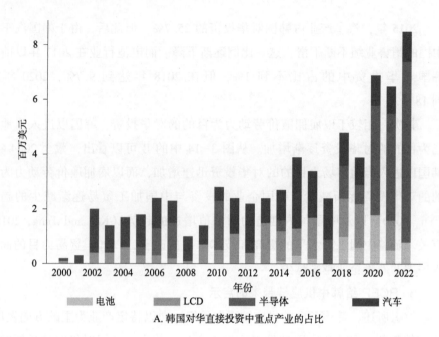

A. 韩国对华直接投资中重点产业的占比

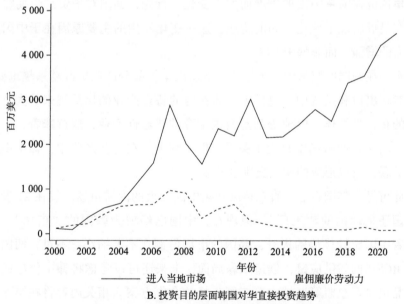

B. 投资目的层面韩国对华直接投资趋势

图 3-14　2000—2022 年韩国对华直接投资情况

注：图 A 是电池、LCD、半导体、汽车行业占韩国对华投资的比重。图 B 是不同投资目的的投资额。

资料来源：韩国进出口银行（The Export-Import Bank of Korea）。

(四) 韩中产业合作案例以及今后合作方案

1. 韩中主要产业的合作案例

近年来，全球范围内的贸易保护主义抬头，供应链本地化，全球供应链逐渐收缩。在这样的情况下，韩中产业合作却在部分领域得到了扩大。而RCEP 将为韩中合作的强化提供一个良好的机遇。

比较典型的是电池领域，韩国和中国在电动汽车电池供应链中发挥各自的技术优势，并在优势领域逐步加强合作。特别是美国的《通胀削减法案》(Inflation Reduction Act，IRA) 规定，在生产电动汽车电池时，如果使用包括中国在内 "受关注外国实体"(Foreign Entity of Concern) 的原材料或零部件，将无法享受补贴，因此中国企业选择与韩国企业合作，以规避《通胀削减法案》。例如，在镍精炼和前驱体生产方面具备优势的中伟股份 (CNGR) 与在正极材料生产方面具有优势的韩国浦项制铁集团 (POSCO) 成立了合资企业，于 2024 年 5 月在韩国庆尚北道浦项市建设工厂，生产用于二次电池的镍和前驱体。此外，前驱体产量位居全球第二的格林美 (GEM) 与韩国 SK On 合作，准备在韩国全罗北道新万金市建设前驱体生产厂。

此外，韩中其他合作项目也在持续进行中。例如，通过供应链合作，中国公司对韩国从中国进口的原材料进行加工，生产出材料，然后交付给韩国电池制造商，以此促进供应链更为畅通。这样的合作将进一步紧密连接两国的电池供应链，促进对美国等第三国的出口。在中国原材料出口到韩国的过程中，镍等主要原材料将享受 RCEP 的关税优惠，从而进一步加强双边合作。

除此之外，两国还可以在生物等多个领域开展合作。韩国制药企业不仅进入中国市场，也在技术转让和共同研究方面与中国企业展开积极合作。据统计，自 2011 年以来，具有代表性的技术转让案例就达 41 件。随着原产地证明等各国通关手续的部分简化，RCEP 的生效实施有望为韩国企业向东盟或中国出口药品提供新机遇。

2. 韩中产业园构建以及与地方政府合作

2015 年生效的韩中 FTA 中设有经济合作章节，根据该章节，两国同意设立韩中产业园区。其中，中国在烟台、盐城和惠州设立中韩产业园区，韩国在全罗北道新万金市设立韩中产业园区。此后，入驻烟台的韩企约有 400 家，落户盐城和惠州的韩企均有 100 多家，这对双边合作发挥了重要作用。过去，长期入驻新万金的中国企业极少，但近年来，中国电池企业纷纷在此地区展开投资，其发挥的作用正在不断扩大。

随着韩国电动汽车工厂落户盐城，中国的产业园区释放新活力。2005年，韩国汽车制造商起亚开始在盐城生产汽车，而最近又计划生产电动汽车。可以说，盐城产业园区是将传统燃油车生产基地转型为电动汽车生产基地的绿色转型典范。此外，SK On 的电池厂、现代摩比斯等汽车相关的韩国大企业也正在持续开展投资。

除在特定区域的投资外，两国地方政府之间的合作可以产生更大的协同效应。截至2021年，韩国地方政府与中国地方政府的合作占韩国地方政府国际合作总数的40%。其中，与中国地理位置相近的仁川市同中国的合作十分活跃，对华出口占出口总额的27%，目前已与中国12个城市进行交流。

3. 韩中共同拓展东盟市场

RCEP 是一项多边协定，不仅促进了韩中两国之间的贸易，也为韩中开发东盟等第三国市场提供了便利。如前所述，RCEP 的生效实施简化了成员国之间的原产地规则，使得韩国和中国可以在共同开拓东盟这一新兴市场方面展开合作。

东盟已经成为韩国重要的贸易伙伴。从表3-10中的韩国十大贸易伙伴的变化可以看出这一点。2010年，中国作为韩国最大的贸易伙伴，占韩国出口总额的25.1%。到了2022年，虽然中国依然是韩国第一大出口国，但出口占比已降至22.8%。同期，中国作为韩国第一大进口国，进口占比从16.8%上升至21.1%。值得关注的是，同期韩国与越南的贸易规模大幅上升。2010年以后，韩国对华出口放缓主要是因为韩国在华子公司迁往东盟，跨国公司内部贸易（intra firm trade）减少。由于在中国的生产成本上升，许多公司迁到了劳动力相对低廉的越南。

表3-10　2010—2022年韩国十大贸易伙伴

2010—2022年韩国十大出口目的地				2010—2022年韩国十大进口目的地			
2010年出口份额		2022年出口份额		2010年进口份额		2022年进口份额	
中国	25.1%	中国	22.8%	中国	16.8%	中国	21.1%

续表

2010—2022 年韩国十大出口目的地				2010—2022 年韩国十大进口目的地			
2010 年 出口份额		2022 年 出口份额		2010 年 进口份额		2022 年 进口份额	
美国	10.7%	美国	16.0%	日本	15.1%	美国	11.2%
日本	6.0%	越南	8.9%	美国	9.5%	日本	7.5%
中国香港	5.4%	日本	4.5%	沙特阿拉伯	6.3%	澳大利亚	6.1%
新加坡	3.3%	中国香港	4.0%	澳大利亚	4.8%	沙特阿拉伯	5.7%
中国台湾	3.2%	中国台湾	3.8%	德国	3.4%	中国台湾	3.9%
印度	2.5%	新加坡	3.0%	印度尼西亚	3.3%	越南	3.7%
德国	2.3%	印度	2.8%	中国台湾	3.2%	德国	3.2%
越南	2.1%	澳大利亚	2.7%	阿拉伯联合 酋长国	2.9%	卡塔尔	2.3%
印度尼西亚	1.9%	墨西哥	1.8%	卡塔尔	2.8%	印度尼西亚	2.2%

资料来源：韩国关税厅（Korea Customs Service）。

随着韩国的生产基地从中国转移到东盟，韩国与东盟的贸易规模不断扩大。如图 3-15 所示，韩国对东盟的出口不断增加，但进口的增长率却很低，这意味着韩国对东盟的出口大多是本国子公司的中间产品。

中国也不例外，与东盟的贸易规模不断扩大。2019 年和 2023 年，东盟分别是中国最大进口地和最大出口地。中国企业对东盟的投资也在快速增长。特别是中国对东盟的投资中，制造业投资所占比重从 2010 年的 18% 上升至 2022 年的 41.6%，生产基地化进展迅速。

韩国和东盟、中国和东盟之间合作的加强意味着韩中两国在东盟市场形成竞争关系，但同时也意味着两国合作的可能性提高。2015 年，韩国与中国签署谅解备忘录，共同寻求开发第三国市场等合作方案。虽然没有明确提出要共同开发市场，但韩国和中国也可以利用 RCEP 框架下的供应链合作向东盟市场拓展。

例如，前面提到的盐城起亚工厂就是韩中共同开发东盟市场的典范。此外，盐城还是比亚迪子公司弗迪电池的工厂所在地，该工厂可以提供低成本电池，从而进一步增强协同效应。在盐城生产的电动汽车一半销往中国国内市场，一半出口至东盟等国家和地区。在此过程中，从韩国出口到中国的设备和中间材料以及从中国出口到东盟的产品都将享受到 RCEP 的关税优惠。可见，两国利用 RCEP 开展供应链合作有望创造出多重协同效应。

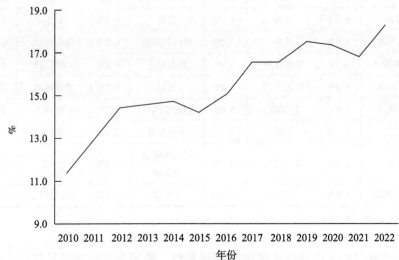

A.2010—2022年韩国对东盟出口份额

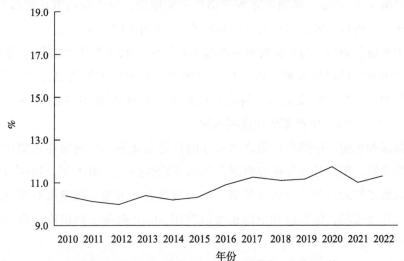

B.2010—2022年韩国对东盟进口份额

图 3-15　2010—2022 年韩国对东盟贸易情况

资料来源：韩国关税厅（Korea Customs Service）。

（五）政策建议与结论

首先，RCEP作为全球规模最大的多边自贸协定，已经开始生效实施，但仍有许多需要完善的部分。与另一个超级自贸协定CPTPP不同的是，RCEP成员国中有大量发展中国家，开放水平相对较低（Jiang and Yu，2021）。如果未来有机会进行后续谈判，应努力通过进一步降低关税来提高开放水平。此外，还需要进一步讨论非关税壁垒问题。相较于撤销关税，RCEP并未能充分解决非关税壁垒问题，如繁琐的海关手续等，这些都是国家间贸易的实际障碍。

其次，为促进韩中两国的共同发展，有必要对韩中FTA展开进一步的谈判。2024年5月，韩中FTA后续谈判在时隔两年后重启。2015年韩中FTA生效时，两国在服务和投资市场方面，只在许可范围内采用正面清单模式，并同意在两年内使用负面清单的方式展开后续谈判。此后，双方进行了九轮谈判，但由于新冠疫情等影响，谈判长期无进展。如果在服务和投资领域形成相互开放的市场，那么两国有望进一步加强文化和旅游领域的合作，而扩大两国之间的文化交流有助于消除对彼此的误解。

最后，有必要尽快推进韩中日FTA。2012年11月，韩中日经贸部长会议宣布启动三国自贸协定谈判，但在过去12年里，谈判一直没有取得很好的进展。庆幸的是，三国自贸协定谈判在2024年5月的韩中日领导人会议上重启，是否会取得实质性谈判引人关注。尽管三国对国际政治的看法有所不同，但各国可以通过自贸协定获得利益是明确的（Cui et al.，2019）。这将是东北亚供应链形成过程中的一个重要里程碑。今后，在RCEP和FTA等重要经济协定的框架下，如何发展韩中关系尤为重要。希望韩中两国能够扬长避短，为双方的共同发展创造更多机会。

四、东盟视角下通过 RCEP 建立更紧密的亚太地区经济伙伴关系[①]

作为全球最大的自由贸易协定，RCEP是促进亚太地区经济交流的重要

---

① 作者：KONG Tuan Yuen、LI Yao，新加坡国立大学东亚研究所研究员；Sarah Y TONG、YAO Jielu，研究所高级研究员。

工具，对于加强中国—东盟双边关系以及巩固各自的全球地位具有重要价值。

首先，RCEP 的 15 个成员国约占全球人口、GDP 和贸易量的 30%。RCEP 的实施取得丰硕成果，非常有助于扩大该区域内的集团合作。成员国的发展水平和经济结构有很大差异，但其在 RCEP 项下作出坚定且务实的承诺，为进一步深化区域伙伴之间的经济联系奠定了坚实基础。RCEP 生效实施至今仅有数年时间，区域内外也存在破坏性力量，但成员国间的经济联系已表现出韧性，特别是中国与东盟（双方是 RCEP 中的最大经济伙伴）之间的经济联系。

其次，RCEP 不仅有助于东盟加快内部整合，还有助于东盟更积极地建立对外联系。就内部而言，东盟努力落实东盟经济共同体（AEC）2025 蓝图以及其他重要举措，包括各种数字经济举措。就外部而言，AEC 的主要任务之一就是加强与非成员国的联系。东盟成员国还积极创建和参与各种集团安排，例如 CPTPP、IPEF、《数字经济伙伴关系协定》（DEPA）等。因此，作为其他方的经济伙伴，东盟的重要性得到大幅提升。

最后，在中国共建"一带一路"和区域供应链重构等举措中，海外产业园区是中国加强对外经济合作的一种重要新形式。RCEP 及其相关自由化措施为这些举措提供了重要支持。例如，RCEP 项下更宽松的原产地规则和投资便利化措施加强了中国与东盟在建设产业园区方面的合作。东盟十国都建设了各种形式的产业园区，这些园区有助于推动本地发展，深化中国与东道国的经济关系，但应认真进行审查，以提升效果。

近几十年来，中国—东盟经济关系取得长足发展，实现互利共赢。展望未来，双边联系预计将更加紧密。如今，全球保护主义倾向抬头，地缘政治紧张加剧，均带来不确定性和挑战。中国和东盟都需要付出更多努力来维护和加强 RCEP 框架内的合作。中国已重申高质量开放的承诺。

（一）简介

RCEP 是全球最大的自由贸易协定，涵盖 15 个亚太国家。RCEP 全体成员代表着全球近 30% 的人口、GDP 和贸易量，这使 RCEP 成为区域经济合作的一个重要里程碑。RCEP 涵盖了具有不同规模和发展阶段的经济体，既包括中国和日本等主要经济体，也包括越南和印尼等快速增长经济体，使其成为一项复杂但极具影响力的协定。

RCEP旨在通过促进贸易和跨境投资来加强区域内的经济联系，增强抵御供应链中断的韧性，在地缘政治紧张、贸易冲突和新冠疫情的背景下，其重要性日益凸显。

对东盟而言，RCEP尤为重要。首先，RCEP是东盟进一步加强与主要区域伙伴经济联系的重要工具。其次，通过与区域伙伴加强经济合作，能够带来额外激励和竞争压力，促使东盟成员国巩固东盟内部的经济一体化。最后，基于以上两项，最终使东盟扩大其全球影响力，并加快经济发展，这与AEC 2025蓝图等倡议相一致。

对中国来说，RCEP同样很重要，特别是在加强其与东盟的经济关系方面。作为成员国中最大的经济体，中国利用RCEP扩大其全球影响力，特别是通过共建"一带一路"倡议以及在东南亚建设产业园区等举措，助力中国融入区域供应链，同时促进东盟各国的本地发展。

本节分析了RCEP如何加强中国与东盟的紧密合作，并评估该协定带来的益处和挑战；还讨论了RCEP对贸易、投资、工业增长和市场准入的影响，以及塑造这种不断扩大的经济关系的地缘政治动态。

(二) 通过RCEP加强中国—东盟经济关系

RCEP涵盖了经济规模、发展水平和产业结构差异巨大的各种经济体。15个成员国占全球人口和经济规模的近30%；就全体成员国的人口和经济规模而言，仅中国就占60%以上。按人均GDP衡量，各成员国的收入水平存在巨大差异，新加坡的收入水平是世界平均水平的6倍多，而柬埔寨的收入水平还不到世界平均水平的15%。各国的经济结构（包括制造业占比以及对贸易的依赖程度）也存在很大差异。这种多样性要求在各成员国之间建立一个灵活包容的贸易和投资自由化框架。

例如，RCEP就关税削减和市场准入规定了不同时间表。这是为了确保欠发达成员国不会因立即面临竞争而被压垮，从而让其有时间增强国内产业的实力。例如，与新加坡和马来西亚等相对发达成员国相比，柬埔寨和缅甸可在更长时间内分阶段履行某些承诺。这种灵活性是RCEP的核心特征，旨在让欠发达经济体有时间发展国内产业。基于成员国的多样性，RCEP还开创了多种合作渠道。这对于中国与东盟的双边经济合作尤为重要，中国对东盟基础设施和工业部门的投资已开始取得成果，从而打造出更强大的区域经济结构。

中国与东盟的经济关系历来很紧密，过去几十年里，双边贸易额稳步增长。RCEP加速了这一趋势，并使中国和东盟互为各自在全球范围内最大的经济伙伴。如图3-16所示，2023年，中国对东盟出口的商品和服务金额达5 240亿美元，占中国出口总额的15.5%，而中国对美国和欧盟的出口额均为5 000亿美元左右。这表明东盟对于中国出口市场的重要性持续升高，占比已从2006年的7.4%增至2019年（即新冠疫情暴发前一年）的14.4%。与此同时，中国对美国和欧盟的出口在其出口总额中的占比分别从2006年的18.8%和21.0%降至2019年的17.2%和16.8%，到2023年进一步降至14.81%和14.83%。东盟还逐渐成为中国的主要进口来源地，在中国进口总额中的占比从2006年的11.3%升至2019年的13.6%，到2023年进一步升至15.2%。

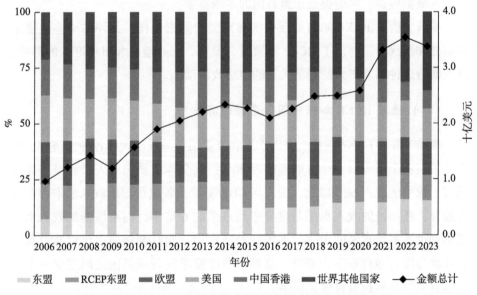

图3-16 2006—2023年中国对主要贸易伙伴的出口额及占比

资料来源：中国海关总署、CEIC数据管理局。

近年来，中国已超越日本、美国和欧盟，成为东盟最大的出口市场，出口占比从2006年的8.6%增至2019年的14.2%，到2023年进一步增至

15.9%。同样，自2000年代末以来，中国一直是东盟最大的进口来源国，占比从2006年的11.5%增至2023年的23.9%。中国与东盟双边贸易的推动力来自电子、机械和化工等行业贸易额的大幅增长。如表3-11所示，东盟对华贸易的30%以上来自"电气机械设备及其零部件；录音机；电视机；以及上述商品的零配件"。

这反映出两个经济体之间紧密的生产关系。例如，2022年，中国向东盟出口的HS85产品占此类产品出口总额的14%左右，而2012年还不到8%（图3-17），这表明东盟作为电信设备和消费电子等产品的全球制造中心日益重要，同时也反映中国在增加对东盟制造业活动的投资。根据《东盟统计年鉴》，2018—2022年，中国对东盟制造业的年均直接投资金额为34亿美元，是2013—2017年的三倍多。这些投资在东盟制造业FDI总额中的平均占比从2013—2017年的3.6%增至2018—2022年的6.9%（图3-18）。

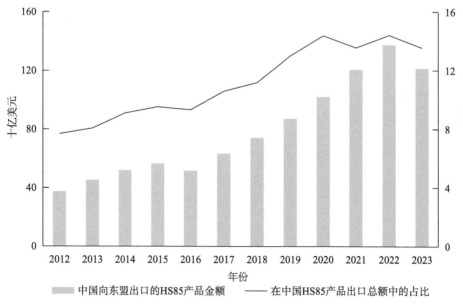

图3-17　2012—2023年中国向东盟出口的HS85产品金额及占比

资料来源：联合国商品贸易统计数据库。

表 3-11　2022 年东盟向中国出口以及从中国进口的前五大商品（按 HS 2 位编码）

东盟向中国出口				东盟从中国进口			
海关编码	商品	出口额/十亿美元	在出口总额中的占比/%	海关编码	商品	进口额/十亿美元	在进口总额中的占比/%
85	电气机械设备及其零部件；录音机；电视机；以及上述商品的零配件	89.4	30.7	85	电气机械设备及其零部件；录音机；电视机；以及上述商品的零配件	136.7	31.7
27	矿物燃料、矿物油及其蒸馏产品；沥青物质；矿物蜡	29.2	10.0	84	核反应堆、锅炉、机械及机械器具；相关零件	68.0	15.8
84	核反应堆、锅炉、机械及机械器具；相关零件	20.0	6.9	27	矿物燃料、矿物油及其蒸馏产品；沥青物质；矿物蜡	19.5	4.5
39	塑料及其制品	9.2	3.2	39	塑料及其制品	19.3	4.5
40	橡胶及其制品	8.0	2.8	72	钢铁	17.1	4.0

资料来源：东盟统计数据门户。

图 3-18　2013—2022 年中国对东盟制造业的外商直接投资总额及占比

资料来源：《东盟统计年鉴》。

中国和东盟都鼓励出口导向型经济，牢固的双边经济联系对于各自经济的强劲发展至关重要。与此同时，成员国的多样性以及由此产生的互补性也可增强跨境投资和区域供应链韧性。地缘政治紧张和贸易冲突给中国经济带来挑战，因此，中国与东盟的密切伙伴关系对其外贸发展至关重要，这在很大程度上是由于东盟与其他主要经济体建立了密切且牢固的经济关系。

如前所述，中国—东盟经济关系在过去十年里取得长足发展。与此同时，东盟与另外两个主要经济体（即美国和欧盟）保持着密切贸易关系。例如，2023年，东盟对美国出口占其出口总额的15%，较2010—2014年的不到10%有大幅增长（图3-19）。美国数据也呈现出类似趋势，在美国进口总额中，东盟占比从2012年的5.4%增至2020年以来的10%左右（图3-20）。另外，在东盟出口市场中，欧盟的地位略有下降，近年来其占比已降至不足9%，而在先前十年间为10%~12%（图3-19）。[①] 但是，如果使用欧盟的贸易统计数据，在欧盟进口总额中，东盟占比从2010年开始有所增长，但自2020年暴发新冠疫情以来出现下降（图3-20）。

RCEP的重要作用之一是推进整个区域的供应链一体化。特别是，中国和东盟可以从便利的跨境贸易和投资流动中受益，企业能够将不同阶段的制造活动配置在东盟的不同国家，以优化生产流程。例如，越南已成为该区域电子供应链的重要一员，企业从中国采购零部件，在越南进行组装，然后出口到世界各国。这进一步提升了东盟国家在全球价值链中的竞争力，针对希望利用该区域日益健全的工业基地的跨国公司，吸引他们进行更多投资。越南对欧盟出口大幅增长，在欧盟从东盟进口的总额中，越南占比从2012年的19.0%增至2023年的30.2%。

（三）RCEP对东盟的意义

无论是对于东盟成员国，还是对于更广泛区域，RCEP都至关重要。它反映出东盟促进东南亚和整个亚太地区经济一体化与合作的长期目标。该协定扩大了东盟在全球舞台上的影响力，成员国能够通过更广泛的互联市场改善其经济前景。

---

① 2006—2019年的数据为欧盟28国数据，2020年以后的数据不含英国贸易数据。

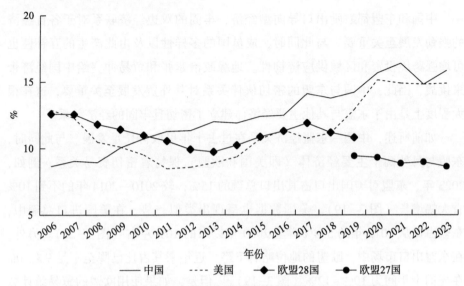

图 3-19 2006—2023 年各大主要经济体在东盟出口总额中的占比

资料来源：https://data.aseanstats.org/trade-annually.

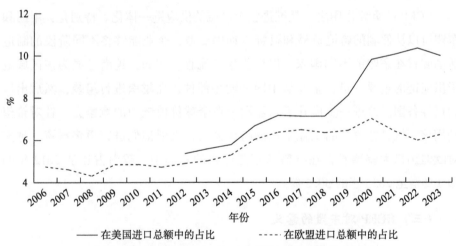

图 3-20 2006—2023 年东盟在美国和欧盟进口总额中的占比

资料来源：联合国商品贸易统计数据库。

1. 平衡内外部利益

借助 RCEP，东盟能够在内部一体化与外部合作之间取得平衡。就内部而言，RCEP 成为增强 AEC 的工具，特别是考虑到该区域正在努力实现 AEC

2025 蓝图中提出的目标。AEC 希望消除贸易壁垒，促进商品、服务、资本和熟练劳动力的自由流动，以创建高度一体化且具有内聚力的区域经济。RCEP 使东盟经济体与亚太地区庞大市场结合起来，吸引更多贸易和投资，助力实现 AEC 目标。

从外部来看，借助 RCEP，东盟能够提高其在国际贸易谈判中的地位。东盟成员国已成为众多区域贸易框架的重要参与者，包括 CPTPP 和 IPEF（表3-12）。表 3-12 列示了东盟参与的区域和全球贸易框架，这表明东盟的对外经济关系十分广泛。这些协定使东盟能够在制定全球贸易规则方面发挥战略作用，还使东盟成员国在与欧美和中国等全球主要经济体进行谈判时能够处于优势地位。

2. 东盟经济共同体 2025：推动区域一体化

AEC 2025 蓝图是东盟实现经济一体化的路线图，RCEP 与该蓝图中的许多目标相一致。该蓝图概述了一些关键合作领域，包括商品和服务贸易、投资自由化以及打造区域生产网络。AEC 2025 蓝图以 AEC 2015 蓝图为基础，更注重发展数字经济等新兴行业，提升东盟中小企业竞争力，促进可持续发展。

表 3-12　东盟的外部经济一体化

东盟自由贸易协定（FTA）		个别国家参加的其他区域自由贸易协定/经济框架
名称	合作伙伴	
区域全面经济伙伴关系协定（RCEP）	澳大利亚、中国、日本、韩国、新西兰	全面与进步跨太平洋伙伴关系协定（CPTPP）；印度—太平洋经济框架（IPEF）；数字经济伙伴关系协定（DE-PA）
东盟—澳大利亚—新西兰自由贸易区（AANZFTA）	澳大利亚、新西兰	
东盟—中国自由贸易协定（ACFTA）	中国	
东盟—印度自由贸易区（AIFTA）	印度	
东盟—日本自由贸易区（AJFTA）	日本	
东盟—韩国自由贸易区（AKFTA）	韩国	
东盟—中国香港自由贸易区（AHKFTA）	中国香港特别行政区	

资料来源：作者根据资料整理。

在这一背景下，RCEP 至关重要，它使东盟能够将这些目标扩展到东南亚以外的地区。RCEP 不仅向中国、日本和韩国等主要合作伙伴开放了东盟市场，从而为东盟产业带来更多的投资和增长机会，还帮助东盟实现贸易关系多元化，减少对欧美等传统市场的依赖。

东盟特别关注数字经济。新冠疫情使得该区域加速数字化转型，促使东盟各国政府优先发展数字贸易、网络安全和跨境电子商务。目前正在谈判中的数字经济框架协定（DEFA）预计将成为东盟数字化未来的主要推手。一旦敲定 DEFA，它将在整个东盟打造统一的数字经济，实现无缝数字交易，制定更安全的网络标准，并建设更强大的电子商务环境。DEFA 与 RCEP 的电子商务规定密切协调，以鼓励跨境在线贸易和数字基础设施的发展。

3. 加强对外经济联系：CPTPP、IPEF 和 DEPA

除 RCEP 外，东盟成员国还参加了一些高级别贸易协定，以进一步加强经济一体化。作为成员国与外部伙伴交往的一项原则，各成员国以东盟为中心，并基于共识作出决策；东盟也尊重各国的不同发展水平，以调整双边经济合作。CPTPP（包括四个东盟成员国：文莱、马来西亚、新加坡和越南）是打造高标准全球贸易体系的重要一步，关注劳工权利、环境保护和知识产权标准，这使东盟引领全球贸易治理，确保其成员国参与塑造全球贸易监管的未来。一些东盟成员国还参加了美国主导下成立的 IPEF。IPEF 旨在深化经济合作，包括供应链、清洁能源、基础设施建设等领域。通过参加这些协定，能够增强东盟作为全球经济关键参与者的地位。

除以东盟的形式参加协定外，东盟成员国还单独与重要经济伙伴签订了一些双边和多边自由贸易协定。新加坡与外部经济伙伴签订了 15 个双边自由贸易协定和 12 个区域自由贸易协定。值得注意的是，新加坡于 2020 年与新西兰和智利签订了 DEPA。DEPA 是首个"纯数字"贸易协定，重点关注全球数字经济中的数字贸易和合作规则。与新加坡一样，在 RCEP 生效之前，马来西亚和泰国已与大多数 RCEP 成员国签订了双边自由贸易协定，以实现经济一体化。马来西亚签订了 9 个双边自由贸易协定和 6 个区域自由贸易协定，泰国签订了 6 个双边自由贸易协定和 9 个区域自由贸易协定。这三个国家还在与欧盟就自由贸易协定开展谈判。值得注意的是，新加坡和马来西亚是大型自由贸易协定 RCEP 和 CPTPP 的创始成员国，并通过《全面经济合作协议》（CECA）与印度建立了密切关系，尽管印度在最后一刻选择退出 RCEP。

4. 东盟日益增长的全球影响力

东盟通过 RCEP 充当不同经济体之间的桥梁，促进区域合作，并提升自身在全球贸易中的地位。借助 RCEP，特别是 AEC 2025 蓝图，东盟加速推进内部经济一体化议程，同时加强与全球主要经济体的联系。东盟成员国积极参加 CPTPP、IPEF 和 DEPA 等框架，进一步强化其在塑造未来全球贸易格局中的重要角色，特别是在数字化、可持续发展和区域联系方面。

随着东盟继续发挥其在 RCEP 中的核心作用，该区域在全球经济舞台上的影响力得以提升，从而对区域和全球经济治理产生深远影响。

（四）中国在东盟建设的产业园区

在 RCEP 框架下，中国和东盟双方设立了更多合作平台，包括双边或多边产业园区等，这日益成为应对贸易保护主义影响的重要战略。本部分将探讨中国海外产业园区，即境外经济贸易合作区（OETCZ）的发展情况，特别是 RCEP 成员国主持建设的产业园区，以及这些园区对东道国的影响、面临的挑战和未来展望。

1. 中国海外产业园区的发展

中国改革开放四十多年来，各种产业园区和经济区为工业化和制度创新作出显著贡献，受到发展中国家的广泛关注。作为"中国方案"，许多欠发达国家纷纷效仿现代化产业园区模式，希望借此推动本国工业的快速发展。例如，1994 年，时任埃及总统的穆巴拉克在访问天津经济技术开发区和上海浦东新区后，将其视为一种经济发展模式，并正式请求中国开发区专家帮助埃及建设类似开发区。

另外，设立 OETCZ 符合中国推进经济全球化和区域一体化的更广泛目标，特别是转移工业产能、促进东道国经济发展和加强双边关系。与传统进出口模式相比，通过设立 OETCZ，企业能够更贴近生产材料市场和销售市场，从而更好地利用当地资源，降低生产成本，更快、更灵活地应对市场变化，提供有效满足当地社会经济发展需求的产品。与跨国公司模式不同，这些园区为大量企业（特别是中小企业，它们数量众多，但竞争力通常较弱）提供了一个宝贵平台，向其提供更多便利和支持，助其开拓全球市场。

2005 年以来，中国商务部出台了一系列促进 OETCZ 发展的政策，其中主要包括《境外中国经济贸易合作区的基本要求和申办程序》（商务部，2006年）和《关于同意推进境外经济贸易合作区建设意见的批复》（国务院，2008年）。2008 年国际金融危机后，全球经济疲软，国际市场需求萎缩，许多中国企业利用这些扶持政策向海外扩张，带动了对外直接投资和海外产业园区的快速增长。截至 2023 年底，OETCZ 已超过 250 个[①]，分布在 60 多个国家，其中，商务部统计的 113 个 OETCZ 分布在 46 个国家，截至 2021 年底，累计投资 507 亿美元，为东道国贡献 66 亿美元税收，为当地创造 39.2 万个就业岗位。

2. 中国 OETCZ 对东盟国家的影响

东南亚经济体深度融入全球产业链，目前处于产业链中端，在不断升级的全球贸易冲突中，保护本国产业已成为各国政府的重要议题。例如，2024年 6 月 18 日，应国内企业请求，越南工贸部对原产于中国和韩国的部分镀锌钢产品发起反倾销调查，调查期限为 2023 年 4 月 1 日至 2024 年 3 月 31日。[②] 6 月 25 日，印尼贸易部宣布拟对鞋类、陶瓷等七类进口产品实施贸易救济调查，可能征收 100%～200% 的保障措施税，征税对象主要包括来自中国、越南和孟加拉国的进口产品。[③] 这些都表明 RCEP 成员国也受到全球贸易保护主义浪潮的影响，并导致 RCEP 框架内的经济合作愈加复杂。基于这种状况，有必要设立更多合作平台，例如双边、多边产业园区等。

自 RCEP 实施以来，一些东盟国家与中国各省级政府在 RCEP 框架下设立了更多合作平台。这些举措旨在打造稳定的区域供应链和价值链，为此，建设产业园区成为一种流行做法。例如，广西希望升级中国和马来西亚的"双园"项目，并推进共建"一带一路"倡议（BRI）项下在雅加达附近建设的重要项目——中国—印尼经贸合作区（KITIC）。此外，广西和越南政府正在探索在中越两国建设"双园"项目，福建则提议在中国、马来西亚和印度

---

① 该数据由作者根据网上信息和《2022 年中国对外投资合作发展报告》整理而成。

② 欲了解更多详情，请参阅 https://vietnamnews.vn/economy/1657615/anti-dumping-investigation-into-galvanized-steel-originating-from-china-and-south-korea.html，2024 年 9 月 19 日。

③ 欲了解更多详情，请参阅 https://www.reuters.com/markets/asia/indonesia-plans-import-duties-clothing-ceramics-minister-says-2024-06-29/，2024 年 9 月 19 日。

尼西亚建设"双园"项目（表3-13）。

表3-13　中国 OETCZ 的行业构成

OETCZ 的类型	世界		RCEP 国家	
	数量/个	占比/%	数量/个	占比/%
农业	75	29.8	11	15.9
商业与物流	28	11.1	5	7.2
高科技	17	6.7	4	5.8
制造业	106	42.1	33	47.8
矿产资源	26	10.3	16	23.2
总计	252	100	69	100

资料来源：作者根据资料整理。

3. 新合作模式：潜在解决方案

为了充分利用各国优势，更好地协调各方关切，中国与部分东盟国家尝试采用不同的双边或多边合作模式。中国—马来西亚"两国双园"和缅甸新加坡工业园区就是其中的两个范例。中马钦州产业园区位于中国广西壮族自治区，于2012年启动，是中国和马来西亚政府合作建设的第一个产业园区。结合2013年在马来西亚建设的马中关丹产业园，开创了中马国际合作的新模式，即所谓的"两国双园"。通过"两国双园"等合作平台，中马贸易关系持续升温。根据官方数据，中国连续13年成为马来西亚最大贸易伙伴，马来西亚也成为中国在东盟的第二大贸易伙伴。

中马"两国双园"将过去的荒地开发成现代跨国园区，正成为"中国—东盟合作示范区"和"陆海新通道重要节点"。目前，中马钦州产业园区的开发面积达25平方公里，签约落户项目200多个，协议投资总额超1 900亿元，形成以棕榈油、燕窝、生物医药、电子信息、新能源等为主的产业集群。马中关丹产业园打造了以钢铁、轮胎、玻璃、铝型材等为主的产业集群，创造了近2万个就业岗位，并使关丹港年吞吐量增加1 000万吨。

缅甸新加坡工业园区是三方合作范例。2020年8月，缅甸投资委员会批准了三边（中国、新加坡和缅甸）合作项目——缅甸新加坡工业园区。经批准后，各方将与仰光地区政府签署协议，租赁仰光地区莱古（Hlegu）镇的436公顷土地，用于工业、住宅和商业项目。根据市场需求，该工业园区的开发周期设为九年。

缅甸新加坡工业园区合资公司（MSIP JVCo）将负责该园区的总体开发工作。该合资公司在缅甸注册成立，实收资本为200万美元，Sembcorp CSSD（中新苏州工业园区开发集团）缅甸、Pahtama Group 和缅甸农业股份公司（Myanmar Agribusiness）分别持股67%、18%和15%。

由于暴发新冠疫情和缅甸国内形势不稳定，缅甸新加坡工业园区的开发进度大幅延迟。尽管遇到这些挫折，该项目仍凸显出这种新合资模式的优势，特别是由多个利益相关者分担风险。

2021年以来，中国设立的OETCZ明显转向RCEP区域国家。在2020年之后设立的26个OETCZ中，有一半位于RCEP成员国，而在疫情前这一比例不到25%。[①] 在RCEP国家新设立的这些OETCZ中，有10个专注于制造业（包括矿产资源导向型），其余3个则专注于商业和物流。很明显，东盟希望通过设立OETCZ，实现RCEP相关目标，但其全面影响仍有待进一步观察。

（五）未来前景和影响

RCEP有望改变各成员国之间及其与外部伙伴的贸易和投资动态。需要指出的是，RCEP推动了贸易、投资以及其他领域的合作，例如基础设施建设、区域供应链重构、科学知识交流和技术进步等，从而为进一步加强中国与东盟的双边经济联系奠定了重要基础。

作为RCEP中的最大经济体，中国在推动RCEP的有效实施、提出有关升级RCEP的议题等方面发挥着重要作用。在实施RCEP的过程中，需要理解和协调RCEP框架内的发展目标，包括中国和东盟成员国的发展目标。例如，中国和东盟成员国可通过对话或者在RCEP项下建立机制，促进信息交流并提供培训和技术支持，从而增进对各自需求和机会的相互了解。

---

① 作者根据资料整理。

对东盟来说，RCEP 至关重要。作为经济合作平台，它不仅有助于东盟加快内部一体化进程，还有助于东盟加强特定的对外经济关系。与此同时，也应认识到东盟面临的制约和挑战。东盟强调，各成员国应以东盟作为发展外部伙伴关系和开展合作的主体，并基于共识作出决策，但鉴于成员国之间的发展水平有巨大差距，经济一体化进程将是一个长期复杂的过程。

尊重各成员国的国内经济发展需求，协调成员国的不同想法和诉求，推动区域经济一体化，这是东盟未来面临的最重大挑战之一。与此同时，作为RCEP 中的最大集团，东盟的内部经济一体化以及与其他伙伴的经济合作，对于 RCEP 的成功至关重要。在将来讨论升级该协定（例如 RCEP 2.0）时，需要考虑东盟成员国的关切，并为不同成员国提供更灵活的实施时间表。

展望未来，通过在数字经济、创新产业、中小型贸易企业、环境和可持续发展等方面建立高标准体系，RCEP 可以提升其在区域和全球范围内的影响力。RCEP 升级版纳入了 21 世纪的各种议题，中国和东盟可以与其他伙伴一道，共同倡导开放公平的贸易实践，推动建立以规则为基础的最新国际贸易体系。

五、释放 RCEP 的潜力：在贸易自由化与贸易保护之间取得平衡[①]

本文讨论了 2023 年 RCEP 在印尼的实施情况以及 RCEP 项下贸易自由化与保护政策之间的关系。贸易自由化旨在通过降低关税和简化海关手续来加强经济一体化，但本国产业可能面临进口产品的冲击，导致工人失业和经济紊乱，最终促使人们呼吁采取各种保护措施，包括反倾销、反补贴税和保障措施等。本文强调指出，政策制定者需要向受影响行业和工人提供支持、建立监测贸易政策影响的机制、安排各种利益相关者参与政策制定，从而在贸易自由化和保护主义之间取得平衡。本文还提及一项涉及中国和印尼的案例研究，以说明实施贸易保护措施的复杂性，以及此类措施可能引发贸易争端和报复行动。本文最终认为，各国需要平衡各种贸易政策以促进经济增长，

---

① 作者：Pradnyawati Pambagyo，印度尼西亚共和国贸易部贸易分析师。

同时解决社会问题、确保产业和工人获得必要支持，并在 RCEP 项下建立监测贸易政策影响的机制。

（一） RCEP 概述

RCEP 是一项重大的区域经济一体化安排，成员国包括东盟成员国以及东盟的五个主要贸易伙伴。该协定于 2020 年 11 月 15 日签署，并于 2022 年 1 月 1 日生效。RCEP 各国的 GDP 约占全球 GDP 的 30%，约占全球人口的 29.6%，这使其成为全球最大的贸易协定（按经济规模计）。为进一步加强成员国之间的经济一体化与合作，本将探讨 RCEP 区域内贸易的一个重要方面，即贸易自由化与贸易保护政策之间的复杂关系。在 RCEP 贸易动态发展的背景下，该问题对于成员国充分受益于贸易自由化具有重要意义。

（二） RCEP 项下的贸易自由化

RCEP 是一项特大区域贸易协定，旨在加强成员国之间的经济一体化。RCEP 提供一个框架，以降低贸易壁垒，并改善区域内商品和服务的市场准入。为了实现这一目标，RCEP 在 20 年内将各成员国对进口商品征收的关税减免约 92%；禁止对 RCEP 成员国之间的进出口采取非关税措施，但根据 WTO 协定项下权利和义务采取此类措施除外；规定了贸易便利化和透明度措施；制定了一套详细的原产地规则，并适用于希望认定其商品来自 RCEP 项下原产地的企业。

（三） RCEP 对印尼贸易的影响

2022 年 9 月 27 日，印尼颁布 2022 年第 24 号法律，完成了 RCEP 的批准流程，因此，目前评估 RCEP 对印尼贸易的全面影响还为时过早。RCEP 于 2023 年 1 月 2 日在印尼正式生效。[①] 若要真正了解并评估该协定对印尼贸易的影响和益处，尚需时日。

在不久的将来，RCEP 的实施将对印尼的贸易差额产生重大影响。关键数据列示如图 3-21。

---

① https://asean.org/rcep-agreement-enters-into-force-for-indonesia/2022年10月6日（访问日期：2024 年 8 月 23 日）。

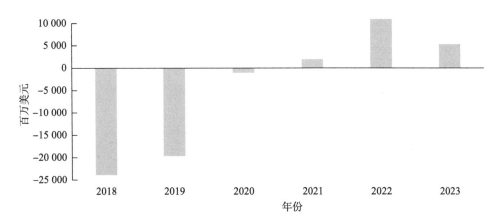

图 3-21　2018—2023 年印尼与 RCEP 国家的贸易差额

资料来源：印尼中央统计局，2024 年。

2018—2023 年间，印尼对 RCEP 国家最初呈贸易逆差。2021 年之后，状况略有好转，尽管在新冠疫情期间面临挑战，但印尼的贸易表现在 2022 年大幅改善（图 3-22、图 3-23）。如前所述，印尼于 2023 年刚刚批准 RCEP。因此，该协定尚未对印尼的贸易表现产生重大影响。

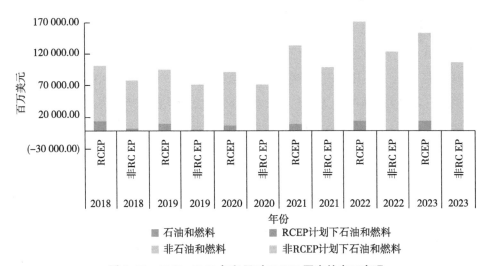

图 3-22　2018—2023 年印尼对 RCEP 国家的出口表现

资料来源：印尼中央统计局，2024 年。

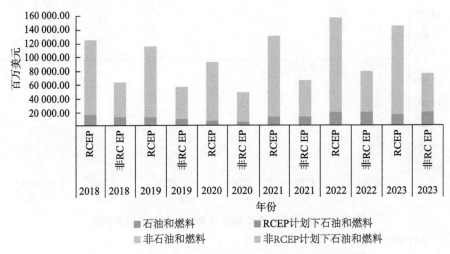

图 3-23　2018—2023 年印尼对 RCEP 国家的进口表现

资料来源：印尼中央统计局，2024 年。

印尼统计局数据显示，2023 年印尼对 RCEP 国家出口额达 1 525.3 亿美元，占其全球出口总额的 58.84%。值得注意的是，只有 0.32% 的出口（即 4.397 亿美元）系基于 RCEP 安排。与此同时，印尼从 RCEP 国家进口商品 1 451.9 亿美元，占其全球进口总额的 65.44%。

2023 年，在 RCEP 安排项下，印尼的最大出口目的国是日本，出口额为 2.9171 亿美元（占 RCEP 安排项下出口总额的 66%），其次是中国，为 9 306 万美元（21%），韩国为 3 493 万美元（8%），菲律宾为 744 万美元（2%）。与此同时，2023 年共发放 10 320 份原产地证书，其中 8 911 份证书（87%）的出口目的国是日本；821 份证书的出口目的国是中国（8%）；351 份证书的出口目的国是韩国（3%）（图 3-24）。

RCEP 对印尼贸易差额的影响可能因行业而异。受益于 RCEP 安排的产品包括非针织服装，价值 1.6 亿美元（37%）；针织服装，价值 7 295 万美元（17%）；纸张，价值 7 382 万美元（17%）；加工食品，价值 3 795 万美元（9%）（图 3-25）。

总体而言，RCEP 的实施预计将对印尼国际贸易产生积极影响。通过改善市场准入和促进出口，RCEP 可提升印尼在该区域的经济地位。尽管有潜在益处，但印尼对 RCEP 项下贸易工具的使用率很低，这一点令人担忧。为了充分利用该协定带来的机会，印尼必须提高这些工具的使用率，并鼓励国内生产商更积极地参与 RCEP 区域市场。这就要求印尼相关部委进一步向工商界宣传 RCEP 安排，以提高认识，并确保公平分配该协定带来的利益。

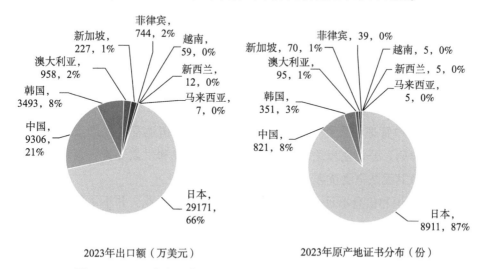

图 3-24 2023 年印尼出口（FOB）金额以及原产地证书分布情况

资料来源：印尼中央统计局，2024 年。

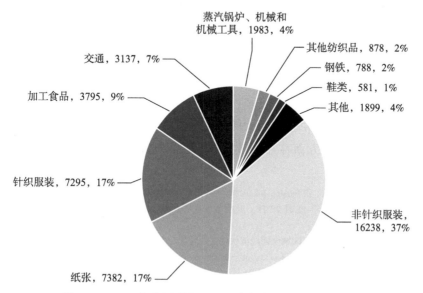

图 3-25 2023 年印尼利用 RCEP 优惠情况（按产品划分）

资料来源：印尼中央统计局，2024 年。

(四) 为什么 RCEP 安排在印尼的使用率很低?

RCEP 项下优惠安排的使用率很低, 原因如下:

(1) 内容复杂且存在重叠。多个贸易协定之间存在重叠, 这使贸易环境变得复杂, 导致企业难以有效利用优惠关税, 并增加了成本。[①]

(2) 原产地规则问题。RCEP 项下的原产地规则很复杂, 不同于其他协定, 例如《东盟货物贸易协定》(ATIGA)。这导致企业难以获得享受优惠关税的资格, 降低了使用率。[②]

(3) 行政管理和后勤挑战。RCEP 关税优惠申请流程存在严重的行政管理和后勤障碍。公司在海关估价、原产地证书签发和付款安排方面可能遇到困难, 导致其无法享受优惠关税。

(4) 认识和信息不足。许多企业, 尤其是中小企业, 并不了解如何享受 RCEP 优惠关税, 这导致其无法有效利用这些安排。[③]

(5) 海关做法不一致。针对享受优惠关税所需提交的原产地证书和其他文件, 各国海关的做法并不一致, 这可能导致混乱, 并降低使用率。

(6) ATIGA 的历史问题。作为 RCEP 的前身, ATIGA 已生效十多年, 其使用率也很低。这一历史趋势表明, 解决这些问题对于提高 RCEP 使用率至关重要。[④]

综合来说, 印尼需要完善有关进出口和投资的法规和程序, 才能充分受益于 RCEP。这包括简化获取原产地证书的流程, 并使企业易于获得贸易相关信息。

总之, RCEP 为印尼带来巨大的潜在利益, 但使用率很低, 这表明在行政管理程序和企业认识方面存在严峻挑战。若能解决这些问题, 印尼就能提高

[①] 摘自 Pramila Crivelli 和 Stefano Inama 撰写的文章《柬埔寨提供了关于提高使用率的宝贵经验》, 亚洲发展博客, 2023 年 11 月 29 日, 以及印度尼西亚的公司查询 (访问日期: 2024 年 8 月 24 日)。

[②] Baker McKenzie, 《了解区域全面经济伙伴关系协定 (RCEP), RCEP 对企业的意义》https://www.bakermckenzie.com//media/files/insight/publications/2020/12/bakermckenzie _ understandingrcep _ dec2020.pdf?la= (访问日期: 2024 年 8 月 24 日)。

[③] Lili Yan Ing 和 Shujiro Urata, 《自由贸易协定在东盟的使用: 基于调查的分析》, ERIA, 2015 年 8 月, 第 77-102 页。

[④] 同上。

优惠安排的使用率，增强优惠安排对企业的吸引力，提升 RCEP 在促进区域贸易和经济一体化方面的效果。

此外，RCEP 成员国还必须认识到区域内存在的非关税措施，其中包括越来越多的贸易保护措施，这导致企业难以享受 RCEP 安排项下的优惠关税，阻碍了 RCEP 各国间的贸易和投资。

（五）RCEP 区域内的贸易保护措施

RCEP 的主要目标之一是取消 RCEP 成员国间的关税。但是，这会损害（或者可能损害）国内的相似产业，国内产业可能难以与进口产品进行竞争，最终导致相关产业的工人失业，并造成经济紊乱。这又促使人们呼吁政府采取保护措施。

本节中的"贸易保护措施"是指政府为保护国内产业免遭外国竞争而采取的国际贸易限制措施。这些政策经常被称为贸易救济措施，旨在保护国内企业和就业机会，使其免遭不公平贸易竞争，并避免因进口激增而受到不利影响。这些措施可为国内企业提供短期支持，但可能损害国内生产价值链中的其他部门或者用户行业，甚至可能引发贸易争端和贸易伙伴的报复行动。

RCEP 区域内贸易中常用的贸易救济工具如下所示，有关贸易救济措施的WTO 协定（即《反倾销协定》《补贴与反补贴措施协定》以及《保障措施协定》）也提供了这些工具。

（1）反倾销措施

反倾销措施是指为了防止外国公司以人为低价（即低于产品的生产成本）在国内市场销售产品而采取的措施。这些措施涉及调查工作，最终可能对倾销商品加征关税。

（2）反补贴税（CVD）

反补贴税是指为了抵消外国政府向该国出口商提供的补贴，对进口商品征收的关税。该措施旨在为未获得类似支持的国内生产商创造公平竞争环境。

（3）保障措施

保障措施是指当特定产品的进口突然激增并可能严重损害国内产业时，对进口产品施加的临时限制措施。这些措施可能包括关税或配额，通常需要进行调查和发送通知。

WTO 数据显示，RCEP 各国越来越多地针对 RCEP 贸易伙伴采用贸易救济措施。

如图 3-26 中 A 所示，RCEP 成员频繁使用反倾销措施，即便在 WTO 成员中，他们也是这项贸易救济措施的主要使用国之一。

如图 3-26 中 B 所示，在 RCEP 成员国中，反倾销措施的主要使用国包括中国、澳大利亚和韩国，其次是泰国、马来西亚和印尼。

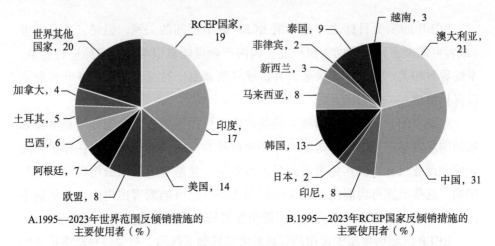

A.1995—2023年世界范围反倾销措施的
主要使用者（%）

B.1995—2023年RCEP国家反倾销措施的
主要使用者（%）

图 3-26　1995—2023 年世界范围以及 RCEP 区域反倾销措施的主要使用者

资料来源：WTO，2024 年。

图 3-27 表明，在 RCEP 成员国中，反倾销措施的主要使用国包括中国、澳大利亚、韩国和印尼，他们主要针对 RCEP 其他贸易伙伴采取该措施。这构成 RCEP 区域内贸易的另一项重大障碍。

RCEP 成员既积极采用该贸易救济工具，同时也成为该工具的针对目标，因此，协定中的贸易救济章节非常重要，能够加强和阐明 WTO 未予规范的实质问题和程序问题。

RCEP 第 7 章规定了贸易救济措施。该章将救济措施分为两大类：（1）RCEP 保障措施/全球保障措施；（2）反倾销和反补贴税。大多数条款都涉及程序、透明度和正当程序事宜。

东盟与东亚经济研究院（ERIA）在 2022 年开展的一项研究表明："RCEP 中规定的反倾销和反补贴税措施不会实质性改变进口商品的市场准入，无论这些商品产自 RCEP 成员国还是第三方。RCEP 并未禁止其他成员实施反倾销调查或征税，这与其他某些双边/区域贸易协定不同，后者'缩减'了缔约方实施反倾销措施的权利，甚至禁止对区域贸易协定内部成员实施此类措施。"①

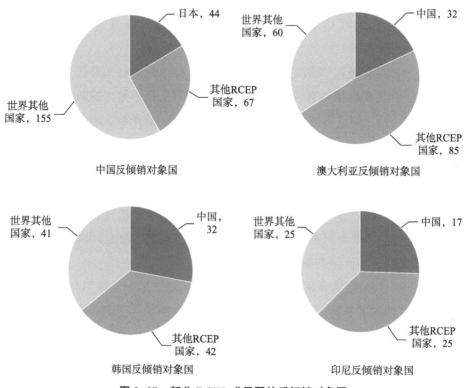

图 3-27　部分 RCEP 成员国的反倾销对象国

资料来源：WTO，2024 年。

（六）RCEP 的贸易救济章节

不同于 RCEP 的贸易救济章节，一些双边协定修改了 WTO《反倾销协定》中设定的门槛，以尽量避免以任意或保护主义方式动用反倾销和/或反补贴税工具，其中就包括新西兰和新加坡达成的双边协定。两国都是 RCEP 成

---

① Koesnaidi, J. W., and Y. Y. Lesmana, "贸易救济章节", Kimura, F., S. Urata, S. Thangavelu, and D. Narjoko（eds.），东亚与 RCEP 动向：区域一体化框架. Jakarta：ERIA, 2022 p. 264（emphasis added）.

员，同时根据《新西兰与新加坡更紧密经济关系》的规定，两国将提高微量倾销幅度和可忽略进口量的门槛要求，以尽可能减少使用反倾销措施的机会。与 WTO《反倾销协定》规定的门槛（2%）相比，该双边协定中设定的微量倾销幅度门槛为 5%，可忽略进口量从 3% 提高至 5%。该双边协定还将反倾销税的审查或适用期限从 WTO《反倾销协定》第 11.3 条规定的 5 年缩短至 3 年。①

RCEP 贸易救济章节多次提及 WTO 协定中概述的权利和责任。值得注意的是，RCEP 主要沿用 WTO 协定的条款，并未引入任何重大的新条款。此类章节通常被称为 WTO 等效章节，即贸易救济措施一般条款，未予修改或者仅做出微小修改。

WTO+章节则对 WTO 规则做出重大修改，减少区域贸易协定成员之间采取反倾销、反补贴税或保障措施的机会，或者限缩使用程度。据报告，此类区域贸易协定仅有 16 个，涉及 RCEP 成员的此类协定包括《韩国与澳大利亚自由贸易协定》《澳大利亚与新西兰更紧密经济关系贸易协定》以及《新西兰与泰国更紧密经济伙伴关系协定》。②

这些 WTO+协定大多禁止区域贸易协定成员之间采取反倾销和/或全球保障措施，并修改了 WTO 贸易救济规则，例如在反倾销程序中实施较低关税规则、提高微量倾销幅度、禁止在计算正常价值和/或出口价格时使用替代价值和/或禁止使用归零法。③

值得注意的是，鉴于这些 WTO+协定的缔约方（新加坡、澳大利亚和新西兰）同时是 RCEP 成员，则根据 RCEP，他们有权对其他成员采取贸易救济措施。

亚洲开发银行委托编写的关于比较 RCEP 贸易救济章节和 CPTPP 的报告还指出：

---

① Koesnaidi, J. W., and Y. Y. Lesmana,'贸易救济章节', Kimura, F., S. Urata, S. Thangavelu, and D. Narjoko（eds.），东亚与 RCEP 动向：区域一体化框架. Jakarta：ERIA, 2022 p. 267-268（emphasis added）.

② 参见 WTO 对区域贸易协定贸易补救条款的分析，另请参见 WTO 区域贸易协定委员会《区域贸易协定中非关税条款清单：秘书处做出的背景说明》，WT/REG/W/26（1998 年 5 月 5 日），第 15—22 页。

③ 同①，第 269 页。

"总体而言，通过比较 RCEP 和 CPTPP 的贸易救济章节，特别是过渡性保障措施的规定，可以发现，CPTPP 明确规定过渡性保障措施属于例外条款，而 RCEP 则没有此类规定。实际上，起草的过渡性 RCEP 保障措施似乎旨在让调查当局和成员国就这些措施的适用和期限拥有更多自由裁量权。"①

这可能影响贸易自由化的顺利实施和削减关税的效果，并可能妨碍进一步开放市场准入。

（七）案例研究

现在让我们深入探讨目前涉及印尼和 RCEP 其他成员国的真实案例②。

2024 年 7 月 6 日，印尼贸易部部长宣布，政府计划对纺织品、成衣、配饰、电子产品、鞋类、化妆品以及瓷砖征收高达 200% 的反倾销税。具体征税日期尚未确定。

2024 年 8 月 6 日，印尼财政部颁布了第 48/2024 号令（对进口面料产品征收保障措施税）和第 49/2024 号令（对进口地毯和其他铺地纺织制品征收保障措施税）。这两项条例都涉及保障措施税，即国家为保护国内产业，避免因大量产品进口而导致国内生产商受损所采取的贸易保护措施。

根据第 48 号令附录中所列的 8 位 HS 编码，将对进口的面料产品征收保障措施税。HS 编码共有 107 个，分为五类，即：棉纺织物；由合成纤维和人造长丝织成的织物；由合成纤维和人造短纤维织成的织物；薄纱等网布、蕾丝、绣花面料；针织或钩编织物。同时，对于地毯和其他铺地纺织制品，HS 编码第 57 章中的所有税目都被征收保障措施税。对于原产于中国和韩国等 RCEP 成员国的上述所有面料产品、地毯和其他铺地纺织制品将被征收保障措施税。

对于受影响的 RCEP 成员，目前没有是否适用 RCEP 过渡性保障措施的信息。若可以实施 RCEP 过渡性保障措施，则存在以下任一限制：（i）中止进一步降低关税税率，或者（ii）将关税税率提高至实施该措施之日的有效最惠国税率，或者 RCEP 对实施该措施之成员生效之日前一天的最惠国税率（以

---

① 亚洲开发银行：《区域全面经济伙伴关系协定：亚洲区域合作的新范式》，2022 年 5 月，第 37 页。

② 在撰写本文时，尚未公布最终的反倾销税。具体情况可能随时间发生变化。

较低者为准)。① 但是，WTO 保障措施未施加此类限制，可在任何水平上征税，甚至超出成员承诺表中列明的约束关税，只要出于防止或补救严重损害并促使调整价格而有必要设定此类税率。②

此外，RCEP 过渡性保障措施存在时限。贸易救济章节第 7.5.1（c）条禁止在过渡性保障期（自协定生效之日至减免特定商品关税完成后 8 年）届满后实施该措施③。还需要注意的是，RCEP 过渡性保障措施的实施期限短于全球保障措施的期限。就 RCEP 过渡性保障措施而言，包括延期在内的总期限不得超过 4 年，④ 而根据 WTO《保障措施协定》，视成员地位，该措施的实施期限为 8~10 年。

印尼政府的举措旨在帮助织物和纺织品行业应对挑战；由于国内外需求萎缩，竞争加剧，该行业陷入困境，但该举措可能导致印尼与 RCEP 其他成员国的外交关系紧张，其他成员国可能对印尼采取报复行动，鉴于区域贸易的紧密联系，这会对印尼产生重大经济影响。

例如，2024 年 7 月，中国商务部发布公告，对原产于欧盟（EU）、英国（UK）、韩国（ROK）和印尼的进口不锈钢钢坯、不锈钢热轧板和卷材所适用的反倾销措施发起复审程序。这可能只是此类调查的正常后续行动，但也可能是对印尼措施采取的报复行动。⑤

以上说明了政府目前面临的复杂任务，既要保护当地产业，又要利用区域贸易优势。因此，为了有效管理贸易政策，需要审慎权衡消费者、用户行业和政府的需求。消费者通常希望贸易自由化，从而以低价获得更多选择，而行业则经常希望在市场竞争中获得保护。面对这些相冲突的利益关系，如果政府实施过度保护的措施，则可能违背更广泛的经济目标。了解这些动态局面对于制定贸易政策至关重要，这些政策不仅要推动经济增长，还要解决所有利益相关者的担忧。

---

① RCEP 第 7 章第 7.2.1 条。
② WTO《保障措施协定》第 5.1 条。
③ RCEP 第 7.1 条对过渡保障期做出定义。
④ RCEP 第 7 章第 7.5.1 条。
⑤ https://english.news.cn/20240722/a817251762d04967a99e083a765a61d5/c.html.

（八）中国和印尼的潜在合作领域

除 RCEP 成员国采取的贸易保护措施问题外，中国和印尼之间的双边合作领域十分广阔，两国在过去十年间的深入合作即已证明这一点。一些关键合作领域包括：

贸易和投资。自 2005 年以来，随着共建"一带一路"倡议项下投资的不断增加，中国已成为印尼的最大贸易伙伴。中印尼贸易大幅增长，双边贸易额从 2021 年的 1 100 亿美元增至 2023 年的 1 278 亿美元。[①] 仅 2023 年，中国对印尼的投资额就高达 74 亿美元。[②]

数字产业与技术。小米、vivo、OPPO、联想、华为等中国数码产品公司在印尼市场蓬勃发展，印尼下载量最高的 100 个应用程序中，超过 30% 来自中印尼企业合作推出的产品。[③] 我们还希望能够通过职业学校获得技术转让。

建设基础设施。中国在印尼投资开发了多个基础设施项目，特别是在公用事业、交通、工业和旅游业领域。雅万高铁项目就是双方合作的典范。[④]

能源转型和下游产业。一些高层讨论聚焦于能源转型、制造业和下游产业，凸显了这些领域的深入合作潜力。

金融互联互通和区域发展。两国扩大本币互换协定，不仅深化了金融互联互通，还促进了贸易发展。

这些领域的合作凸显了中印尼两国合作的深度和广度，并聚焦互惠互利的经济发展关系以及区域繁荣。

（九）行动重点

为了在保护主义和自由化之间取得平衡，本文建议 RCEP 各国政府必须采取切实可行措施，从而在该协定项下解决两者之间复杂的平衡问题。为了实现这一目标，现提供下列基本策略以供参考。

各国政府应确保因 RCEP 贸易自由化而受到不利影响的部门、行业和工

---

① https://www.bps.go.id/id/statistics-table/2/MzM2IzI=/neraca-perdagangan-beberapa-negara.html.
② https://nasional.kontan.co.id/news/ini-kata-bkpm-soal-china-kian-getol-investasi-di-indonesia.
③ Xue song,《十年间中国和印尼的"一带一路"合作》，Kompas. id，2023 年 10 月 5 日。
④ https://celios.co.id/2024/china-indonesia-monthly-brief-april-2024/.

人获得全面支持。这些支持应包括再培训计划、财政激励和其他资源,以帮助其适应不断变化的市场状况。政府的目标是尽量减轻对部门、行业和工人产生的不利影响,同时帮助其转向新的经济机会。

政府必须建立有效机制来监测和评估 RCEP 贸易协定的影响。这就要求不断评估贸易自由化和保护主义措施的经济、社会和环境后果。通过定期评估相关后果,政策制定者可以作出准确决策,调整战略,以确保贸易自由化政策符合经济和社会目标。

各国政府应积极安排各种利益相关者参与贸易政策的制定流程。这包括来自企业、消费者团体、工会、行业和民间社会组织的代表。通过这种包容性参与,在制定贸易政策时就能考虑到不同观点以及所有利益相关者的关切和需求。这能够提高政策的合法性和有效性,同时解决该政策对社会不同阶层的影响。

政府必须加强 RCEP 贸易救济章节中的一些条款,使其成为 WTO+条款,并为 RCEP 成员国提供更多便利。目前的 RCEP 贸易救济章节规定了现场调查、通报和磋商程序,但并未就如何平衡区域内贸易发展和国内产业保护做出明确规定,背后的原因是成员国的经济状况各有不同。

RCEP 各国应认真评估这些因素,并制定针对性政策,从而在贸易自由化与贸易保护措施之间取得平衡。政府应在促进经济增长的同时,有效解决社会问题,并培养健康公平地开展区域竞争的意识。

(十) 结论

各国政府应在贸易救济方面开展广泛合作,以提高 RCEP 内部贸易的透明度、开放性和可预测性。贸易救济工具越来越多,越来越普及,但往往很难实现其预期的政策目标。人们担心此类工具会降低经济效率,并促使其他成员国采取单边贸易保护措施,削弱了公众对开放贸易的支持度,造成严重的贸易紧张局势,并阻碍 RCEP 区域贸易优先事项的进展。各国政府应迅速澄清和加强贸易救济纪律,同时认识到在某些情况下,精心设计的贸易救济措施可以发挥重要作用。为了补充和支持这项工作,需要付出更多努力来制定议程,以提高我们对当前贸易救济章节及其对贸易伙伴影响的理解。

六、RCEP 生效后的越南经济：表现、新挑战和政策建议[1]

RCEP 生效实施是越南经济一体化进程的一个重要里程碑。加入自由贸易协定以来，在对外贸易、跨境电子商务、外国直接投资流入量和汽车行业供应链等领域，越南经济表现可谓喜忧参半。

（一）引言

自近 40 年前开始经济改革以来，越南社会经济成就斐然，GDP 年均增长率约为 6%，人民生活水平显著提高。这些成就主要归功于市场化改革和经济开放。越南的经济一体化道路颇为曲折，先后签署了 16 个自由贸易协定，其中包括双边自由贸易协定（特别是与美国）、多边自由贸易协定和新一代自由贸易协定（欧盟—越南自由贸易协定，EVFTA）、CPTPP 和越南—英国自由贸易协定（VUK FTA）。

越南的贸易开放度极高（2021 年约为 GDP 的 195%），2022 年 RCEP 生效，这是越南经济一体化进程的一个重要里程碑。该协定的生效实施，标志着当前世界上经贸规模最大的自由贸易区正式启航。该自由贸易区包括东盟 10 国（文莱、柬埔寨、印尼、老挝、马来西亚、缅甸、菲律宾、新加坡、泰国和越南）以及其他 5 个亚太地区国家：中国、日本、澳大利亚、韩国和新西兰，涵盖 22 亿人口（约占世界总人口的 30%），区域 GDP 约为 388 130 亿美元（2019 年占全球 GDP 的 30%），占近 28% 的全球贸易量。

值得注意的是，RCEP 基于东盟与上述伙伴国家达成的现有自贸协定框架内作出的承诺。RCEP 计划在 20 年内逐步取消约 90% 的进口关税税目。然而，关税减让的进程因行业而异。像许多传统的自由贸易协定一样，RCEP 也包含了许多关于贸易、投资、市场开放、投资保护和知识产权的承诺。自由贸易协定还涵盖电子商务、竞争、中小企业和公共采购。该协定的一个重要条款是通过适用统一原产地规则协调区域原产地。然而，RCEP 并没有涵盖一些

---

① 作者：Le Xuan Sang，越南经济研究所副所长、博士，电子邮箱：lesang.vie@ gmail.com。

"敏感"问题，如劳动力、环境、国有企业（SOE）和投资者—国家争端解决机制（ISDS），这些均已纳入新一代自由贸易协定。

RCEP生效以来，越南经济在GDP增长、对外贸易（包括跨境电子商务）、外国直接投资流入和供应链（尤其是汽车行业）等领域的表现有喜有忧。进出口增长是衡量贸易自由化最直接的指标，从中可见端倪。事实上，在RCEP生效的第一年（2022年），越南与RCEP成员国的贸易延续了积极态势，与2021年相比增长了10%以上；但这一增长率远低于2021年（23.1%）。然而，2023年，越南与RCEP成员国的贸易量自2013年以来首次出现下滑（近7%）。RCEP生效后喜忧参半的结果引发了对越南经济表现的深刻分析，许多研究大多预测越南经济前景相当乐观。[①]

本定性研究考虑了中美贸易摩擦、新冠疫情、地缘经济、地缘政治紧张局势以及其他国内和地区影响因素带来的影响，是越南评估对外贸易、跨境电子商务、外国直接投资流入量和汽车行业供应链等领域在后RCEP时期表现的初步尝试。

本研究分为四部分。第一部分简要概述了越南对RCEP成员国的承诺以及越南根据协定制定的条例。第二部分概述了越南的经济情况，重点分析了①越南货物贸易的发展；②跨境电子商务；③来自RCEP成员国的外国直接投资；④2019—2023年汽车供应链发展。第三部分，分析四个子行业/领域新出现的问题和挑战，并提出政策建议。第四部分给出结论。

（二）越南在RCEP框架内作出的承诺和实施条例

1. 越南的主要承诺

迄今为止，越南已经加入了16个自由贸易协定，其中，多边自由贸易协定包括：RCEP（2022年生效）、《欧盟—越南自由贸易协定》（EVFTA）（2020年生效）、《东盟—中国香港自由贸易协定》（AHKFTA）（2019年生效）、《全面与进步跨太平洋伙伴关系协定》（CPTPP）（2018年生效）、《越南—欧亚经济联盟自由贸易协定》（VN—EAEU FTA）（2015年生效）、《东盟—澳大利亚—新西

---

① 例如，Park等人（2021年）、世界银行（2022年）预测，RCEP将给区域经济带来各种积极影响：到2030年，整个区域的收入因此增加0.6%左右，相当于每年增加2450亿美元，创造280万个就业岗位。此外，出口导向型增长模式国家获益较多。世界银行（2022年）预测，到2030年，越南的国内生产总值将增长约4.9%，出口将增长11.4%。

兰自由贸易协定》（AANZFTA）（2009 年生效）、《东盟—日本全面经济伙伴关系协定》（AJCEP）（2008 年生效）、《东盟—韩国自由贸易协定》（AKFTA）（2005 年生效）、《东盟—印度自由贸易协定》（AIFTA）（2003 年生效），以及《东盟自由贸易协定》（AFTA）（1995 年生效）。

越南还与以色列（VIFTA）（2023 年生效）、英国（VUK FTA）（2021 年生效）、朝鲜（VK FTA）（2015 年生效）、智利（VCFTA）（2014 年生效）、日本（VJCEP）（2009 年生效）以及美国（USV BTA）（2001 年生效）签订了双边自由贸易协定（图 3-28）。

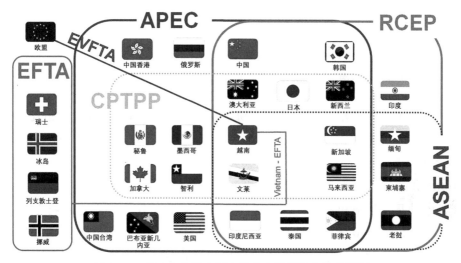

图 3-28　越南加入的主要多边自由贸易协定的成员国

注：EFTA 正在磋商中。

资料来源：Asia Business Consulting 绘制。

在 RCEP 框架下，越南与中国、日本、韩国、澳大利亚、新西兰等 5 个亚太地区成员国和东盟达成了 6 项关税减让承诺。总体而言，RCEP 的关税自由化速度比其他自由贸易区（不包括 AFTA）更为缓慢，在 RCEP 生效后，越南与所有 RCEP 伙伴 65.3% 的税目相互取消关税，生效后第 20 年与东盟90.3% 的税目相互取消关税；生效后第 15 年与韩国 86.7% 的税目相互取消关税（图 3-29）。平均而言，越南对 RCEP 成员国的关税减让率为 89%，略低于自由贸易协定的平均关税减让率 91%（ERIA，2021）。

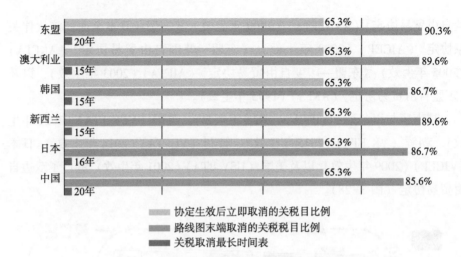

图 3-29　越南与 RCEP 成员国的关税减让时间表

资料来源：由越南工商联合会编制。

至于非关税承诺，RCEP 规定了协调和简化原产地规则以及自行颁发原产地证书。这些规则包括允许从 RCEP 任何成员国累积原产材料的规定，以及继续将其纳入最终产品的原产材料，并在与 RCEP 成员国之间开展贸易时利用 RCEP 的优惠关税税率。简而言之，RCEP 的原产地规则相当宽松/灵活。要注意的是，越南和大多数成员国（老挝、柬埔寨和缅甸除外）将在加入 RCEP 后不迟于 10 年内申请自行颁发原产地证书。同样重要的是，RCEP 不适用一些"敏感"问题，如劳工、环境、国有企业和投资者与国家争端解决（ISDS），包括食品卫生与植物检疫措施（SPS）和外国直接投资绩效要求。

最后，RCEP 的投资自由化原则是高标准的，类似于 CPTPP 和 EVFTA 中的原则，远远超出了世贸组织的现行承诺。15 个 RCEP 成员国中有 8 个在过渡时期采取了"积极态度"，其中包括柬埔寨、老挝、缅甸、新西兰、菲律宾、泰国、中国和越南。

至于 RCEP 生效后对越南的影响，最值得关注的是 Fukunari Kimura 等人（2022 年）的一项研究[①]，该研究使用可计算一般均衡模型，结果表明，下列

---

① Fukunari Kimura, Shandre Thangavelu, Dionisius Narjoko（2022 年）：《区域全面经济伙伴关系协定（RCEP）：东亚和东盟的影响、挑战和未来经济增长》，东盟和东亚经济研究所（ERIA）。

任一情况下，越南的出口额都将增长：①中美贸易摩擦（增长0.6%）；②加入CPTPP（增长10.4%）；③加入CPTPP后加入RCEP（增长14.8%）；和④RCEP增效作用（增长4.5%）。然而，自从中美贸易摩擦发生以来，越南的出口受到了多种因素的影响，减轻了RCEP生效的影响。

2. 越南的主要实施条例

为了履行RCEP承诺，越南于2022年1月4日签发了第01/QD-TTg号决定，批准RCEP对越南实施计划。为了落实该计划，相关部委颁布了实施条例：

①越南工贸部于2022年2月17日发布了关于颁布2022—2026年期间RCEP实施计划的第197/QD-BCT号决定。该计划侧重于落实三项主要任务：a. 建筑行业法律法规；b. 宣传关于RCEP的信息；c. 提高国家机关和企业部门的能力，有效利用RCEP。

②越南财政部发布了第195/QD-BTC号决定，颁布了财政部实施RCEP的行动计划。该计划侧重于四项主要活动：a. 宣传关于RCEP的信息；b. 制定法律和制度；c. 提高竞争力，开发人力资源；d. 财政部负责实施和监管。

同时，各地根据各自的任务和当地情况，制定实施上述协定的计划。

越南政府还以RCEP成员国的身份颁布了第29/NQ-CP号决议（2022年3月8日），批准了2022年版东盟统一关税清单（2022年AHTN清单）。基本上，以与其他自由贸易协定关税法令相似的方式对RCEP关税法令的条款以及一些相关条款进行监管。该法令包括越南的特别优惠进口关税和2022—2027年期间根据RCEP进口到越南的货物获得特别优惠进口税率的条件。

简而言之，越南对RCEP承诺的准备工作和实施是积极的、有效的，推动该国在加入自由贸易协定后稳步良性发展。第二部分将对越南经济的表现进行详尽分析。

（三）RCEP生效后的越南经济表现分析

新冠疫情暴发之前，越南经济蓬勃发展，2016—2019年的平均增长率约为6.5%。新冠疫情蔓延全国后，越南的经济增长率开始大幅波动，2023年第一季度后，经济开始复苏。从 2023 年第二季度到当年年底，越南经济增长相当稳定（图 3-30），并持续到 2024 年第三季度。

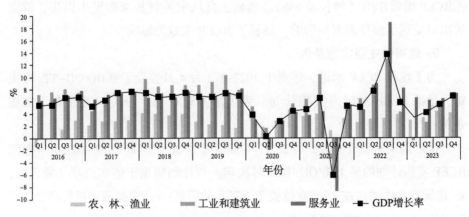

图 3-30　2016—2023 年越南各行业季度 GDP 增长率

资料来源：越南国家统计局（GSO）。

1. 货物贸易

由于波动较小，出口和进口经历了类似的增长率曲线，从 2023 年第二季度（图 3-31）至 2024 年第三季度，一直稳步恢复。

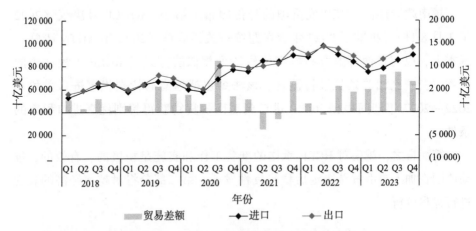

图 3-31　2018—2023 年越南货物贸易的演变

注：左轴为进出口额，右轴为贸易差额。

资料来源：越南国家统计局（GSO）。

越南经济增长率高，是世界上贸易开放度最高的经济体之一，2021年的经济贸易总额与 GDP 的比值为 195%。

自 2022 年 1 月 1 日起，RCEP 对越南和大多数 RCEP 成员国生效。近几年，越南与 RCEP 其他成员国的货物贸易量（出口+进口）持续增长，从 2019 年的 2 903 亿美元跃升至 2021 年的 3714 亿美元，2021 年增长率为 23.1%，三年平均增长率为 10.7%。2022 年，越南与 RCEP 成员国的贸易继续保持积极态势，与 2021 年相比增长了 10% 以上。这一增长率远低于 2021 年（23.1%）。但值得注意的是，后者的增长率很大程度上得益于新冠疫情年份基数较低。然而，2023 年，越南与 RCEP 成员国的贸易量自 2013 年以来首次出现下滑（近 7%），主要是因为越南从 RCEP 其他成员国的进口大幅下降，降幅超过 10%，而出口仅略有下降，降幅近 0.4%。然而，在 2024 年的前 7 个月，越南与 RCEP 成员国的贸易量快速恢复，进出口额增长率约为 17%。因此，两年半期间的平均贸易增长率达到 6.7%，而 2019 年至 2021 年期间的平均增长率为 10.7%。

（1）与 RCEP 成员国的贸易

至于越南从各个 RCEP 成员国的进口，在 2023 年，进口贸易额下降幅度最大的依次为澳大利亚（15.9%）、韩国（15.4%）[①]、东盟（14.0%）、日本（7.5%）和中国（6.1%）。新西兰是唯一进口额几乎不变的伙伴国家，增速保持 0.7%。然而，从绝对贸易额来看，越南从韩国（近 100 亿美元）、中国（超过 70 亿美元）、东盟（近 70 亿美元）、日本（超过 20 亿美元）和澳大利亚（15 亿美元）的进口贸易额下降幅度最大。

从出口方面来看，2023 年，中国是唯一一个与越南出口贸易量呈现正增长（6.3%）的 RCEP 成员国；与此同时，越南对其余成员国（东盟、新西兰、澳大利亚、日本和韩国）的出口贸易量分别下降 18.2%、7.0%、5.2%、3.8% 和 3.3%。然而，在 2024 年的前 7 个月，越南对所有成员国（除新西兰外）的出口和进口贸易量均呈正增长，增幅从 5% 至 36%（从中国的进口贸易量）不等，这表明至少在 2024 年最后几个月前景乐观。从贸易表现来看，在 RCEP 成员国中，中国是越南加入 RCEP 后最大和最稳定的进出口伙伴。

---

① 主要是对越南 GDP 和出口影响最大的跨国公司三星电子越南有限公司（占越南出口总额的 18%）出口贸易额大幅下滑。

表 3-14　越南与 RCEP 其他成员国的货物贸易额（2019 年—2024 年前 7 个月）

	2019 年	2020 年	2021 年	2022 年	2023 年	2024 年前 7 个月 *
越南与 RCEP 其他成员国的货物贸易总额（十亿美元）	290.3	301.7	371.4	409.1	380.7	240.4
与东盟的贸易情况						
贸易总额（十亿美元）	57.5	53.6	70	81.4	73.1	47.5
贸易总额增长率（年同比）（%）	1.4	−6.8	30.6	16.3	−10.2	13.1
3 年平均增长率（%）		8.4			6.4	
出口贸易额（十亿美元）	25.3	23.1	28.9	34.1	32.4	26.5
出口增长率（年同比）（%）	−8.7	25.1	18.0	−5.0	−18.2	13.2
进口贸易额（十亿美元）	32.3	30.5	41.1	47.3	40.7	21.0
进口增长率（年同比）（%）	1.3	−5.6	34.8	15.1	−14.0	13.0
越南—东盟贸易额占越南—RCEP 成员国贸易额的比重（%）	19.8	17.8	18.8	19.9	19.2	19.8
与中国的贸易情况						
贸易总额（十亿美元）	117.0	133.1	166.0	175.5	172.0	112.0
贸易总额增长率（年同比）（%）	9.4	13.8	24.7	5.7	−2.0	25.5
3 年平均增长率（%）		16.0			9.7	
出口贸易额（十亿美元）	41.5	48.9	55.9	57.7	61.3	32.4
出口增长率（年同比）（%）	0.2	18.0	14.4	3.1	6.3	5.8
进口贸易额（十亿美元）	75.5	84.2	110.1	117.8	110.7	79.6
进口增长率（年同比）（%）	15.2	11.5	30.7	7.0	−6.1	35.7
越南—中国贸易额占越南—RCEP 成员国贸易额的比重（%）	40.3	44.1	44.7	42.9	45.2	46.6
与韩国的贸易情况						
贸易总额（十亿美元）	66.7	66.0	78.3	86.4	76.0	46.3
贸易总额增长率（年同比）（%）	1.4	−1.0	18.6	10.4	−12.0	11.2
3 年平均增长率（%）		6.3			3.2	
出口贸易额（十亿美元）	19.7	19.1	22.0	24.3	23.5	14.5

续表

	2019 年	2020 年	2021 年	2022 年	2023 年	2024 年前7 个月*
出口增长率（年同比）（%）	8.7	-3.2	14.9	10.7	-3.3	9.8
进口贸易额（十亿美元）	46.9	46.9	56.3	62.1	52.5	31.9
进口增长率（年同比）（%）	-1.3	-0.1	20.1	10.3	-15.4	11.8
越南—韩国贸易额占越南—RCEP成员国贸易额的比重（%）	23.0	21.9	21.1	21.1	20.0	19.3
与日本的贸易情况						
贸易总额（十亿美元）	40.0	39.6	42.8	47.6	45.0	26.3
贸易总额增长率（年同比）（%）	5.5	-1	8.0	11.3	-0.1	5.4
3 年平均增长率（%）	4.2			5.5		
出口贸易额（十亿美元）	20.4	19.3	20.1	24.2	23.3	13.7
出口增长率（年同比）（%）	8.4	-5.5	4.4	20.4	-3.8	5.0
进口贸易额（十亿美元）	19.6	20.3	22.7	23.4	21.1	12.6
进口增长率（年同比）（%）	2.6	3.7	11.4	3.2	-7.5	5.9
越南—日本贸易额占越南—RCEP成员国贸易额的比重（%）	13.8	13.1	11.5	11.6	11.8	10.9
与澳大利亚的贸易情况						
贸易总额（十亿美元）	8.1	8.3	12.4	15.7	13.8	8.2
贸易总额增长率（年同比）（%）	4.0	3.2	48.9	26.5	-12.1	4.7
3 年平均增长率（%）	18.7			6.4		
出口贸易额（十亿美元）	3.6	3.6	4.4	5.5	5.2	3.8
出口增长率（年同比）（%）	-9.9	1.4	21.5	25.4	-5.2	31.9
进口贸易额（十亿美元）	4.5	4.7	8.0	10.1	8.5	4.5
进口增长率（年同比）（%）	18.6	4.6	70.0	27.2	-15.9	-10.8
越南—澳大利亚贸易额占越南—RCEP 成员国贸易额的比重（%）	2.8	2.8	3.3	3.8	3.6	3.4
与新西兰的贸易情况						
贸易总额（十亿美元）	1.1	1.1	1.3	1.4	1.3	
贸易总额增长率（年同比）（%）	5.7	-3.6	26.7	5.6	-5.9	

	2019 年	2020 年	2021 年	2022 年	2023 年	2024 年前 7 个月*
3/2 年平均增长率（%）		9.6			−0.2	
出口贸易额（十亿美元）	0.5	0.5	0.7	0.7	0.6	—
出口增长率（年同比）（%）	7.5	−8.1	41.0	−0.6	−7.0	—
进口贸易额（十亿美元）	553	558	636	715	680	—
进口增长率（年同比）（%）	0.6	0.6	0.6	0.7	0.7	—
越南—新西兰贸易额占越南—RCEP 成员国贸易额的比重（%）	0.4	0.4	0.4	0.4	0.4	

注：* 不包括新西兰。

资料来源：作者根据越南国家统计局数据库和其他多项研究数据进行汇编。

加入 AFTA 后越南与 RCEP 成员国的贸易表现是诸多并发影响因素共同作用的结果，很难抽丝剥茧将这些因素明确区分开来。除越南货物及其合作伙伴在双方市场的比较优势和竞争优势因素外，不同程度影响越南货物进出口贸易量的其他因素包括：

①越南与 RCEP 伙伴之间的关税减让程度。RCEP 生效后，越南立即减让与所有成员国的关税，零关税税目占税目总数 65.3%。作为一个平均税率相对较高的成员国（ERIA，2021），越南对一些产品类别进行了大幅关税减让。例如，对于向中国市场开放，第一年的降幅通常要大得多；在接下来的几年，降幅往往要低些。对于非针织或钩编的服装和服饰（HS62 章），减让约 25%；针织或钩编的服装和服饰（HS61 章），减让 19.5%；针织或钩编织物（HS60 章），减让 12%。

②越南和一些 RCEP 伙伴也是其成员、同时签署的其他自由贸易协定的关税减让百分比。例如，根据越南财政部 2021 年和 2022 年的数据，越南将对 CPTPP 成员国的平均关税税率从 6.3% 降至 4.8%；将对东盟—澳新成员国的平均关税税率从 3% 降至 2%；根据越南—韩国自由贸易协定将对韩国的平均关税税率从 3.78% 降至 3.75%；根据东盟—日本自由贸易协定将对日本的平均关税税率从 3.3% 降至 2.7%，后又降至 2.1%；根据越南—日本自由贸易协定将对日本的平均关税税率从 2.16% 降至 1.99%。

③新冠疫情和乌克兰危机导致供应链中断，许多市场价格随后飙升，阻碍了 RCEP 内部贸易和经济增长。

④日本的"中国加一"战略、中美贸易摩擦、地缘政治紧张局势和一些亚洲北部国家的"新南向"政策所创造的新投资和随之而来的贸易流入。

（2）按商品分类的贸易

就按商品类别划分的贸易而言，在 RCEP 生效的第一年（2022 年），越南对 RCEP 成员国的许多重要行业的出口量大幅增加，尤其是机械设备（增长 22%以上）和服装（增长 15.91%）。一些进口产品增长稳健，包括计算机和电子元件（11.99%）。然而，一些关键行业的增速出现了下滑，如纤维制品出口（近 20%）、手机和零部件进口（2.73%）以及机械设备（1.61%）。和之前一样，中国是越南最大的市场，也是 RCEP 的主要进出口贸易国（表 3-15）。

然而，就某些产品而言，还有少数其他重要贸易伙伴，如日本（服装和塑料制品出口）；印度尼西亚（塑料原料出口）和韩国（手机和零部件进口，塑料原料进口）（表 3-15）。这些产品贸易量波动归因于上述多个复杂因素。最直接的因素是关税减让的程度。主要是由于"东盟 10 国 + 5 国"和 RCEP 成员国之间以前签署的自由贸易协定，一些产品类别，如一些 RCEP 成员国的电子元件和纺织品，关税已经非常低。因此，关税减让对贸易创造和贸易转移的影响微不足道。然而，跨国公司内部的跨境交易非常重要。例如，三星电子越南有限公司通过其生产网络的分销将其智能手机核心芯片进口到越南进行组装，然后出口到中国、美国、欧盟等地。

表 3-15　越南部分重要产品与 RCEP 成员国的进出口贸易

出口/进口产品	2022 年贸易额（百万美元）	与 2021 年相比（%）	2022 年 RCEP 内部贸易额占全球贸易额的份额（%）	贸易额最大的 RCEP 成员国（全球排名）（2022 年/2021 年增长率,%）；（占全球份额,%）
向 RCEP 成员国出口				
手机和零部件	25.27	6.88	43.58	中国（第一）（+7.14, 28.04）
计算机类电子产品和零部件	20.39	7.32	36.72	日本（第二）（+7.25, 21.40）

出口/进口产品	2022年贸易额（百万美元）	与2021年相比（%）	2022年RCEP内部贸易额占全球贸易额的份额（%）	贸易额最大的RCEP成员国（全球排名）（2022年/2021年增长率,%）；（占全球份额,%）
服装	11.08	15.91	29.49	日本（第三）（10.84, 9.89）
纤维制品	3.23	-19.76	68.54	中国（第一）（-26.93, 46.27）
塑料制品	1.98	7.57	36.10	日本（第二）（+8.39, 13.75）
塑料原料	1.22	24.51	52.75	印度尼西亚（第一）（+28.02, 17.15）
机械设备	13.06	22.03	28.55	中国（第一）（+28.3, 8.04）
从RCEP成员国进口				
手机和零部件	19.61	-2.73	92.85	韩国（第一）（+7.16；54.41）
计算机和电子元件	10.22	11.99	12.48	中国（第一）（+9.59；29.39）
全品类织物	12.20	1.76	83.00	中国（第一）（+62.39；63.33）
纤维、纺织纱线	1.98	3.49	77.64	中国（第一）（+4.48；59.28）
塑料原料	7.69	6.10	62.11	韩国（第一）（+21.79；20.07）
塑料制品	7.21	2.44	88.78	中国（第一）（+54.53；50.84）
机械设备	37.75	-1.61	83.52	中国（第一）（-2.46；53.75）

资料来源：作者根据《越南进出口贸易白皮书》（2022年）计算。

（3）原产地证书使用

有助于推动进出口、投资和供应链的重要因素之一是根据每项协定和原产地证书模式推行原产地证书机制。表3-16显示了2020—2023年期间根据越南贸易协定颁发的优惠原产地证书的使用比例。可以看出，RCEP的优惠利用率仍然相对较低（2022年为0.67%，2023年略有上升，为1.26%），远低于其他现有自由贸易协定，例如：CPTPP（2022年为4.9%）、EVFTA（2022年：25.9%），以及UKVFTA（2022年为23.5%）（表3-16）。然而，在RCEP区域利用自由贸易协定优惠的范围需要扩大，因为RCEP建立在东盟十国和五个非东盟国家之间现有自由贸易协定的基础上。因此，RCEP的实现为维持或加强该区域的自由贸易协定活动（包括VCFTA、AANZFTA等）创造了更大的动力。此外，RCEP的原产地规则相对灵活，这可以刺激非RCEP国家的

表3-16 2020—2023年越南贸易协定的优惠原产地证书利用率

FTA	使用优惠原产地证书的出口贸易额（十亿美元）				出口贸易总额（十亿美元）				按FTA划分的优惠原产地证书利用率（%）			
	2020年	2021年	2022年	2023年	2020年	2021年	2022年	2023年	2020年	2021年	2022年	2023年
RCEP（表格RCEP）	NE	NE	0.978	1.8	NE	NE	146.8	146.2	NE	NE	0.67	1.26
ATIGA（表格D）	8.974	11.557	13.341	NA	23.132	28.861	34.021	NA	38.8	40	39.2	NA
ACFTA（表格E）	15.522	18.971	16.927	NA	48.905	56.010	57.703	NA	31.7	33.9	29.3	NA
AKFTA（表格AK）VKFTA（表格VK）	9.954	11.176	12.372	NA	19.107	21.945	24.293	NA	52.1	50.9	50.9	NA
AANZFTA（表格AANZ）	1.657	2.021	2.456	NA	4.119	5.157	6.252	NA	40.2	39.2	39.3	NA
AJCEP（表格AJ）VJEPA（表格VJ）	7.3176	6.987	8.414	NA	19.284	20.129	24.233	NA	37.9	34.7	34.7	NA
VCFTA（表格VC）	0.6665	1.023	1.113	NA	1.018	1.656	1.724	NA	65.5	61.8	64.6	NA
老挝（表格S）	0.065	0.061	0.041	NA	0.572	0.595	0.656	NA	11.4	10.3	6.3	NA
柬埔寨（表格X）	0	0	0	NA	4.149	4.831	5.753	NA	0	0	0	NA
AHKFTA（表格AHK）	0.005	0.012	0.015	NA	10.437	11.996	10.936	NA	0.05	0.1	0.14	NA
CPTPP（表格CPTPP）	1.367	2.515	2.543	NA	33.99	39.65	51.74	NA	4.0	6.3	4.9	NA
EVFTA（表格EUR.1）	2.655	8.095	12.124	NA	17.908	40.122	46.829	NA	14.8	20.2	25.9	NA
UKVFTA（表格EUR.1 UK）	NA	0.991	0.978	NA	NA	5.766	6.066	NA	NA	17.2	23.5	NA
合计	52.76	69.08	78.3	NA	159.52	211.50	232.96	NA	33.1	32.7	33.6	NA

注：NE 为无效；NA 为不详。

资料来源：VCCI 根据越南工贸部及海关总署的数据编制，并由作者进行更新。

外国直接投资流入，投资于贸易更广泛、更全球化的行业，而不仅仅是 RCEP 内部的行业。

此外，尽管 RCEP 的优惠原产地证书利用率较低，但在全球进出口市场的困难时期是个积极的起点，当时一些 RCEP 成员国的原产地证书优惠利用率甚至有所下降。2023 年越南为出口到中国的商品签发的优惠原产地证书（表格 E 和表格 RCEP）数量最多，价值超过 194 亿美元。出现这一结果主要原因是在 RCEP 成员国中，中国是越南最大的出口市场。

2. 跨境电子商务

越南的电子商务增长相对较快，与 2021 年相比，2022 年的年复合增长率（CAGR）为 37%，与 2022 年相比，2023 年的年复合增长率为 11%。预计 2021 年零售额将达到 110 亿美元，2023 年将增至 160 亿美元。2023—2025 年期间，电子商务的增长率预计将达到 22%。这些增长率在东盟成员国中名列前茅，远高于东盟电子商务增长领先的两个国家（菲律宾和泰国），也远高于该区域最发达国家新加坡的增长率（图 3-32）。

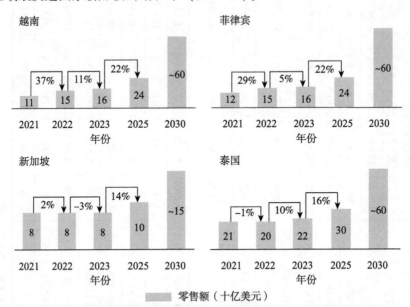

图 3-32　越南和部分东盟国家电子商务零售额及年复合增长率

资料来源：谷歌、淡马锡和贝恩策略顾问联合发布的《2023 年东南亚数字经济报告》，e-Condom SEA（2023 年）。

2022年增长迅猛在不同程度上是由于新冠疫情的影响，RCEP框架下电子商务市场的开放，以及越南支付系统和电子商务基础设施的快速发展。

阿里巴巴资料显示，越南的电子商务用户从2019年的5 470万增至2023年的6 420万。商品主要供应商为商业平台，主要有Shopee（新加坡投资）、TikTok（中国投资）、Lazada（中国投资）、Tiki（越南–中国联合投资）、Sendo、京东（中国投资）、Viettel Post、Voso（越南投资）。来自Metric. com的数据显示，2023年，越南5个电子商务平台（Shopee、Lazada、Tiki、TikTok Shop跨境电商、Sendo）的收入超过94.7亿美元，较2022年增长53.4%。就市场份额而言，四大网站最近6个月的收入分别为67.26%（Shopee）、27.17%（TikTok）、5.23%（Lazada）和0.34%（Tiki），总收入约合62亿美元。

越南的物流业（特别是快递业）也出现了快速增长，为电子商务的发展提供了保障。Shoppee和Lazada跨境物流开通了物流配送渠道。值得注意的是，从货物中转仓库到买家手中的平均时间为5天，在东盟国家中位列第二（表3-17）。最近中国在中越边境建了4个大型仓库，将物流时间缩短到了2~3天。

表3-17 部分东盟国家跨境物流平均所需时间（天数）

	交货期	总平均天数	采购至WHS平均天数	WHS至LM平均天数	LM至买家平均天数
ID	CGK	9.3	2.3	3.9	3.1
	BDO	10.4	5.0	3.3	2.1
	SUB	10.4	3.8	4.5	2.0
MY	WM KUL	9.0	2.4	3.5	3.0
	EM BKI/KCH	14.5	2.4	5.0	7.1
PH		8.1	2.4	2.9	2.9
SG-Express		7.2	2.5	3.5	1.3
TH	Landway	8.8	2.3	4.8	1.6
	Airway	6.8	2.3	2.7	1.7
VN		7.4	2.3	3.6	1.4

注：WHS为仓库；LM为物流经理。

资料来源：Lin Zhang和Jin Zhang（2023），阿里巴巴内部资料。

迄今为止，还没有关于越南全国跨境电子商务（CBEC）交易额的最新统一官方信息。预计2023年跨境电商的出口总额为50亿~60亿美元。通过不同的平台进行进出口交易。目前，通过 Shopee、TikTok、Lazada 和 Tiki，每天平均有 400 万~500 万份来自中国的订单（每月 4 500 万~6 300 万美元，每年156 亿~228 亿美元流向越南）。

同时，根据亚马逊全球开店（Amazon Global Selling）的报告，通过亚马逊（跨境电子商务平台）在越南的跨境商品零售收入预计每年增长 20% 以上，2021 年达到约 30 亿美元，预计到 2026 年将达到 105 亿美元；2022 年，越南企业在亚马逊平台销售的商品出口额飙升了 45% 以上。该报告显示，亚马逊电子商务平台上销售的越南产品超过 1 700 万件，收入在近 5 年内（2019 年 9月至 2024 年 8 月）增长了 3 倍。

综上所述，总体而言，电子商务（特别是跨境电子商务）近年来发展势头迅猛。然而，这些交易主要由外国电商平台主导，尤其是来自中国的电商平台。

3. RCEP 框架下的外国直接投资流入

在市场化改革和国际经济一体化进程中，随着推动体制改革、改善商业/投资环境和提高国家竞争力，越南在吸引外国直接投资方面取得了许多积极成果。截至 2024 年 6 月 20 日，越南累计吸引外资项目 40 544 个，注册资本总额 4 847.7 亿美元；外商投资项目累计实现资本约 3 080 亿美元，占有效注册投资资本总额的 63.5%。

值得注意的是，每年吸引的外国直接投资额相对较大，例如，越南 2023年的注册外国直接投资额为 366.1 亿美元（表 3-18），相当于 2023 年 GDP 的8.5%，远高于泰国的相应数字（185 亿美元，相当于 2023 年 GDP 的 3.5%）。尽管吸引了大量投资，但年度注册资本的增长趋势并不明朗，2020 年有所下降，甚至在 RCEP 生效的第一年大幅下降。然而，实收资本稳步增长，2019—2023年期间注册资本与实收资本的比率达到历史最高水平。很难确定影响外国直接投资流入绩效的突出因素，特别是来自 RCEP 成员国的因素，因为这是投资者在诸多错综复杂因素同时影响下长期准备过程的结果。然而，2020 年和2021 年变现外国直接投资资本的减少清楚地表明了新冠疫情带来的影响。

表 3-18　2018 年—2024 年前 6 个月越南的外国直接投资流入

指标	2018 年	2019 年	2020 年	2021 年	2022 年	2023 年	2024 年前 6 个月
年度注册资本（十亿美元）	35.5	39	31.0	38.9	27.7	36.61	15.19

续表

指标	2018 年	2019 年	2020 年	2021 年	2022 年	2023 年	2024 年前 6 个月
年同比增长率（%）	-4.3	9.9	-20.5	25.5	-28.7	32.1	46.9
年实收资本（十亿美元）	19.1	20.4	20.0	19.7	22.4	23.2	——
年同比增长率（%）	9.1	6.8	-2.0	-1.5	13.7	3.6	——
新建项目总数	3 046	4 028	2 610	1 818	2 036	3 188	1 538
年同比增长率（%）	11.1	32.2	-35.2	-30.3	12.0	56.6	18.9

资料来源：作者根据越南规划与投资部的数据进行计算。

2019—2023 年期间，来自 RCEP 成员国的累计注册外国直接投资总额为 1169.36 亿美元，占越南累计注册外国直接投资总额的 66%。新加坡、韩国、日本和中国是对越投资总额和 RCEP 投资的四大投资者，其在越南外国直接投资总额中所占的份额分别为 33.69%、26.05%、19.88% 和 14.48%（表 3-19）。2019—2023 年期间，新加坡、韩国、日本和中国单个投资项目的平均注册资本分别为 2 610 万美元、980 万美元、1 570 万美元和 730 万美元。

表 3-19　2019—2023 年 RCEP 成员国流入越南的外国直接投资

RCEP 投资者	项目总数	注册资本（百万美元）	占外国直接投资总额的份额（%）
新加坡	1 507	39 396.67	33.69
韩国	3 102	30 456.20	26.05
日本	1 482	23 248.45	19.88
中国	2 320	16 935.15	14.48
泰国	228	4 240.21	3.63
马来西亚	174	1 352.97	1.16
澳大利亚	224	560.01	0.48
菲律宾	31	400.25	0.34
新西兰	24	141.49	0.12
印度尼西亚	53	131.17	0.11
柬埔寨	15	64.69	0.06
老挝	4	8.67	0.01

RCEP 投资者	项目总数	注册资本（百万美元）	占外国直接投资总额的份额（%）
RCEP 总计	9 164	116 936	100.00

资料来源：作者根据越南规划与投资部的数据进行计算。

从表 3-20 可以看出，RCEP 主要投资者的年度注册投资额的增长可谓大起大落。有趣的是，四个最大投资者中有三个的注册资本在 2020 年和 2022 年大幅下降。由于注册资本是一个长期的准备过程，并受到诸多因素的影响，因此，越南 FDI 流入波动背后的原因并不明朗。然而，很明显，新冠疫情直接影响了 2020 年的注册资本额。

表 3-20　主要 RCEP 投资者在越南的年度注册投资

年份	新加坡	年同比增长率（%）	韩国	年同比增长率（%）	日本	年同比增长率（%）	中国	年同比增长率（%）
2018	5.0	—	7.2	—	8.6	—	1.2	—
2019	7.64	52.7	7.92	9.09	4.14	−51.90	4.06	238.58
2020	8.9	16.6	3.9	−103.08	2.4	−42.71	2.5	−39.45
2021	10.70	20.2	5.00	22.00	3.90	64.56	2.90	17.89
2022	6.45	−39.7	4.88	−2.46	4.78	22.56	2.52	−13.10
2023	6.8	5.4	4.4	−10.91	6.6	37.24	4.5	77.38

资料来源：作者根据越南规划与投资部的数据进行计算。

4. RCEP 汽车行业供应链

从理论上讲，像 RCEP 这样的自由贸易协定的供应链形成效应主要来自以下几个渠道。首先，通过关税减让渠道，终端消费品和中间产品之间以及不同产业集群之间的关税减让率将改变价格相关性，进而导致进口商品结构的变化。削减进口中间品的关税可以提高下游企业的效率和生产力，增强其出口能力，吸引外国直接投资和国内投资扩大生产规模和深度，推动下游产业的发展。与此同时，下游的关税减让可以带来上下游投资。然而，这种影响并不完全是单方面的积极影响，也可能产生不利影响，这在很大程度上取决于上下游企业的生产和研发能力。此外，在上游降低关税会增加上游的进口，因此会对上游企业产生负面影响，并导致供应链中断。其次，RCEP的实施可以扩大贸易和外国直接投资，从而增强发展配套产业的规模经济。这也可以通过充分利用关税优惠和探索原产地规则优势，推动国内企业更广泛地参与全球供应链。

（1）越南汽车贸易表现概述

长期以来，越南经济侧重汽车、电子和服装等产品的下游加工和组装，或者纺织品等中低技术制成品。如上所述，由于一些RCEP成员国的一些产品类别，如电子元件和纺织品，关税原本就极低，因此，贸易创造和贸易转移的影响不大。由于目前官方数据库的可用性较差，本小节将对汽车行业进行简要评估，将其视为具有提升区域供应链的巨大潜力的高保护行业的代表，尤其是出口市场信息。

总的来说，越南对汽车供应链的参与度程度一般，主要是产能和竞争力有限，配套产业不发达。尽管人口众多，但与其他东盟国家相比，越南的汽车行业仍不发达，规模也相对较小。由于人均收入偏低，国内对汽车（尤其是轿车）的需求不足以形成规模经济。2022年，制造和组装的汽车产量相当低，仅为43.96万辆，相比2021年增长14.9%。截至2023年底，总产量预计为34.74万辆，比上年下降12.3%。由于多家国内和国外汽车制造商的产量很低，很难创造规模经济和维持高效生产，尤其是小型企业。

就国内生产和组装而言，国内企业占总产量的68.1%，主要生产零部件。然而，从该行业的劳动力和资本、收入等方面来看，外商直接投资企业仍占主导地位。来自RCEP成员国的最大投资者是韩国、日本、马来西亚，尤其是这些国家在最终产品生产方面的投资（企业经营模式为外商独资或合资）。该行业主要服务于国内市场。值得注意的是，汽车制造业长期以来一直与主要RCEP伙伴国家的供应链密切相关，尤其是日韩。越南汽车制造和组装行业的另一个缺点是，其无法在制造、组装汽车和生产零配件的企业之间建立联系和专业化。此外，该行业长期以来缺乏大规模的原材料供应商和零部件制造商体系，与该区域许多国家相比，越南的汽车价格仍然相对较高。

总体而言，越南是汽车产品、模块和零部件的净进口国。CBU汽车进口贸易额快速增长，2020年达到14.6亿美元，但汽车出口贸易额仍然严重失衡（尽管从2018年的600多万美元快速增长到2020年的1.23亿美元）。越南汽车的最大出口市场为缅甸、新加坡和老挝（均为 RCEP 成员国）、美国和欧盟。① 至于 RCEP 进口伙伴国家，中国一直是模块和零部件的大供应商，而泰国、印尼和日本是最终产品的主要供应商，2019 年分别占 52.6%、29.7% 和 5.4%（图 3-33 中 A）；此外，越南在 RCEP 以外的重要进口市场是欧盟和美国（图 3-33 中 B）。

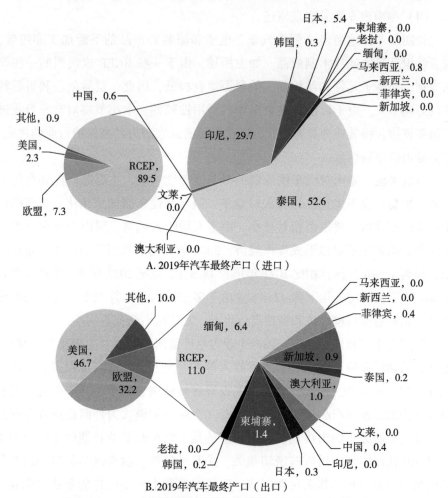

A. 2019年汽车最终产口（进口）

B. 2019年汽车最终产口（出口）

图 3-33　2019 年按市场划分的汽车最终产品进出口份额（%）

资料来源：NCIF 根据 WITS 数据库进行计算。

---

①　越南长海汽车向泰国出口的各类汽车贸易额接近 5 000 万美元。福特越南公司还向几个地区市场出口 EcoSport、Transit 和 Tourneo 等车型。2020 年，该公司额外投资 8 200 万美元升级位于海阳的组装工厂，从而将其产能从每年 14 000 辆提高到 40 000 辆。福特汽车计划在越南扩大生产，这一决定很大程度上是基于越南国内消费者稳定且不断增长的需求和出口目标。

值得注意的是，从 2012 年至 2019 年，越南在 RCEP 内部市场的汽车进口份额有所增加（尤其是最终产品），同时，按伙伴国家划分，汽车产品的出口模式也明显转向 RCEP 之外的市场，甚至最终产品、模块或零部件也是如此。例如，越南主要向 RCEP 市场出口汽车零部件（2012 年超过 70%），但这一数字趋于下降，而模块出口到美国和欧盟的份额增加（表 3-21）。

表 3-21　2012 年和 2019 年按市场划分的越南汽车行业进出口贸易份额

（单位：%）

区域/国别	最终产品		模块		零部件	
	2012 年	2019 年	2012 年	2019 年	2012 年	2019 年
进口						
欧盟 27 国	27.93	7.29	7.99	4.80	18.87	18.86
美国	5.29	2.32	2.18	2.13	0.41	0.41
其他国家	4.49	0.92	5.76	4.05	3.04	3.03
RCEP 国家	62.29	89.47	84.04	89.03	77.69	77.68
出口						
欧盟 27 国	0.00	32.21	5.79	14.20	2.50	3.55
美国	0.00	46.73	22.71	47.97	17.63	19.29
其他国家	34.60	10.04	38.33	17.42	5.61	9.37
RCEP 国家	65.40	11.02	33.17	20.41	74.25	67.78

资料来源：NCIF 根据 Uncomtrade 的数据编制。

2020 年，汽车进口贸易额达到 23.5 亿美元，与 2019 年相比，贸易量下降 24.6%，贸易额下降 25.6%，主要是受疫情影响。2020 年汽车零部件进口额超过 40 亿美元，也较上年小幅下降 3.8%。越南最大的进口市场包括泰国、印度尼西亚和中国，这三个市场的进口汽车数量占进口汽车总量的 88%。2021 年，越南进口整车总值 36.6 亿美元，增长 55.7%，主要原因是 2020 年增速放缓，国内组装汽车有 50% 的注册费优惠政策到期。三大对越汽车出口国的贸易额分别为：泰国 15 亿美元、中国 8.73 亿美元、印度尼西亚 5.595 亿美元，占越南汽车进口贸易额的 80%。简而言之，越南的整车进口贸易额增加归功于 3 个 RCEP 成员国：泰国、印度尼西亚和中国。需要注意的是，前两个国家主要出口日本和韩国公司生产的汽车，中国则出口本国制造的汽车。

（2）汽车行业的 RCEP 贸易自由化

根据 RCEP 承诺，2021 年、2022 年和 RCEP 生效后第 20 年，越南分别对进口汽车征收 48.65%、47.75% 和 36.77% 的关税。至于越南出口，2021 年、2022 年和 RCEP 生效后第 20 年，征收的关税分别为 16.44%、12.87% 和 3.13%。

越南的关税减让在向 RCEP 成员国出口最终产品和从 RCEP 成员国进口中间品方面更为积极，在自由贸易协定实施的第一年最为显著。换句话说，自 2022 年以来，越南的汽车出口和中间产品进口可以享受更多优惠；与此同时，越南对进口汽车和中间品的关税减让速度较慢（图 3-34）。

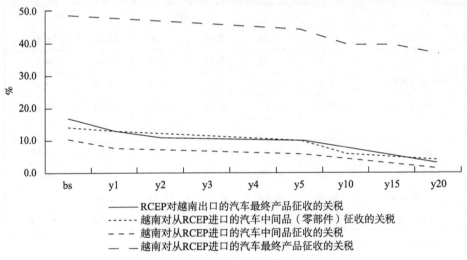

图 3-34　RCEP 生效后越南汽车行业关税减让时间表

资料来源：NCIF 根据 RCEP 关税进行计算。

具体来说，对于汽车最终产品，RCEP 成员国对越南的关税减让进程比越南对前者的关税减让进程更快，平均基础税率从 16.44% 降至 12.87%（协定生效后第 1 年），随后降至 3.13%（协定生效后第 20 年）。与此同时，越南仍然对国内汽车行业进行保护，2022 年越南对 RCEP 成员国征税 47.75%，协定生效后第 20 年征税 36.77%。应该指出的是，日本和文莱在协定签署之前就已免除了越南汽车关税。尤其是韩国，协定生效后第一年大幅减税，平均基础税率从 8% 降至 0.99%。中国在第一年对越南大幅减税，从 25% 降至

15.34%，但减税进程非常缓慢，并将在自贸协定实施的未来 20 年保持高税率。在特定商品方面，RCEP 大幅减让了安全玻璃、轮胎、点燃式活塞发动机等汽车行业重要进出口产品的关税。

值得注意的是，RCEP 适用于汽车行业的原产地规则（RVC40）的严格程度一般，也就是说，它可以刺激非贸易集团国家的外国直接投资流入和投资于那些贸易范围更广、更全球化的行业，而不仅仅是贸易集团内部的行业。

（3）RCEP 对越南汽车行业的影响

理论上，在其他条件不变的情况下，RCEP 作为一个自由贸易区，可以形成贸易创造和/或贸易转移效应，促进自由贸易区国家之间的贸易活动。在供应链方面，RCEP 可以推动参与供应链的行业产品多样化，扩大汽车行业的供应链，这在很大程度上要归功于通过减税和采用灵活统一的原产地规则吸引大型企业的外国直接投资，专门生产各种零部件，服务 RCEP 市场。相比之下，如前文所述，越南对最终产品的保护程度相当高。值得注意的是，在东盟自由贸易区框架内，汽车行业开放度极高；因此，对进口到越南的汽车征收进口关税的保护对国内汽车的发展没有多大意义。然而，对汽车零部件、模块和备件的减税更有利于降低国内汽车价格，并为国内企业投资组装行业出口业务创造机会。

由于缺乏关于越南汽车供应链利益相关者的系统、一致的最新数据，特别是自 2022 年以来的数据，本小节主要尝试分析 RCEP 生效后越南该行业的贸易表现。

（4）汽车及零部件进口

在 RCEP 实施的第一年（2022 年），越南进口各类汽车，总交易额为 38.4 亿美元，比 2021 年增长了 5.1%。同时，汽车零部件进口额达到 55 亿美元，比 2021 年增长 19.1%。通常，越南最大的三个汽车进口市场——泰国（14.3 亿美元）、印度尼西亚（10.5 亿美元）和中国（7.145 亿美元），合计占进口汽车总贸易额的 93.4%。此外，越南还从韩国、日本、印度、法国、美国等国进口汽车，这些国家占 6.6% 的市场份额。至于汽车零部件和备件，越南主要从韩国、中国、东盟、日本等市场进口，其中，韩国是最大的进口市场，同比增长 14.41%，占该产品类别全国总进口额的 26.42%（较 2021 年增长 25.71%）。

2023 年，汽车进口额为 28.3 亿美元，同比下降 26.3%。与多年前类似，泰国以超过 11.4 亿美元的出口交易额领先，印尼以 6.0755 亿美元的成交额位列第二，中国以 3.942 亿美元的成交额位列第三。这三个 RCEP 进口市场占2023 年越南进口汽车总量的 90.48%。同时，越南汽车零部件和备件的进口额为41.1 亿美元，较 2022 年下降 29.6%（17.3 亿美元）。泰国、印尼、中国、韩国和日本是越南汽车零部件进口的前五大 RCEP 伙伴，共占近 90% 的进口份额。

越南进出口增长率大起大落，这再次表明，RCEP 适度减让关税确实推动了汽车产品贸易和生产的增长，然而，其影响可能被以下因素所掩盖：①RCEP 和非 RCEP 汽车市场的表现和竞争，包括中国作为区域汽车参与者的新兴市场地位；②越南在更积极的关税减让阶段同时实施多个自由贸易协定（CPTPP、EVFTA 等）；③越南财政法规（如与汽车行业贸易和生产相关的税收减让）和消费需求刺激措施；④地缘经济和地缘政治变化的新背景导致的投资流入转向。

（5）汽车及零部件出口

越南长期以来一直是汽车进口大国，汽车出口量较低。这种情况缘于其汽车配套产业疲软，政策低效，无法形成推动该行业发展的规模经济。最近，一些国内企业开始出口卡车、客车，但出口贸易额极小。自 2022 年 11 月以来，越南汽车行业巨头 VinFast 向美国推出了第一批 999 辆电动汽车，并向印度尼西亚市场推出了 1 000 辆电动汽车。此外，长海集团（Thaco）于 2023 年向东盟国家出口了 2 500 辆汽车，向美国出口了半挂车，还出口了汽车零部件。一些国外汽车品牌（斯柯达、奇瑞汽车旗下品牌 Omoda 和 Jaecoo、比亚迪等）也在越南建厂或者考虑选择越南作为生产汽车出口全球的跳板。

汽车出口量有限，越南的汽车公司专注于汽车零部件的出口，汽车零部件出口交易额从 2017 年的 44 亿多美元增加到 2020 年的约 57 亿美元。越南四大零部件进口方主要来自 RCEP 成员国（日本、中国和泰国）和美国，占越南汽车零部件出口总额的近 80%。2023 年，该出口类别是少数几个与 2022 年相比实现正增长的项目之一，出口交易额为 120.1 亿美元。值得注意的是，越南有两种类型的汽车零部件出口业务。第一类（最常见）是根据母公司的订单为供应商（直接向最终消费者提供商品的供应商）和越南子公司加工产品，以降低成本并利用越南工业园区和出口加工区企业免税政策的税收优惠。第二类是根据合作伙伴出口的零部件产品，主要是大宗订单，并且逐年递增。通常，越南的汽车零部件出口交易属于第一类：外国公司的子公司和供应商订购的加工品。

供应链的转移，特别是汽车行业的转移，受到许多并发因素的影响。除上述因素外，中美贸易摩擦导致投资从中国转向越南，特别是中国受美国制裁影响的行业。2024年美国宣布对中国电动汽车和零部件征收100%关税可能会进一步加速这一转移。

（四）与 RCEP 相关的主要新问题、挑战和未来行动

1. 货物贸易

（1）新出现的问题和挑战

如前所述，越南在 RCEP 生效前后，与 RCEP 和非 RCEP 成员国的货物贸易都有不同程度的增长。越南面临的一个新问题是中美贸易摩擦对两个竞争对手①乃至越南经济的长期影响。这场贸易战造成了多方面的复杂影响：①美国制裁商品从中国流向越南，然后再出口到美国；②部分转移中国对越南投资和生产，目的是（再）出口到美国市场。由于越南传统上进口生产投入，然后向美国（和欧盟）出口最终产品，这两种结果都对越南增加对美国的巨额贸易顺差造成了压力。这种情况给越南带来了双重风险。其一，因隐瞒出口商品的中国原产地而受处罚；其二，被贴上货币操纵国的标签（因为违反了三个贴标签条件之一）。②

令人担忧的是，即便越南企业利用自由贸易协定（尤其是 RCEP）原产地证书优势的能力普遍得到了提高，也还没有达到高水平（CIEM，2021），甚至在 2019—2022 年期间有所下降。如上所述，在 2022—2023 年，来自 RCEP 的原产地证书份额尽管有所增加，但仍然很小。因此，越南企业在利用该协定的原产地规则激励措施方面面临诸多困难和挑战。一个主要原因是越

---

① 例如，自 2018 年以来，中美贸易摩擦导致对各自出口的很大一部分产品针锋相对征收关税。美国将对中国出口商品的关税从 2018 年初的 3.1% 提高到 2020 年的 19.3 %，受影响产品占中国出口总量的 66.4%。作为回应，中国将美国出口关税从 2018 年初的 8.0% 提高到 2020 年的 21.1%，受影响产品占中国出口总量的约 58.3%（Hongyan Zhao，2024）。

② 根据越南财政部的外汇报告，要获得"标签"，一个国家必须满足三个标准：①12 个月内对美贸易顺差超过 200 亿美元；②同期经常账户顺差至少占 GDP 的 2%（瑞士：8.9%）；③12 个月内外汇净购买量至少相当于 GDP 的 2%。

南企业不清楚出口货物获得优惠待遇的标准和条件，即货物出口必须利用货物原产地证书确保原产地规则。然而，许多企业在根据规则证明原产地税率方面存在困难，因为他们在购买生产投入品的过程中没有充分收集原产地证书，因此不能享受优惠税率。此外，越南企业也很难找到国外的供应网络，特别是根据原产地规则能够补充缺失"原产地"的供应商。

另一个新出现的挑战是，许多机构和企业无法采取适当的心态接近和利用 RCEP 的机会。一些机构和企业甚至认为 RCEP 是一个"低标准的自由贸易协定"，带来的好处少于其他协定，如 EVFTA、CPTPP 等。在另一个层面上，如何利用 RCEP 尚未被纳入该国利用自由贸易协定（包括东盟自由贸易协定）优势的国家总体战略，这些协定为 RCEP 的形成奠定了基础。如果越南企业不认真考虑 2022 年后 RCEP 市场的监管和政策调整趋势，在开拓这些市场时其可能会处于被动，甚至丧失竞争力并削弱地位。

（2）主要政策建议

可以为越南贸易、投资和生产的高效、节约和深远影响提供一些政策建议。如前所述，美国不断威胁要对违反原产地规则的出口货物（中国原产）进行惩罚。因此，对于越南国内和中国新晋出口商来说，必须对出口到美国市场的"敏感"商品给予应有的关注，以降低风险，避免不良后果。

为了发挥 RCEP 的积极影响，重要的是制定一项战略，利用税收优惠和原产地规则，同时，在 RCEP 出口市场扩大时，吸引更多的外国直接投资流入具有高附加值的产业和部门，作为出口加工的投入。在 RCEP 成员国进一步推广原产地规则、原产地证书，可以使越南在贸易和供应链方面受益，包括原产地规则的协调和一些比以前的自由贸易协定更宽松的规则。在 RCEP 成员国有效实施原产地规则可以增强该协定带来的好处。越南政府应为企业利用这一优势提供最新的详细信息和指导。因此，应充分重视人力资源培训，以确保对在 RCEP 成员国实施原产地规则有清晰、准确和完整的理解。

2. 跨境电子商务

（1）新出现的问题和挑战

可以从越南和其他成员国（特别是中国）的角度看待在这一领域出现的问题和挑战。根据亚马逊全球开店越南站（2024 年）的调查结果，越南跨境电商业务仍然存在 4 个重大障碍，即信息有限、能力低、成本高、管理法规繁琐。

信息障碍方面：68%~80%的企业表示，其对有关国外市场、运输、网上销售、支付方式等相关法规的信息了解有限。能力方面，75%~85%的企业准备不足，无法满足外国消费者的消费偏好和心理，跨境电商营销技能和知识匮乏。79%~87%的企业抱怨行政手续、外汇、国外运输和支付的成本高昂。83%~87%的企业表示，在消费者保护、进口关税和外国进口手续方面，法规过于繁琐。

越南面临的挑战与东盟相似，[①] 即物流、支付方式、语言障碍和法规繁琐。

从平台的角度来看，作为占主导地位的关键参与者，中国—东盟跨境电子商务面临以下挑战：①监管制度滞后，成本上升；②基础设施不足，跨境物流效率低；③清关不协调，跨境支付流程繁琐；④消费者权益保护缺失，行业不规范（Lin Zhang and Jin Zhan，2023）。

简而言之，越南企业面临的跨境电商挑战与 RCEP 其他成员国大体相似，但程度有所不同，这取决于各个成员国的社会技术经济发展水平。

（2）主要政策建议

越南未来的行动应该集中在帮助国内企业克服上述四个障碍，以获得更多的市场份额。由于越南和许多 RCEP 其他成员国面临着许多相似的新问题和挑战，以下政策建议对 RCEP 成员国很有意义。由于信息不对称可视为一种市场失灵，并且通常存在，发展跨境电商的首要任务是加强有关外国市场、运输、网上销售、支付方式等相关法规的信息提供。建立有效的机制以促进监管的透明度，为新的法规留出足够的评估期，也是至关重要的。

跨部门政策协调失效也是发展中国家（包括许多 RCEP 成员国）的通病。跨境电商向政府提出了管理实物商品、信息/数据、服务和资金流动方面的诸多政策问题。为了促进其发展，有必要采取一种全面的方法，重点是建立跨机构机制，改善整个跨境电商价值链的政策协调。有效的协调有助于降低交易成本，缩小信息差距，增强企业尤其是中小企业的能力。

在许多 RCEP 成员国中，交通基础设施不发达、连通性有限，阻碍了经济合算、最后一公里配送、成本竞争力并降低了跨境电子商务配送运输成本

---

① 参见 https://www.ada-asia.com/insights/cross-border-ecommerce-in-southeast-asia-opportunities-challenges。要在这一领域取得成功，企业必须应对一些挑战，如物流、支付方式、语言障碍和法规繁琐。

的选择。在许多情况下,特别是对国内企业而言,跨境电商配送的价值很低。

鼓励建立在线平台,并通过营造安全的交易环境、建立解决争议的机制、向买卖双方提供客户支持以及制定有效的政策,推动电子商务的发展。这样做可以在消费者中建立信任。

最后,开发一个开放、安全、可互操作和有竞争力的支付生态系统,有助于实现更大的 RCEP 经济一体化,并顺利开展跨境电商。

3. 吸引 RCEP 外国直接投资

（1）新出现的问题和挑战

除对 RCEP 成员国外国直接投资的积极吸引力外,越南在吸引投资方面也面临一些挑战。首先,外国直接投资的增加会导致外国直接投资项目的技术进口和投入的增加。因此,这给贸易和/或经常账户赤字带来了压力,从而导致越南盾贬值,对出口商不利。其次,越南的机构能力不足,信息系统不完备,对其来说,对外国直接投资项目的质量进行筛选仍然是一个巨大的挑战。要知道,外国直接投资企业约占越南出口额的四分之三,进口额的三分之二。由于发达出口市场旨在推动绿色可持续发展,对许多贸易法规进行了调整,如果外国直接投资项目不符合相应的标准,越南整个出口行业将面临更高的风险。

（2）主要政策建议

由于越南计划于 2025 年实施《全球最低税（GMT）倡议》,详细的法规和指导原则应适当关注 RCEP 承诺、其对外贸和供应链的影响,以及提供相应的激励措施,以维持和吸引有效的外国直接投资,而不是不惜任何代价吸引外国直接投资。

未来,至关重要的是制定一项战略,吸引外国直接投资流入符合 RCEP 原产地规则要求的行业和部门,特别是对中间产品生产的投资,同时为接收供应链变化趋势带来的新投资流做好准备。

由于越南的配套产业长期薄弱,尤其是汽车产业,国内产值占比约为10%。这些行业可以从多个自由贸易协定中获得规模经济,但是也面临着许多挑战,如资本短缺、高素质人力资源、业务/产品周期缩短,以及由于新冠疫情、乌克兰危机和高通胀造成的业务中断和分裂,难以进入生产网络和供应链。因此,越南应加强能力,加快制定配套产业的计划,特别是那些由于越南关税法规和原产地规则协调而 RCEP 项下面临重大挑战的产业；吸引有选择性的外国直接投资企业，同时采取适当形式的保护和支持，以更好地发展零部件制造业。在短期内，选择适合各个行业的外国直接投资伙伴，特别是高科技企业和投资高附加值上游产品的企业，利用 RCEP 原产地规则，升级越南的价值链。

至于汽车行业，首要任务是建立国内配套产业，强调与大型汽车公司进行更有效的合作，促进吸引外国直接投资，专门生产零部件、备件和组装汽车产品。同时，这些措施应与贸易促进相结合，进一步扩大出口市场。

4. 汽车供应链发展

（1）新出现的问题和挑战

尽管具有上述优势，但越南汽车供应链发展仍面临诸多挑战。越南企业没有充分利用其地缘经济优势，导致物流成本高昂，进出口业务效率低下。此外，越南的投资者面临以下困难/挑战：①基础设施落后；②监管和法律风险，包括合同执行的不可预测性和非正常税收评估，给外国投资者带来了额外的挑战，使企业束手束脚，必须谨慎应对这些复杂情况；③征地法规繁琐；④多个物流基础设施项目的建设进度经常落后于计划；⑤越南严重依赖外国（特别是中国）进口，其中包括中间产品，这造成了生产准备时间延长，物流成本增加。近年来，东欧和中东等地缘政治紧张局势，加剧了原材料短缺，影响了越南的制造业及其供应能力。这种对外国投入的过度依赖在很大程度上导致了全球供应链的中断和价格的大幅上涨。

（2）主要政策建议

为了减轻对外国进口的严重依赖，至关重要的是，利用 RCEP 框架下的关税优惠和原产地规则，提高国内企业在支持产业提高竞争力方面的技术能力。如果越南企业不能提高自身的技术和创新能力，可能会失去竞争力，甚至被其他东盟成员国甩在身后。因此，政府需要制定综合政策，为越南企业获取现代技术和提升制成品价值链创造便利环境。

对于汽车行业，RCEP 可以通过扩大规模经济（在越南零部件/成品专业化生产领域服务整个 RCEP 市场），深化原产地证书利用率，扩大消费市场规模，为越南推动汽车行业发展创造有利条件。在短期内，必须促进对成品生产的投资，特别是对汽车工业不太发达的东盟国家，尤其是缅甸、老挝和柬埔寨;同时,吸引外国直接投资专门生产变速箱、保险杠、发动机、安全玻璃、照明设备或其他信号设备和轮胎,尽量减少对进口的严重依赖。

(五) 结论

RCEP 对越南生效已进入第三个年头,由于疫情、地缘政治和地缘紧张局势的不利影响,以及许多发达国家经济停滞和中国的经济放缓,越南经济面临许多困难。RCEP 生效的头两年(2022 年、2023 年),越南与 RCEP 成员国的贸易表现喜忧参半。贸易份额略有增加,平均占越南全球对外贸易总额的55%以上。换句话说,加入 RCEP 是维持越南进出口的关键支持因素,并在越南对美国和欧盟出口大幅下降期间成为重要的贸易促进因素。

RCEP 生效后,越南与 RCEP 成员国的贸易表现是诸多并发影响因素共同作用的结果,很难抽丝剥茧将这些因素明确区分开来,其中包括:①越南与RCEP 成员国之间的关税减让水平;②越南和一些 RCEP 成员国的其他并行自由贸易协定的关税减让百分比;③新冠疫情和乌克兰危机导致供应链中断,随后许多市场价格飙升,阻碍了 RCEP 内部贸易和经济增长;④日本的"中国加一"战略因素、中美贸易摩擦、地缘政治紧张局势和一些亚洲北部国家的"新南向"政策所创造的新投资和贸易流入。此外,有助于促进贸易、投资和供应链的一个重要因素是原产地证书利用率,尽管在上升,但仍然相对较低。越南企业在利用该协定的原产地规则激励措施方面面临诸多困难和挑战。

七、RCEP 对柬埔寨经济和产业发展的影响[①]

本部分研究了 RCEP 对柬埔寨经济发展和产业结构的影响;通过探讨RCEP 对贸易、供应链、投资和产业的影响,评估了柬埔寨进一步融入区域及全球价值链的潜力;还分析了柬埔寨与 RCEP 其他成员国加强经济合作的前景。最后,本文提出政策建议,以实现 RCEP 利益最大化、应对挑战,并推动柬埔寨经济转型。

---

① 作者:Kin Phea,柬埔寨皇家科学院国际关系研究所所长、博士。

（一）简介

1998 年东南亚金融危机暴露了东盟的脆弱性，催生出东盟的经济战略，以进一步深化区域一体化。鉴于这场危机以及中国日益增长的影响力、WTO 进程停滞和区域化发展趋势，东盟内部需要开展更全面的经济合作。为了实现这一目标，东盟寻求与外部伙伴进行合作，最终促成了 RCEP，成员国据此建设统一市场，推动区域经济增长。

正值柬埔寨经济快速转型之际，RCEP 和《中柬自由贸易协定》于 2022 年 1 月开始实施。RCEP 是全球最大的区域贸易协定，涵盖 15 个亚太国家，包括中国、日本、韩国、澳大利亚、新西兰以及东盟十国。RCEP 旨在削减关税、促进贸易，并将亚洲生产活动融入全球价值链。

柬埔寨正从农业国快速转型为产业国，目前处于动态格局的十字路口。RCEP 为柬埔寨带来重大机遇，它使该国能够进入更多市场、吸引投资，并融入全球价值链。与此同时，柬埔寨也面临诸多挑战，包括出口多元化、人力资本开发、数字基础设施建设和知识产权保护等。为了充分发挥 RCEP 的潜力，实现经济的可持续增长，需要解决这些复杂问题。

本文深入探讨了 RCEP 对柬埔寨经济和产业的潜在影响，并研究其对贸易、供应链、投资和产业发展的影响。本文采用政策导向方法，并借鉴学术研究和行业洞察，提出可行建议。希望继续讨论 RCEP 实施情况，并为柬埔寨的政策制定者和企业提供实用指南。最后，本文指出柬埔寨应如何实现 RCEP 利益的最大化，并加速经济转型。

（二）背景

对于东盟的经济发展战略而言，1998 年东南亚金融危机是一个关键转折点。这场危机暴露出东盟依赖外国直接投资和出口市场的脆弱性，促使人们重新评估区域一体化议题。中国日益增长的经济实力进一步影响到这项评估工作，与此同时，WTO 推动的贸易自由化进程陷入停滞，东亚内部经济相互依存程度日益深化，基于这些结构性变化，有必要在东盟框架内深化经济合作（Rillo et al., 2022）。

在此背景下，东盟积极推动与区域外伙伴签署 FTA，以进一步深化经济一体化。为此，各方签署了以下协定：2005 年的东盟—中国自由贸易协定（ACFTA）、2008 年的东盟—日本全面经济伙伴关系协定（AJCEP）、2010 年的东盟—澳大利亚—新西兰自由贸易协定（AANZFTA）、2010 年的东盟—印度自由贸易协定（AIFTA）），以及 2010 年的东盟—韩国自由贸易协定（AKFTA）（Ratna and Huang，2016）。

2011 年 8 月，各国经济部长在东亚峰会（EAS）上积极响应中日提出的联合倡议，加快签署东亚自由贸易协定（EAFTA）和东亚全面经济伙伴关系协定（CEPEA），这为于 2011 年 11 月在印度尼西亚巴厘岛举行的第 19 届东盟峰会上提出"区域全面经济伙伴关系协定"铺平了道路（Rillo et al.，2022）。

2012 年，东盟经济部长（AEM）与六个 FTA 伙伴在柬埔寨金边举行 RCEP 框架第一次会议（Siphana，2021）。RCEP 使该区域有望重塑为一个统一市场，涵盖的人口超过 30 亿，GDP 总和超过 17.23 万亿美元（东盟秘书处，2012）。

2019 年，印度退出 RCEP 谈判。莫迪总理在第三次 RCEP 峰会上表示，该协定未解决印度面临的重大问题，特别是在服务业和农业市场准入方面。印度希望更严格地限制商品进口，同时为本国服务提供商寻求更多市场准入（Rillo et al.，2022）。由于难以就优先事项与其他成员国达成一致，印度决定退出 RCEP，参与国从 16 个减少到 15 个。

RCEP 自 2012 年开始谈判，最终于 2020 年 11 月签署（Jong，2020）。经过 8 年谈判，以及 46 次谈判级会议和 19 次部长级会议（Siphana，2021），在柬埔寨（当时担任东盟轮值主席国）的领导下，RCEP 于 2022 年 1 月正式实施。该协定旨在扩大东盟与其他五个 FTA 国家（中国、日本、韩国、澳大利亚和新西兰）之间的自由贸易。

（三）RCEP

RCEP 是世界上最具潜力的经济集团之一，涵盖东盟 10 个成员国以及中国、日本、韩国、澳大利亚和新西兰。在区域一体化进程中，RCEP 是一次前所未有的尝试，它成为东亚三大制造业强国（中国、日本和韩国）共同参加的首个自由贸易协定。这些经济体有助于创造更多贸易机会，提升东盟成员国的经济运行效率。

RCEP 涵盖 22 亿人口，占全球总人口的 30%。2019 年，RCEP 成员国的 GDP 总和为 38.8 万亿美元，占全球 GDP 的 30%，贸易量占全球贸易量的近 28%（Thangavelu et al.，2022）。

RCEP 旨在削减关税，推动亚洲生产活动融入全球价值链（GVC）。该协定共有 20 个章节，创建出一个综合框架，包括市场准入、商品和服务贸易、投资、贸易便利化、电子商务、知识产权、原产地规则和政府采购。RCEP 推动广泛的贸易自由化，92% 以上的商品免除关税，并开放 65% 以上的服务（Siphana，2021），这有助于提振跨境贸易，大幅加快亚太经济一体化。

RCEP 统一了原产地规则和认证程序，降低了 FTA 项下企业从事贸易的合规成本，从而简化了贸易流程。这特别有利于复杂的全球价值链，该链条涉及以分散方式进行跨国生产（Racela，2022）。

RCEP 规定了原产地规则，以确定商品在区域内的初始产地，并据此降低相关商品的进口税。RCEP 的原产地规则章节中规定了哪些产品有资格享受优惠关税。作为一份详细指南，该章节规定了产品必须在何地制造或加工才能被视为"原产"于该地。该章节还概述了不同类型产品所适用的特定规则，以及使用少量非原产材料的例外情况。为了防止滥用该规则，RCEP 就如何进行跨国运输以维持产品的原产地资格做出严格规定（东盟，2020）。

原产地规则有两个主要目的。首先，它规定了享受优惠关税的资格。产品需要符合区域价值成分（RVC）才能获得优惠关税待遇。例如，RVC 规则规定，至少 40% 的商品价值必须来自 RCEP 成员国境内。其次，它旨在发展区域供应链。原产地规则激励企业在各个成员国内打造供应链集群。即使产品组件来自不同的 RCEP 成员国，但只要在区域内创造的价值达到足够水平，仍可享受优惠关税（Jong，2020）。

此外，RCEP 第八章的主要内容涉及服务贸易，它为最不发达国家（LDC）发展服务业提供一个必要平台。该协定涵盖各种服务贸易，包括金融、电信和专业服务，并允许相关人员临时跨国流动，以提供这些服务（东盟，2020）。该章节还鼓励成员国以电子方式简化贸易流程，从而推动电子商务的发展。RCEP 要求成员国制定并维护法律框架，为发展电子商务创造有利环境。这些法律应纳入保护数据隐私和消费者的措施（东盟，2020）。RCEP

不仅涵盖商品贸易，还通过其他章节规定了经济和技术合作、投资便利化和知识产权保护，以支持中小企业（SME）的发展，特别是发展中国家的中小企业（东盟，2020）。

1. 柬埔寨经济结构转型

十多年来，柬埔寨 GDP 的年均增长率超过 7%，成为东盟增长最快的经济体之一。制造业是柬埔寨经济发展的主要驱动力，2019 年对 GDP 的贡献率为 36.5%。自国际金融危机以来，制造业占比一直稳步提升。同样，服务业在 GDP 中的占比也不断增长，从 2010 年的 40% 增至 2019 年的 41%。值得注意的是，制造业主要包括食品、饮料和烟草行业，这三大行业对经济活动的贡献率始终在 10% 左右（Thangavelu et al.，2022）。

柬埔寨政府曾提出一项计划，旨在塑造该国的投资格局，并设定了关键目标。该计划的愿景是到 2025 年实现柬埔寨产业结构转型（CDC，2015），从传统上依赖服装制造的劳动密集模式转向技术型产业。为此，柬埔寨需要融入区域及全球价值链、增强国内竞争力，并提高生产力。该战略的一个重要组成部分是 2021 年 10 月 15 日颁布的新法律——《柬埔寨王国投资法》。

自 2012 年以来，柬埔寨经济转型成效显著，不再依赖传统农业。快速产业化对农业产生影响，农业对 GDP 的贡献率从 2010 年的 36% 降至 2019 年的 22% 左右（Thangavelu et al.，2022）。2012 年，从事农业的劳动力占比为 53.2%，到 2022 年大幅降至 36.64%，这表明柬埔寨经济结构日益多元化（O'Neill，2024）。

东盟是柬埔寨最大的服务贸易伙伴，服务贸易金额从 2010 年的 2.14 亿美元增至 2015 年的 4.375 亿美元。柬埔寨与中国、韩国和日本的服务贸易也出现大幅增长，从 2010 年的 8 530 万美元增至 2015 年的 4 亿多美元，特别是与中国（从 4 200 万美元增至 1.33 亿美元）和澳大利亚（从 5 280 万美元增至 8 530 万美元）的服务贸易（Thangavelu et al.，2022）。柬埔寨面向 RCEP 成员国的服务出口主要来自旅游业等传统服务，同时，该国也在发展电信、信息、金融和其他商业服务。

柬埔寨的产业取得增长，劳动力占比从 2012 年的 17.75% 增至 2022 年的 26.57%。这表明制造业还有进一步的发展空间。同样，服务业也成为经济增长的关键驱动力，劳动力占比从 2012 年的 29.05% 增至 2022 年的 36.79%

（O'Neill，2024）。

2.《中柬自由贸易协定》（CCFTA）

《中柬自由贸易协定》（CCFTA）和 RCEP 均于 2022 年生效，这为柬埔寨未来经济发展带来独特机遇。柬埔寨立法机关于 2021 年 9 月正式批准 CCFTA，该协定旨在降低关税和其他贸易壁垒，以扩大双边贸易。

CCFTA 涵盖广泛的经济活动，包括贸易、旅游、投资、运输和农业。根据 CCFTA，柬埔寨出口至中国的 98% 的产品享受免税待遇，中国出口至柬埔寨的约 90% 的产品也享受免税待遇（Kunmakara，2023）。特别是，该协定针对海鲜和农产品等 340 多种柬埔寨产品提供免税准入。2024 年上半年，中柬贸易额大幅增长，双边贸易额激增至 73.1 亿美元，同比增长 18.8%（Khmer Times，2024）。

3. 柬埔寨—韩国自由贸易协定（CKFTA）

柬埔寨—韩国自由贸易协定于 2022 年 12 月生效，双边贸易额取得大幅增长。韩国目前是柬埔寨最大的贸易伙伴之一，2023 年双边贸易额约为 7.51 亿美元。此外，韩国对柬埔寨投资额超过 50 亿美元，为柬埔寨经济增长作出巨大贡献（Ly Rosslan and Nimol，2024）。柬埔寨向韩国出口的主要产品包括服装、纺织品、鞋类和橡胶等，韩国向柬埔寨出口的产品包括汽车、电子产品和药品。

最重要的是，该协定标志着两国将加强合作，其中包括 2022—2026 年间为发展经济提供金融支持，并开展投资合作以及知识产权保护。自 2011 年以来，韩国为柬埔寨农村的路桥建设提供了超过 3.17 亿美元的优惠贷款。这些资金为柬埔寨 18 个省份的项目提供支持，包括磅湛省、特本克蒙省、磅通省、暹粒省和柏威夏省（Ly Rosslan and Nimol，2024）。

柬埔寨—韩国商务论坛结束后，柬埔寨商会与韩国商工会议所正式建立了合作伙伴关系。与此同时，主要机构之间签署了数份谅解备忘录。柬埔寨国家银行与 JB Financial Group、KB Kookmin Bank 和 WOORI Bank 签署了合作协议。柬埔寨信用局与韩国信用局和 JB Bank 也签署了合作协议（Ly Rosslan and Nimol，2024）。

4. 柬埔寨—日本贸易

自 70 年前两国建交以来，日本一直是柬埔寨经济发展的重要合作伙伴。

作为主要外援国，日本为柬埔寨提供了大量资金和技术援助，以发展经济和减少贫困。

除了援助，日本企业还在柬埔寨进行了大量投资，特别是在制造业领域，从而为该国创造出大量工作岗位。在柬埔寨开展运营的著名日本公司包括丰田、本田和美蓓亚三美（Sam，2023）。

2024 年第一季度，柬埔寨对日贸易额激增，出口同比增长 18.4%，达 3.65 亿美元，巩固了日本作为柬埔寨第四大出口国的地位。双边贸易总额增长 11%，达 5.07 亿美元，这使日本成为柬埔寨第五大贸易伙伴。值得注意的是，在此期间内，柬埔寨对日本实现贸易顺差（2.23 亿美元）。柬埔寨向日本出口的主要产品包括服装、箱包、鞋类和家具，从日本进口的主要产品包括机械、汽车和电子产品（Mathew，2024）。

（四）RCEP 对柬埔寨经济的影响

柬埔寨发展委员会最近批准了 268 个项目，投资总额近 49 亿美元。2024 年上半年，投资势头不减，获批项目同比增长三倍。值得注意的是，在此期间内，获批项目达 190 个，投资总额高达 32 亿美元（Vanyuth，2024）。

因此，根据 RCEP 削减关税后，将大幅推动柬埔寨的贸易，并扩大商品和服务的市场准入。随着 RCEP 区域内 90% 以上的流通商品关税得以取消，能够降低柬埔寨企业的进出口成本，从而刺激贸易活动。特别是，柬埔寨对 RCEP 成员国的出口展现出巨大潜力，年增长率高达 33.5%，远超全球水平（13.7%）（Ratna and Huang，2016）。

此外，Sok Siphana 博士 2022 年指出，柬埔寨的多种产品可享受 RCEP 优惠待遇，包括初级农产品（腰果和芒果等）以及加工农产品（面条和果酱等）。此外，柬埔寨的各种产品也享受优惠待遇，包括自行车、服装、车辆零配件和家具（Siphana，2022）。区域价值链内的不同生产阶段分散在多个 RCEP 成员国，借助优惠关税，柬埔寨可提升其在区域价值链中的参与度。通过融入区域价值成分，柬埔寨中小企业可专注于特定生产阶段，发挥其比较优势，并吸引外国投资。

1. 投资

柬埔寨《投资法》提供了最新法律框架，以吸引外国投资。该法律的一个主要特点是针对 19 个行业建立了全面激励架构，包括数字基础设施、环境可持续性、能源效率、旅游、劳动力发展、物流、研发和基础设施建设。

注册为合格投资项目（QIP）的投资活动可获得两种激励选项：第一种是免缴所得税。根据这种激励，合格投资项目可在 3~9 年内免缴所得税，具体取决于所属行业和投资活动性质。《财务管理法》就免税期做出具体规定。免税期届满后，合格投资项目必须按照应税总额的一定比例纳税，前两年为 25%，之后两年为 50%，最后两年为 75%（CDC，2021）。

第二种激励是为企业提供加速进行资本支出税收抵免的机会。企业可在 9 年内申请特定成本价值双倍扣除。《财务管理法》及任何后续条例中规定了具体详情，包括合格支出、适用行业以及抵扣期限等。

投资政策旨在简化手续，促进外国直接投资流入柬埔寨。《投资法》就合格投资项目提供清晰指南，从而为企业创造出有利环境。RCEP 中的投资章节是对柬埔寨《投资法》的有力补充。RCEP 注重保护投资、实现自由化、采取促进措施以及提高便利度，这与柬埔寨投资政策的总体目标保持一致。RCEP 还通过争议解决和后续服务条款来增强投资者信心，为投资者提供全面支持，从而改善柬埔寨投资环境（东盟，2020）。

在 RCEP 实施后，发达成员国将增加投资，从而对柬埔寨的发展产生积极影响。据此，柬埔寨将从 RCEP 发达经济体转移制造活动中受益。发达成员国正在转向人工和运营成本更高的高科技生产，并将劳动密集型产业外包给成本较低的其他东盟国家。RCEP 统一了原产地规则，这将促使制造业流向柬埔寨等发展中国家，这些国家的劳动力工资和技能水平较低，对于劳动密集型行业（例如服装加工）而言，这将带来成本优势（Siphana，2022）。

除此之外，RCEP 贸易便利化章节还规定了差别待遇条款，以满足发展中成员国的特定需求。根据差别待遇，欠发达国家有更多时间增强关键行业的实力，直至统一适用 RCEP 政策。例如，在实施数字海关系统和管理流程方面，柬埔寨获得五年的宽限期（Thangavelu et al.，2022）。

RCEP 秉持包容性发展，以确保广泛参与，因此，作为欠发达国家，柬埔寨有更多时间来适应相关规定，柬埔寨在基础设施投资和培训方面获得更大弹性，以便其建立有效的海关系统（Jong，2020）。最终，这种平衡做法有助于加强区域经济一体化，并使柬埔寨等国家充分受益于区域全面经济伙伴关系协定（RCEP）。

2. 贸易

对于贸易（特别是商品贸易）而言，RCEP 同时带来挑战和机遇。东盟内部贸易有着悠久历史，同时已经与主要合作伙伴签署协定，但是，为 15 个国家创建统一框架的工作十分复杂，也有新挑战。面对各国的多种关税表以及不同规则，企业感到困惑，跨境贸易也十分耗时。因此，对一些 RCEP 成员国来说，需要 20 年的时间才能完全取消关税。为了享受优惠关税，各国需要遵守特定的原产地规则。

柬埔寨经济依赖出口，但由于产品和市场范围有限，经济结构很脆弱。在出口结构中，服装、鞋类和农产品占主导地位，贡献了大部分收入。美国仍是柬埔寨的主要出口市场，2023 年对美出口额为 81.4 亿美元，占出口总额的 39.7%，比上年略降 0.9%。美国、越南、中国、日本和加拿大合计占柬埔寨出口总额的 67.8%，金额达 139.1 亿美元，同比增长 4.45%（Pisei，2023）。

尽管 RCEP 已生效，但柬埔寨的大部分承诺尚未得到充分履行，特别是第 2 章（商品贸易）、第 3 章（原产地规则）、第 4 章（海关程序和贸易便利化）、第 5 章（卫生和植物检疫措施）、第 8 章（服务贸易）和第 12 章（电子商务）所涉承诺（UNCTAD，2020）。

柬埔寨实施原产地声明制度的期限为 20 年，这不同于 RCEP 其他成员国（期限为 10 年）（Thangavelu et al.，2022）。值得注意的是，根据 RCEP 原产地规则，出口商可通过三种方式来证明产品原产地：正式的原产地证书、获批的原产地声明或者自我认证的原产地声明。这些因素可能大幅削弱该协定带来的整体优势。

RCEP 为柬埔寨规定了很长的适应期，并排除很多产品，这使其面临重大挑战。延长关税削减期限导致柬埔寨难以充分受益于贸易壁垒的降低，与快速实施自由化的国家相比，这减慢了柬埔寨的经济增速。此外，柬埔寨产品在其他市场可能被征收更高关税，导致竞争力下降，并抑制了出口潜力。

柬埔寨最近开始转向制造高价值产品（包括零部件和运输产品等），但规模较小，并未显著改变整体出口模式。因此，如果未实现出口（包括服务贸易）多元化，柬埔寨就可能错失一些潜在优势，例如增强对全球经济波动的抵御能力、增加各行业的工作岗位，以及实现更平衡的经济发展。

3. 数字人才

RCEP 非常重视电子商务和数字贸易，这为柬埔寨小型企业带来重大机遇。柬埔寨先进的数字基础设施和开放经济为这些企业的在线扩张创造了理想条件。柬埔寨有望迎来更多外国企业（包括电子商务平台）投资，并扩大RCEP 市场内部的贸易规模。

这为中小企业带来大量机会，他们在柬埔寨经济发展中发挥着关键作用。作为国家经济支柱，中小企业吸纳了 70% 的劳动力，GDP 贡献占比为 58%，企业数量占比为 99.8%（Narin，2022）。中小企业可充分利用不断增长的服务业，为柬埔寨的经济多元化和可持续增长作出贡献。

但由于以下严重问题，柬埔寨的数字贸易发展受到限制。首先，国民缺乏有效使用在线工具的数字技能和资源，从而限制其从事数字经济。其次，柬埔寨未制定强有力的打击网络犯罪和数据保护法律，这带来不确定性，妨碍了企业参与数字贸易。最后，与外国企业相比，国内企业须遵守繁琐的电子商务法规，这使其处于竞争劣势。

《柬埔寨数字经济和社会框架 2021—2035》指出，柬埔寨数字人才存在短缺。该国约有 50 000 名数字专业人员和中等技能 ICT 人才。尽管数字技能普及率为 80.5%，但只有 28% 的学生使用计算机接受高等教育，而泰国和印度尼西亚的这一比例为 70%（The Supreme National Economic Council，2021）。

柬埔寨有 105 所教育机构，但这些机构缺乏必要资源和适当的质量控制措施。为了弥补紧迫的人力资源发展差距，教育领域需要进行战略投资，否则，这将进一步加剧教育成果与劳动力市场所需必要技能之间的现有差距（Charadine，2020）。

由于延缓参与数字贸易，柬埔寨面临一些潜在后果。首先，该国可能无法获得相关经济收益，例如增加出口和工作岗位。其次，由于在数字贸易谈判中落后于东盟邻国，可能损害柬埔寨的竞争力。再次，数字贸易一体化缺乏进展，可能阻碍对重要数字基础设施的投资，最终减缓经济增长和发展。最后，柬埔寨可能错失外国投资以及将该国打造成区域数字贸易中心的机会。

4. 知识产权

对于柬埔寨在 RCEP 项下的经济增长而言，知识产权至关重要。通过有效保护知识产权，有助于吸引外国投资，刺激创新，并提升柬埔寨产品的品牌价值。通过保护知识产权资产，还可促进技术转让，并无缝融入全球经济。

但是，柬埔寨的工商业资源有限，这阻碍了该国的经济增长和发展。与发达国家不同，柬埔寨缺少关键的知识产权资产，例如药品专利、创新产业设计、独特品牌商标和先进软件版权。这一缺陷导致该国难以参与全球竞争和推动技术进步。

因此，建立信任和信心对于中小企业的发展至关重要。若要实现可持续发展，需要提高数据（包括个人数据）保护水平。如果消费者和投资者认为个人信息和数据得到保护，就会更愿意参与在线活动。通过提升数字参与度，可促进创新，吸引资本，最终推动经济增长。

（五）政策建议

柬埔寨可通过利用来自 RCEP 成员国（特别是日本、中国和韩国）的大量支持，包括专业知识和资源，发展基础设施和上层架构，以充分受益于 RCEP，并成为区域价值链中的有竞争力成员。对于基础设施，尚有一些关键领域需要改进，包括金融体系、建筑、交通、人工智能、大数据、劳动力、能源、信息和通信技术等。

为了推动 RCEP 的全面实施，加强 RCEP 的扩容和升级，柬埔寨需从以下几方面着手。

在本国设立 RCEP 秘书处，以有效实施和利用该协定。为确保利益最大化，秘书处或独立机构应密切监控关税状况，设立专门平台，以提供有关关税税率和原产地规则的便利信息。东盟自由贸易区遇到一个重大挑战，即由于人们的认识不足，妨碍其享受优惠税率，而这种积极主动的做法即可解决这一挑战。通过公开披露 RCEP 使用率，并将该做法制度化，秘书处可提高透明度，并促使成员国和企业做出明智决策。

每个 RCEP 成员国应优先考虑向所有利益相关者（特别是中小企业）有效传达有关该协定的益处和机会的信息。

柬埔寨不应受限于低附加值产业，而应优先考虑可能扩大中等技术/高技术产业的外国直接投资，以创造更多价值，并高度融入区域及全球价值链。

　　柬埔寨应优先建立健全的法律和监管框架。这包括制定有关电子商务、市场竞争、消费者保护和数据隐私的全面立法。这一框架将营造有利环境，以推动企业发展，维护消费者权益，吸引外国投资，最终推动柬埔寨的数字化转型和经济增长。

　　正如丝路电商和共建"一带一路"倡议所示，中国在技术基础设施建设领域发挥着领导作用，柬埔寨应积极寻求与中国建立更多合作关系，以复制其成功模式。柬埔寨应优先在数字支付系统、电子商务平台、电信基础设施等领域开展合作，以加快数字化转型。

　　为了培养符合行业需求的劳动力，日本跨国公司可成为宝贵合作伙伴，以获得其技术援助。这些公司寻求业务多元化，在该区域获得更有利的市场准入机会，并利用柬埔寨的熟练劳动力。因此，柬埔寨的友好营商环境、精简行政流程和发达基础设施都有助于日本跨国公司的投资和运营。

　　通过结合 CKFTA 和 RCEP，再加上柬埔寨和韩国之间现有的银行协议，柬埔寨将加速营造有利环境，以推动数字支付。这些协定会扩大贸易、投资和技术转让，从而推动对数字支付基础设施的需求和投资。此外，RCEP 还将扩大市场规模，从而促进数字支付服务的增长。

　　柬埔寨需要探索降低运营成本的方法，包括鼓励提供优惠能源价格和降低物流成本。政府还必须采取更多措施，制定强有力的规则和法规，以减少腐败，改善投资环境。

　　政府应优先投资于研发（R&D），促使柬埔寨中小企业从商品型企业转型为品牌型企业。通过鼓励创新、改善产品质量、提高效率、扩大市场范围和保护知识产权，研发工作将使中小企业能够参与全球竞争，强化本地品牌，并推动经济增长。

　　柬埔寨政府还需要积极支持数字支付的发展。邮电部投资 1 200 万美元开展各种举措，包括能力建设研发基金（CBRD），以加强 ICT 能力建设和研究（Narin，2022：14）。Techo 创业中心提供的指导、技术援助和人才加速计划促进了数字支付领域的创新。柬埔寨证券交易所（CSX）成长板还为中小企业提供了融资平台，可推动数字支付解决方案的发展（Narin，2022）。据此，柬埔寨可以利用 CBRD 和 Techo 创业中心等现有举措来推动数字化转型，以培育强大的数字生态系统。柬埔寨还应增加对 ICT 能力建设和研究的投资,以刺激数字支付领域的创新,同时通过 CSX 等平台为中小企业提供更多融资渠道,以推动该行业的增长。

基础设施建设能够使柬埔寨的上层架构深深融入数字经济,从而促进电子商务、支付系统、娱乐和共享经济的增长。通过在战略层面上协调国家政策和 RCEP 条款,柬埔寨和 RCEP 其他成员国的经济地位将共同得到提升,并通过强大研发、高效生产和更大市场规模,将商品转化为全球认可品牌。

第四篇　实践探索篇

中国地方对 RCEP 的实施情况

RCEP 生效实施两年多来，中国各地方积极推动高质量实施 RCEP 工作，为企业利用 RCEP 优惠提供更多支持、营造更好环境，取得了积极成效。

一、中国地方发展实践①

中国各地方积极落实《关于高质量实施 RCEP 的指导意见》，结合本地实际开展实践探索，形成一系列具有代表性的经验做法。2024 年 5 月，中国商务部办公厅发布关于参考借鉴好经验好做法 高质量实施《区域全面经济伙伴关系协定》（RCEP）工作的通知，为地方政府进一步落实 RCEP 工作指明方向。

（一）加强顶层设计，形成统筹推进合力

强化对 RCEP 实施工作的统筹领导，将高质量实施 RCEP 融入到本地发展战略，结合本地区位优势和发展规划等实际情况构建实施政策体系；建立完善 RCEP 跨部门联合工作机制，推动各部门工作联商、服务联动、资源联享。例如，广西制定《广西高质量实施 RCEP 行动方案（2022—2025 年)》，建立高质量实施 RCEP 工作联席会议机制；辽宁印发《辽宁省高质量实施 RCEP 工作方案》，成立推进落实 RCEP 工作机制；福建制定《福建省全面对接〈区域全面经济伙伴关系协定〉行动计划》《福建省高质量实施〈区域全面经济伙伴关系协定〉的若干措施》《关于深化金融支持福建省全面对接 RCEP 的指导意见》等，推动形成政策合力。

（二）聚焦货物贸易，护航企业用足用好优惠规则

结合本地优势产业和 RCEP 国别市场机遇，健全支持体系，助力企业精

---

① 作者：王蕊，商务部研究院亚洲所研究员。

准享受优惠关税与通关便利；深入指导企业灵活运用原产地累积规则，深度参与 RCEP 域内产业链供应链合作。例如，山东持续优化 RCEP 企业服务中心，上线"鲁贸通"查询平台 AI 版，将人工智能技术融入进出口税率智能查询、关税对比、原产地证据链存证及深度查询追溯等功能；天津完善 RCEP 关税政策查询公共服务平台，编印《RCEP 解读与应用》，指导企业选择最佳享惠方式调整进出口市场；深圳海关对具备享惠潜力的重点企业开展一对一调研和应用辅导，培育经核准出口商 34 家。

（三）推动服务贸易和投资合作，助力企业开拓国际市场

一方面，培育 RCEP 服务贸易新动能，大力拓展数字贸易、跨境电商、文化贸易、中医药等领域合作。例如，厦门举办 2023 中国（厦门）国际跨境电商展览会，达成意向订单金额 40.26 亿元；深圳发挥文博会文化产业平台优势，设立"文博会 RCEP 专题咨询服务站"，助推企业与 RCEP 成员国文化贸易；重庆联合新加坡举办"新加坡·重庆周"活动，合作开发重庆新加坡连线旅游产品，深入拓展医养国际合作。

另一方面，深化与 RCEP 成员国双向投资合作，鼓励企业在 RCEP 区域内进行产业链供应链布局，增强风险防控保障等。例如，福建开展"RCEP 重点国别外资企业福建行""RCEP 青年侨商创新创业峰会"等活动，推动中国—印度尼西亚、中国—菲律宾经贸创新发展示范园区建设，大力拓展投资合作；天津充分利用"走出去"企业海外投资保险统保平台政策，提高对企业赴 RCEP 成员国开展投资的资金支持比例。

（四）营造良好营商环境，助力 RCEP 高质量实施

一是搭建 RCEP 经贸合作平台，增加政策透明度，多渠道宣传解读 RCEP 实施政策动态。例如，安徽举办 RCEP 地方政府暨友城合作（黄山）论坛，为促进 RCEP 框架内各国地方政府特别是友城之间的交流合作搭建了重要平台；山东自 2021 年起连续四年举办 RCEP 区域进口商品博览会，搭建了"内外循环"的开放通道；福建成立专门对接 RCEP 的经贸合作交流平台——福建亚太经济贸易合作促进会，成功举办中国—东盟网红大会暨"福建品牌海丝行"活动、福建金融对接 RCEP 经贸合作发展促进会议等活动。

二是加强知识产权保护，建立 RCEP 重点产业、重点领域的涉外知识产权风险防控体系和纠纷应对指导机制。例如，广西发布《RCEP 框架下企业知识产权合规指引》；北京成立 RCEP 知识产权公共服务平台，为创新主体提供面向 RCEP 区域国家的全链条集成化知识产权服务。

三是加密面向 RCEP 成员国的航线网络，畅通与 RCEP 成员国贸易投资物流通道。例如，山东构建中日韩"海上高速公路"，物流时效媲美空运；厦门开通到菲律宾跨境电商海运快捷通道，增开跨境电商空运专线。

四是拓展 RCEP 区域标准化国际合作，促进与 RCEP 成员国标准协调对接。例如，广西与国家市场监督管理总局共建的"中国—东盟/RCEP 标准云平台"收录 RCEP 成员国标准题录信息 8.2 万条，为社会各界提供权威标准信息支持。

二、广西：高质量实施 RCEP 经验做法①

RCEP 生效实施两年多来，根据商务部统一部署，广西充分利用区位和产业优势，不断深化与 RCEP 其他成员国的经贸合作，对接实施 RCEP 工作取得积极进展。

（一）广西与 RCEP 成员国经贸合作基本情况及特点

2023 年，广西与 RCEP 其他成员国进出口达 3 905.1 亿元，占广西进出口额的 56.3%，增长 23.7%，增速位居全国第三，增量（746 亿元）位居全国第一。2024 年 1—7 月，广西与 RCEP 其他成员国进出口 2 425 亿元，增长 23.2%，占全区进出口总额的 60.4%，增速在全国排名第 5，总额在全国排名第 8。2023 年广西对 RCEP 其他成员国货物进出口主要呈现以下特征：

一是进出口增速明显，企业享惠实际效果持续释放。广西对东盟进出口达 3 394.4 亿元，增速 22.8%。其中，广西对东盟出口 2 403.4 亿元，增长 19.7%；自东盟进口 991 亿元，增长 31.1%。东盟占同期广西进出口总值的 48.9%。广西产品进入东盟市场成效显著。作为面向东盟的"桥头堡"，广西

---

① 作者：来守林，广西大学工商学院副研究员。

仍然保持对接 RCEP 成员国家贸易重点的作用。随着 RCEP 进入全面生效实施新阶段以及中国—东盟自由贸易区 3.0 版升级建设，广西与东盟双方经贸交流合作将日益密切。

二是产业链升级，进出口结构优化。2023 年广西对东盟出口机电产品的比重不断提升，自东盟进口能源产品、农产品等也大幅增长，双边互补性贸易结构逐步形成。2023 年，广西对东盟进出口中间品 1 653.9 亿元，增长17%，占广西对东盟贸易总值的 48.7%。其中，广西发挥面向东盟的南方汽车出口制造基地优势，2023 年出口汽车零配件 29.7 亿元，增长 3.5%；出口汽车成套散件 1.7 亿元，增长 7.4 倍。借助与东盟产业链优化升级，广西"新三样"产品：电动载人汽车、锂离子蓄电池和太阳能电池，出口规模首次突破 150 亿元，2023 年合计出口 155.7 亿元，增长了 1.9 倍，拉动同期广西出口增长 2.8 个百分点。其中，电动载人汽车出口 61.8 亿元，增长 8.8 倍。东盟是中国农产品和能源产品的重要进口来源地，中国棕榈油进口几乎全部来自印度尼西亚和马来西亚，印度尼西亚、缅甸分别是中国煤炭、锡矿砂第一大进口来源国。

三是支持边贸创新发展，达到新高度。近两年来，广西边境口岸通关能力和效率大幅提升，边境贸易快速回暖，进出口规模稳步提升。一方面，对越双边贸易继续提升。2023 年，广西对越南边境贸易进出口 1 246.8 亿元，增长 27.5%，拉动同期广西对越贸易增长 13.7 个百分点。中越光伏产业加快布局，广西立足区位、企业优势。2023 年，广西对越南出口光伏产品 8.6 亿元，增长 16.6%，越南已成为广西光伏玻璃第一大、太阳能电池第二大出口目的地。另一方面，广西实现 RCEP 东盟国家农产品输华准入，进口力度加大。RCEP 生效实施两年多来，全区累计培育 12 家企业取得经核准出口商资格，申领原产地证书和声明出口企业 190 家。2023 年，南宁海关累计签发 RCEP原产地证书 2 381 份，签证金额 1.93 亿美元，分别同比增长 28.56% 和49.61%；全区贸促系统签发优惠原产地证书份数同比增长 35%，签证金额同比增长 382%，为企业节省关税同比增长 383%。其中签发 RCEP 原产地证书为企业节省关税增长了 129%。加快 RCEP 其他成员国优质农食产品检疫准入进程，推动柬埔寨椰子、老挝芒果、泰国西番莲等东盟 20 多种优质农产品实现输华准入，在不断满足区内消费需求的同时，也为广西与东盟双边贸易注入新活力。2023 年上半年，广西进口东盟农产品 88.1 亿元，增长 53.9%，拉动同期广西自东盟进口增长 12.1 个百分点。其中，越南鲜食榴莲进口 17.4 亿元。截至 2023 年底，全区海运互市贸易进口跨境人民币付款 4992.2 万元，占海运互市贸易进口总额的 61.7%。

（二）广西高质量实施 RCEP 的经验和成效

1. 建立完善工作机制

一是制定工作方案，建立工作机制。广西印发了《广西高质量实施 RCEP 行动方案（2022—2025 年）》的通知（桂政发〔2022〕13 号），成立了自治区分管领导任总召集人，自治区政府办公厅和商务厅主要领导为副召集人，发展改革、财政、贸促、海关等部门及 14 个市分管市领导为成员的联席会议。统筹推进高质量实施 RCEP 工作，联席会议根据工作需要定期或不定期召开会议，研究高质量实施 RCEP 的重大政策、重大事项。

二是加强公共服务，指导企业开拓市场。聚焦广西重点发展产业，让 RCEP 的政策红利落到实处，广西商务厅梳理制定并印发了《广西出口 RCEP 零关税优势商品清单》《广西进口 RCEP 零关税优势商品清单》和《广西优势产业货物贸易降税商品清单》"三张清单"，指导企业精准用好 RCEP 规则。《广西出口 RCEP 零关税优势商品清单》主要聚焦广西企业出口前 1 000 种商品中，相较其他协定新增的 RCEP 首年关税降为零的优势商品，265 项广西商品出口到日、韩、东盟等，RCEP 项下立享零关税。《广西进口 RCEP 零关税优势商品清单》主要聚焦广西企业进口前 1 000 种商品中，RCEP 实施首年较其他自贸协定新增关税为零的优势商品。《广西优势产业货物贸易降税商品清单》对广西进口、出口前 1 000 种商品的 RCEP 关税减让安排进行列表分析。该项清单列出 RCEP 实施后有降税空间的商品 1 410 项，其中出口商品 897 项，进口商品 513 项，对纺织、化工、机械、汽车、绿色家居等产业影响突出。

三是举办培训宣介，增强企业对 RCEP 掌握能力。开展多形式宣传。广西商务厅、贸促会、南宁海关等在官方网站设立 RCEP 专栏，包括 RCEP 政策、RCEP 资讯、RCEP 解读、RCEP 指南等。广西贸促会每周坚持采编出版一期《RCEP 动态参考》，及时提供 RCEP 成员国的最新经贸信息。开展全方位培训。2021—2023 年商务部会同全国工商联指导广西连续三年举办 RCEP 全国中小企业专题培训，共培训中小企业员工 600 多人次，帮助中小企业充分利用 RCEP 优惠政策，不断提升企业的国际竞争力。2022 年广西举办广西企业运用 RCEP 拓展区域市场最佳实践案例评选大赛，扩大在企业层面 RCEP 推广应用。认定首批 4 个高质量实施 RCEP 示范项目集聚区，推动地方政府高质量实施 RCEP。

四是建设数据库和文献库，加强调研分析。广西商务厅建设了广西 RCEP、CPTPP 数据库，全面系统地整合 RCEP 和 CPTPP 国家、广西及国内其他省区市的相关政策法规、智库研究报告、政经动态等文献信息，汇集内外部多个权威来源的海量外经贸统计数据，同时采用现代信息技术，对 RCEP 和 CPTPP 国家、广西及其他与 RCEP 和 CPTPP 重点合作省份的宏观经济运行、对外贸易、双向投资、政策变动等进行可视化动态监测、对比分析、预警预测，推动提升广西企业利用 RCEP 开展业务的水平以及综合研判和决策能力，为广西开展高质量对外开放合作提供政策制定和领导决策依据参考。系统自动抓取 WTO 等国际组织数据，每月由研究团队编写 RCEP 数据库月度分析报告，每季度编写一篇专题报告，每年编写一篇年度发展报告，发布出版一份蓝皮书。

2. 促进货物贸易增长

一是利用 RCEP 优惠关税开拓国际市场。广西林业资源丰富，造纸产业拥有雄厚基础，2022 年广西浆纸总规模接近 1 000 万吨。广西某纸业集团是中国企业 500 强、世界造纸 20 强，该纸业集团积极研究 RCEP 生效后纸制品关税减让情况，利用 RCEP 实施优化造纸产业链布局，加速产业结构调整。利用 RCEP 生效后菲律宾、泰国、印尼、澳大利亚、越南等国家对 48 章 4805、4810 白卡纸税率降为 0 的优势，调整产业布局，拓展海外市场，2022 年集团对 RCEP 成员国出口达 2.3 亿元，项目全部建成投产后预计出口超过 5 亿元。

二是指导企业运用原产地累积规则扩大出口规模。2022 年广西的汽车产量为 177 万辆，高居各省份第六名，其中柳州市是主要的汽车生产和出口基地。截至 2023 年年底，柳州市汽车出口累计突破 100 万辆。柳州市某汽车制造企业深入研究 RCEP 原产地累积规则，积极抢占海外市场，斥资 7 亿美元在印尼设立子公司，并正在泰国布局生产基地。该企业出口销量2022年达到14.6万辆，累计超过90万辆。柳州市另一家汽车企业2022年出口达3.3万辆。

三是指导企业自助出具原产地证书。柳州某工程机械集团是我国工程机械行业的佼佼者，在全球拥有20个制造基地，超过10 000名员工、24个研究机构、17个区域配件库，在RCEP成员国内有130个网点。该集团深入研究RCEP投资便利化条款、原产地规则、原产地证书自主声明制度等，进一步深化RCEP区域国家的产业链供应链布局，尤其是利用我国与日本首次签订自贸协定，在进口主要零部件降税安排方面取得不俗成绩，2023年对日进口零部件近1亿元，享惠金额近100万元。同时从日本进口的零部件也作为原产部分纳入原产地累积规则享受更低的关税。该集团申请并核准成为广西机械制造行业第一家经核准出口商，可以自行开具原产地声明证书。RCEP实施后，该集团对印尼、澳大利亚两个成员国出口表现亮眼。2022年对东盟最大经济体的印尼出口剧增140%。澳大利亚是资源大国，对工程机械需求旺盛，该集团利用工程机械对澳大利亚出口零关税优势，2022年对澳出口剧增145%。

四是培育经核准出口商。RCEP生效实施两年多来，广西累计培育12家企业取得经核准出口商资格，申领原产地证书和声明出口企业190家。广西钦州一家浆纸业企业获批成为"经核准出口商"后，自主出具原产地声明，极大提高了企业出证效率，2022年出口RCEP成员国2.1亿美元，享受关税减让107万元。

五是优化监管模式，助力相关商品进口。广西口岸办公室和南宁海关创新实施进境水果"风险分级+分层查验"监管模式改革，叠加"附条件提离"便利化措施，针对水果进口设立"绿色通道"，提供7×24小时预约通关服务，确保水果快速通关。友谊关口岸成为中国最大陆路水果进出口口岸，平均每分钟有近2吨东盟水果进入中国。首创"1+1+N"智慧商检应用场景，有效提升了进口铁矿和煤炭监管效能。有关措施有力地促进了相关商品从RCEP国家进口，2023年广西自澳大利亚进口商品274.05亿元，同比增长104.55%。2023年，中国对东盟进出口水果约930亿元，同比增长26.1%，其中经广西口岸进出口约300亿元；南宁海关监管进口越南榴莲43.2万吨，占全国进口越南榴莲总量的 87.6%。

3. 打造良好营商环境

一是举办贸易投资促进活动。为积极应对乌克兰危机持续胶着以及美欧"消减通胀"冲突导致的世界经济"高通胀、高利率、低增长"对广西外贸和利用外资的影响,在 RCEP 生效后,巩固对东盟的传统合作优势,扩大对日韩经贸合作,拓贸易,提外资,强机制,2023 年初新冠疫情稳定后,广西组织七批次经贸代表团赴东盟国家和日韩开展系列经贸合作活动。

二是加强知识产权保护。广西市场监管局(知识产权局)积极加强知识产权保护,在南宁建设面向中国—东盟/RCEP 国际知识产权总部基地,建立知识产权保护绿色通道,创新开展知识产权保护状况评价、发布维权援助团体标准、建立技术调查官制度,设立首家境外维权援助工作站,全力构筑大保护格局。建立国际知识产权风险预警和应急机制,编制《RCEP 框架下企业知识产权合规指引》。加强对外交流合作,与世界知识产权组织(WIPO)、国际保护知识产权协会(AIPPI)、中华商标协会、知识产权出版社等多家单位建立紧密联系机制。

三是促进跨境电商发展。广西积极拓宽跨境电商物流通道,已形成多线通达的跨境电商物流主干。南宁跨境电商综试区建立面向东盟的"跨境电商+国际联运"新模式,打造以南宁为枢纽的"陆海铁空立体物流体系",引进邮政、百世、圆通、协成等企业打造跨境电商物流供应链体系,形成畅通国内、辐射东盟、通达全球的跨境电商出口"南宁通道"。2023 年成立柳州和贺州跨境电商综试区。加强与境外园区合作,支持企业建设面向 RCEP 的海外仓,支持企业充分利用跨境电商 B2B 出口模式开拓海外市场。

(三) 有关问题困难及建议

一是 RCEP 原产地规则应用熟悉不够,特别是累积规则利用率低。据有关测算,2022 年越南 RCEP 出口规则利用率仅为 0.67%;泰国 2022 年和 2023年 RCEP 出口规则利用率分别仅为 1.9% 和 2.7%;马来西亚自 2022 年 4 月至2024 年 2 月,享惠出口货值仅占其对 RCEP 市场总出口的 0.07%;2023 年中国企业出口、进口规则利用率分别为 4.21%、1.46%。另外,企业反馈中国—东盟自贸区协定下已超过 95% 商品零关税,RCEP 个别商品税率比中国—

东盟自贸协定高，申报 RCEP 原产地证书不如申报中国—东盟自贸协定原产地证书多。建议：建立区域内部门合作及通报交流机制，发布各国企业应用 RCEP 规则的实践案例，提升 RCEP 原产地规则利用率。

二是一些 RCEP 规则实施软性壁垒仍然存在。企业反映越南对原产地证书只认可海关的，不认可贸促会和企业自主声明，且越南规定原产地证书必须手签，企业自主打印无效，企业人工成本高。建议：依托 RCEP 秘书机构，推动 RCEP 各成员国及时发布 RCEP 实施情况，协调推进各成员国强化在平等准入、公平竞争、产权保护、监管透明度等方面的立法与公平执法，推动 RCEP 透明、顺利、有效实施。

三是东盟国家基础设施短板制约区域经贸合作。目前广西与越南边境规划对接的20条公路，已修到边境13条；线路规划3条，已修抵边境2条。广西与越南仅仅南宁—凭祥—同登—河内铁路贯通，南宁—东兴—芒街—海防高速公路贯通，河内至同登高速公路修到距离边境41公里的支棱县未与中国对接，芒街—下龙—海防铁路在越南铁路规划中优先顺序排河口—河内—海防、南宁—凭祥—同登—河内、南北高铁之后。建议：国家和地方层面继续推动东盟国家与我国基础设施互联互通，为深化区域经贸合作提供有力支撑。

三、RCEP 框架下辽宁打造东北亚—东南亚合作枢纽对策研究①

2023 年 6 月 2 日《区域全面经济伙伴关系协定》（RCEP）正式生效，RCEP 对 15 个成员国全面生效。这一世界上涵盖人口最多、发展潜力最大的自由贸易协定，将持续拉动国际贸易投资增长，以强大的区域动能促进全球经济复苏，为我国构建国内国际双循环协同互动的新发展格局以及经济高质量发展提供助力，也将为地方开放发展注入新动力。RCEP 成员国是辽宁省最重要、最具潜力的合作伙伴之一。随着 RCEP 生效实施，辽宁省与成员国的产业合作关系将更加紧密，RCEP 是辽宁提高对外开放水平的重要发展契机。

---

① 作者：孟月明，辽宁社会科学院东北亚研究所所长、研究员，博士，主要研究方向为东北亚区域合作、RCEP 规则及区域一体化研究。本文为辽宁省 2024 年决策咨询和新型智库委托研究课题阶段性成果，课题名称：《关于推动我省对东南亚国家合作取得实质性成果的对策研究》。

本文立足辽宁区位、通道、产业、资源等优势，提出 RCEP 框架下辽宁打造东北亚—东南亚合作枢纽的对策建议。

（一）辽宁打造东北亚—东南亚合作枢纽的基础和比较优势

1. 区位优势独特

辽宁位于中国东北地区南部，南临黄海、渤海，东与朝鲜一江之隔，与日本、韩国隔海相望，是东北地区唯一的既沿海又沿边的省份。拥有大陆海岸线 2 110 公里，宜港岸线 1 000 公里，深水岸线 400 公里。港口生产性泊位达到 432 个，万吨级以上泊位 249 个，集装箱班轮航线 180 条，全省集装箱、原油、矿石等专业化码头合理布局已基本成型。作为东北唯一的陆海双重通道，辽宁是丝绸之路经济带和 21 世纪海上丝绸之路的重要交汇点，是中国连接东北亚与欧亚大陆桥的重要海陆门户，已开通运营"辽满欧""辽蒙欧"和"辽海欧" 3 条综合运输通道，可为国内及日韩、东南亚等国货物通过辽宁港口北上、西进通达欧洲等国家和地区，提供便利快捷高效的服务，具备充足条件打造东北亚—东南亚合作枢纽。

2. 国际交通网络畅达

2022 年起，辽宁省新增多条面向 RCEP 国家的外贸航线。2022 年 4 月 23 日，东北首趟中老铁路（沈阳—万象）国际货运列车正式运营，在全国率先开通日本商品车由大连港换装铁路运输至中亚国家。2023 年 3 月 18 日，从越南、老挝以及日本、韩国等 RCEP 国家集结的货物，在沈阳以转口贸易的方式，通过中欧班列发往欧洲。沈阳桃仙机场已开通前往首尔、东京、大阪、釜山、济州和芽庄等 RCEP 国家城市的国际航线。大连港东南亚集装箱航线增至 20 多条，基本实现了 RCEP 成员国核心港口全覆盖。2022 年 3 月 3 日，大连港开通直达悉尼、墨尔本和布里斯班等澳洲重点港口的直航航线，到悉尼的航期缩减至最短 20 天。2024 年，大连机场新开首尔货运航线，加密东京、大阪等航线，恢复北九州航线，复航芽庄航线，新增胡志明航线，周国际定期航班量增至 123 班，国际业务量继续保持东北领先。2025 年 3 月，大连至仁川首条"9610"跨境电商海运物流专线正式开通；同时，开创"大连—宜昌—曼谷""大连—宜昌—胡志明""大连—宜昌—河内" 3 条特色国际旅游航线。

3. 积极搭建 RCEP 服务平台

为高质量实施 RCEP，辽宁省率先打造了 RCEP 公共服务平台，在全省范围内开展全覆盖的政策培训。2023 年，持续优化平台服务功能，新增中国进出口商品海关监管条件、申报要素、检验检疫标准、关税及税率等查询功能模块，全面提升平台帮助外贸企业精准对接国际国家市场的时效性、精准性。平台自上线以来，实现累计查询次数超百万次，服务辽宁外贸企业超 5 000 家。① 为确保 RCEP 优惠政策持续释放红利，辽宁省贸促系统、大连、沈阳海关进一步加强联合、主动施惠，全力保障辽宁地区外贸企业用足用好 RCEP 项下各项优惠政策，为辽宁在联通国内国际双循环中发挥更大作用谋篇蓄力。2022 年 9 月 8 日，辽宁自贸试验区沈阳片区 RCEP 一站式服务平台揭牌运行。同年 11 月 16 日，RCEP（大连）国际商务区正式启用，打造集国别展示、专业服务、交流互动、市场拓展、贸易便利等功能的 RCEP 企业"一站式"服务平台。

4. 与 RCEP 国家贸易规模持续扩大

2022 年，辽宁省实现对 RCEP 其他成员国进出口额 2 598.3 亿元，同比增长 2.7%，占全省出口总量达到 32.9%。② 2023 年，对 RCEP 其他成员国进出口 2 484.1 亿元，占全省进出口总值的 32.4%。全省累计签发 RCEP 协定项下原产地证书 40 346 份、同比增长 17.6%，获协定税款减让 1.58 亿元、同比增长 8.1%，省内企业自主出具 RCEP 原产地声明 824 份，新增 AEO 认证企业 19 户、总数达到 155 户。③ 2024 年，全省对 RCEP 其他成员国进出口总额 2 696.1 亿元，同比增长 8.4%，占全省进出口总值的 35.3。④ 2024 年，沈阳海关签发原产地证书 1 500 余份，大连海关签发原产地证书 21 200 余份。辽宁省充分发挥重点境外展会支持政策的撬动作用，鼓励和支持企业开拓 RCEP 国家新兴市场，将日本名古屋国际模具展、印尼汽配展等 22 个 RCEP 国家举办

---

① 《对省第十四届人大二次会议关于 RCEP 背景下加速推进辽宁更高水平对外开放的建议（第 1012 号）建议的答复》辽宁省商务厅 https://swt.ln.gov.cn/swt/zwgkzdgz/jytabljggk/srddbjy/sssjrdechy 2024/2024120410492176676/index.shtml。

② 数据来源：辽宁省 2022 年国民经济和社会发展统计公报。

③ 《对省第十四届人大二次会议关于 RCEP 背景下加速推进辽宁更高水平对外开放的建议（第 1012 号）建议的答复》辽宁省商务厅 https://swt.ln.gov.cn/swt/zwgkzdgz/jytabljggk/srddbjy/sssjrdechy 2024/2024120410492176676/index.shtml。

④ 数据来源：辽宁省 2024 年国民经济和社会发展统计公报。

的展会列入 2023 年重点境外展会清单，占重点境外展会总数的 31%。2023 年全年共组织全省 236 家企业参展，达成意向成交金额超过 21 亿元。

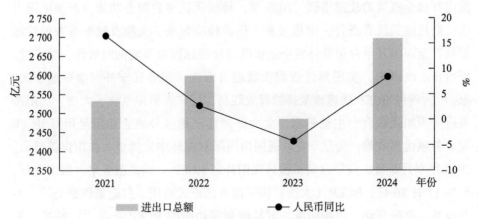

图 4-1 辽宁省与 RCEP 其他成员国进出口额及增幅趋势（2021—2024 年）
数据来源：中华人民共和国沈阳海关官网。

从进口和出口情况来看，2021 年至 2024 年，辽宁省对 RCEP 其他成员国出口额分别为 1 390.8 亿元、1 507、8 亿元、1 480.3 亿元、1 447.0 亿元，进口分别为 1 141.2 亿元、1 090.5 亿元、1 003.8 亿元、1 249.1 亿元。总体处于贸易顺差，2024 年进出口差额在明显收窄，辽宁省对 RCEP 成员国进口产品需求有所提升。

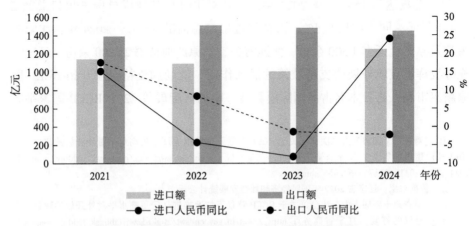

图 4-2 辽宁省与 RCEP 其他成员国进口额、出口额及增幅趋势（2021—2024 年）
数据来源：中华人民共和国沈阳海关官网。

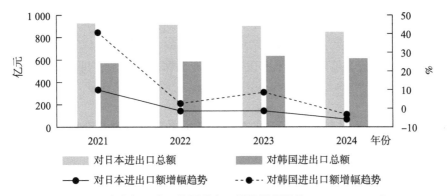

图 4-3　辽宁省与日本、韩国进出口额及增幅趋势（2021—2024 年）

数据来源：中华人民共和国沈阳海关官网。

5. 产业合作不断深化

大连市是全球除日本本土外，拥有日资企业数量排名第三的城市。从投资行业来看，日本对辽投资主要集中在制造业与批发零售业。韩国对辽投资主要集中在制造业，占总投资的 90% 以上，制造业投资主要集中在半导体内存和车载电池领域。特别是日本电产、韩国 SK 海力士、希捷集团等一批外资企业为辽宁经济发展作出了重大贡献。沈阳市积极打造与东盟各国经贸合作新平台，推动中国—东盟（沈阳）高科技经贸产业园项目高水平规划建设。2024 年 9 月在广西南宁举办的第 21 届中国—东盟博览会，辽宁省重点展示设计施工、装备制造、农产品生产、工艺品生产等 20 余家企业在贸易、投资、承包工程等领域的优势，助力企业开拓东盟市场、扩大发展空间、实现合作共赢。

6. "RCEP 智库" 工作成效显著

2022 年 6 月，辽宁省贸促会牵头正式成立了辽宁省 "RCEP 智库"。三年来，智库按照服务市场主体、服务政府决策的宗旨，围绕规则研究、形成成果、咨政建言等为上千家市场主体外经外贸发展和政府决策提供服务，获评辽宁省第二批省级重点新型智库。《创新举措有实招　助企发展见实效　辽宁省 RCEP 智库扎实开展助企服务工作》实践案例，获评中国贸促会服务 FTA 高质量实施推广示范案例一等奖。先后举办中国—老挝合作论坛、东北亚共同体论坛、RCEP 推动扩大开放与全球价值链重构研讨会、省市开放发展与东盟及 RCEP 区域合作座谈交流会、投资泰国推介会、辽宁—泰国生物循环绿色经济投资座谈会等活动。与 RCEP 成员国有关机构、组织的紧密联系，与印度尼西亚全国乡村合作社联盟、新西兰中国国际贸易促进委员会达成合作协议，在印度尼西亚、新西兰设立辽宁省贸促会 RCEP 企业代表处。2024 年 11 月辽宁省贸促会经贸代表团出访马来西亚和印度尼西亚，进一步拓宽了对东盟联络渠道，构建了更加紧密的纽带关系。

（二）RCEP 框架下辽宁深化与 RCEP 成员国合作潜力分析

1. 进出口贸易额有增量空间

协定生效后，中国与东盟国家、澳大利亚、新西兰之间的立即零关税比例将超过 65%，将促进辽宁纺织、电子、机械、汽车、化工、农业等重点行业进出口贸易增长。从重点行业的产品出口来看，RCEP 有利于发挥辽宁轻工纺织行业传统优势，进一步扩大皮革制品、家具寝具、家电、纺织原料和服装等产品向成员方出口。同时，农产品和食品、石油及化工产品在日本市场，以及汽车、摩托车、机械设备在东盟市场也将获得更多出口机会。尤其是原产地区域累积规则有利于推动纺织、皮革、电子、汽车等重点行业的原材料和零部件出口。从重点行业的产品进口来看，RCEP 有利于东盟热带水果、日韩加工休闲食品、澳新乳制品和牛羊肉等产品进口，进一步丰富辽宁市场，促进消费升级。同时，有利于降低关键零部件、高端钢材、石化原料以及高端机械等中间产品和设备的进口成本，更好满足辽宁省内生产需求，并使下游行业获益。

2. 带来产业融合发展新机遇

原产地累积规则扩大辽宁与 RCEP 其他成员之间低关税和零关税产品的受惠范围，推动产业的合理配置及产业链的深度融合，以地缘关系为基础的区域化产业链能够降低生产所需基础材料获取的风险。中日韩三国间、三国与 RCEP 其他成员国间贸易投资的一体化发展，形成了以中国、东盟为生产加工中心，日本和韩国为中间品供给中心，"四极体制"为特征的东亚地区产业链分工体系。大量的机电产品、运输设备、纺织品等原材料、中间品在中日韩和东盟间进出口，辽宁作为连接东北亚和东南亚的"中转站"，与东盟承担起产业链中的加工制造环节，形成的最终产品再出口到欧美及世界其他地区。RCEP 下货物贸易的自由化将使区域内的贸易成本大幅降低，这将大幅促进中日韩三国间、三国与 RCEP 其他成员国之间中间品货物的进出口贸易，促进区域产业链的进一步融合深化。

3. 统一经贸规则环境变化的影响

经贸规则统一有利于优化辽宁与日韩第三方市场合作的营商环境，域内各国都有签订多个多边或双边的自贸协定，合作规则错综复杂。RCEP为提高区域内政治互信与经济互惠水平而对区域内贸易协定进行了一定程度的协调，经贸环境的改善能够拓展、优化产业链条，上下游产业联动更加紧密，同时吸引日韩对辽宁的内部投资地流向在RCEP中增加的新兴产业和潜力发展部门，外部投资流向要素成本具有优势的部门，共同推进辽宁与日韩产业链的升级。推动与日韩在大数据、5G技术、新材料、新能源、生物医药等新领域的合作，辽宁与日韩产业链升级和深化合作，最终为产业链提供高端技术支撑和完整的产业集群，新的发展模式、数字领域的设施建设都是不可或缺的一环。

（三）RCEP框架下辽宁省打造东北亚—东南亚合作枢纽的对策建议

1. 发挥区位优势，建设海陆大通道，推动RCEP贸易物流高质量发展

东北海陆大通道以辽宁省大连港、营口港、锦州港等沿海枢纽港口为海向支点，以沈阳、长春、哈尔滨等经济中心城市为内陆口岸枢纽和货物集结中枢，纵贯东北地区及内蒙古"三省一区"，向东辐射日韩、向南辐射东盟及我国东南沿海地区，向西连接俄罗斯、欧盟及中亚国家。加快推动东北海陆大通道建设，是贯彻落实习近平总书记关于东北振兴发展的重要讲话指示批示精神和东北振兴国家战略的重要实践，是东北地区积极融入共建"一带一路"、高质量实施RCEP的重要载体。辽宁省将进一步发挥连接东北亚与东南亚通达的枢纽功能，积极打造RCEP货运集结与服务体系，促进通道班列与港口航线网络、班轮时刻、舱位等进行对接，加密内贸南北直航航线，优化支线中转平台，完善干支中转模式，积极开辟连接俄罗斯、蒙古国、韩国、日本等东北亚国家通道，开辟通达RCEP国家航线，打造RCEP框架下的物流产业跨国合作新模式。

2. 利用RCEP税制和原产地规则，进一步提升辽宁省与日韩及东盟国家的农业产业链协同效率

农产品领域，辽宁与日韩三国地理位置相邻，饮食习惯相似，食品领域

合作具有得天独厚的条件。其他 RCEP 成员国家农业资源丰富，与辽宁省有着明显的南北地域差异和优势互补性，农业领域合作前景广阔。随着 RCEP 降税表逐年实施到位，多数承诺产品将在 16 年内降为零，可与日韩打造农产品深加工产业链，利用原产地累积规则，打造辽宁省与日韩预制菜、酒水及果蔬等产业链，将辽宁食品大省和消费品工业产业基地打造与日韩、东南亚产业和市场深度融合。与此同时，加快推动与中日韩在农产品领域建立共同市场，加快发展跨境电商，推动形成东北亚—东南亚农产品便捷流通市场。

3. 以引进日韩高端制造等产业为抓手，集聚发展新质生产力

中日韩在传统工业领域都具有较强竞争力，彼此合作广泛。要通过 RCEP 高质量实施，加快实施制造业项下的生产器械、技术服务等自由贸易政策及技术人员自由流动政策，推动形成中日韩制造业分工合作新机制，以装备制造、智能制造等为重点强化与日本和韩国的产业链、供应链合作，使得辽宁与日韩企业在竞争中找到各自在产业链供应链中的更合适的位置，将竞争转化为深化产业链供应链合作的动力，在新质生产力发展中实现共赢合作。

在 RCEP 框架下，我国从日本进口的石化产品关税直接降到零的有 400 多种。辽宁省需进一步用好 RCEP 关税减免政策，实现日韩化工原产料和高端产品降成本进口，吸引更多日韩企业在化工科技类企业中投资辽宁，同时共同面向东盟国家，做到产品销售渠道畅通，共同打造第四方销售市场。

4. 利用 RCEP 市场准入规则，拓宽辽宁与 RCEP 成员更广阔合作领域

RCEP 提供了新的市场准入机会，在低碳、金融、数字经济等领域，辽宁与 RCEP 成员国企业未来的合作空间更为广阔。一方面，需巩固并拓展辽宁与日韩的外包业务，吸收日韩信息技术的业务优势，发展高技术、高附加值外包服务业务，提高产业营业利润，扩大生产规模及高端服务外包业务比重，进而有能力进行产品研发、技术创新，不断扩大服务出口，推动辽宁省服务贸易高质量发展。另一方面，需紧跟当下数字经济的发展步伐，紧抓中日韩数字经济发展的机遇，着力推进辽宁装备制造产业数字化转型，使数字经济发展成为高质量发展的着力点，找到服务贸易合作新的突破口。RCEP 制定了比较严整的电子商务规则，辽宁更好顺应数字化潮流，继续加强与 RCEP 成员国电商平台企业间的合作，形成产业与贸易融合发展的新格局。可以 RCEP（大连）商务区等平台为试点，不断提高跨境电商零售交易效率。此外，可深

化 RCEP 框架下能源转型、降耗减排、资源循环利用、能效管理、碳交易、减碳能力建设提升等领域的地方政府间协调机制，可与日韩及东盟各国成立地方政府间合作组织，鼓励企业探索新合作模式。

5. 发挥各自优势，在医疗、养老、教育等专业服务领域开展产业合作

基于 RCEP 各项规则的落地实施，中日韩在医疗、养老、教育等专业服务领域加强合作，契合各方利益，辽宁可从以下几个方面进一步推进与日韩康养产业合作。一是扩大医疗健康、养老产业的合作规模，促进日韩的技术、经验与辽宁及东北市场相结合。日本在先进的医疗技术方面具有较强的竞争力。辽宁省医药企业可与日本企业就 BNCT 治疗设备和药物开展合作，并引入先进癌症治疗技术及服务，落地自由贸易试验区。辽宁省职业教育基底厚重，可以与 RCEP 成员国家在职业教育培训领域的交流合作，开展专业服务相关的培训项目，有助于完善中国现代职业教育体系，提升从业人员的职业化和专业化水平，加快中国养老服务人才的队伍建设。以大连、葫芦岛等沿海城市为试点，建设 RCEP 职业技能产业合作示范城，延伸教育、养老、医疗和医美等产业链条。在 RCPP 框架下，还可进一步简化专业人士和高端人才的出入境、居住、住宿、工作签证等手续，优化技术人员跨境合作交流的环境，为研究开发、设计认证、维修检测、教育培训等专业服务人士在区域内移动和开展业务提供便利。

6. 提升旅游、文化产业附加值，带动 RCEP 项下文旅产业链各环节共同发展

旅游业与其他产业之间的关联度非常高，在带动旅客运输服务和住宿餐饮服务、增加当地社会就业、助力乡村振兴等方面能够产生显著的经济和社会效益。文化产业则涉及项目设计开发、营销推广、数据要素嵌入、后期制作、文化出口等多个服务环节，文化价值与实体经济的融合是各国关注的重点。辽宁省与日韩在地理上接近，饮食、文化、社会风俗等方面的相互接受度较高，是发展旅游贸易较为便利的对象；与此同时，辽宁省与东盟国家和澳大利亚、新西兰人文地理差异较大，可实现差异化、互补性旅游路线设计。辽宁需充分利用免签政策，进一步提升 RCEP 成员国游客在行前预订、金融结算、移动支付、网络服务、证件使用、语言交流等方面的便利化水平，优化境外游客购物离境退税服务，并在签证办理、出入境手续方面进一步简化流程。可深度开发中老铁路特色国际旅游专线，增加对相关成员国的航线，提升旅游品牌国际影响力，打造东北亚—东南亚融合发展视域下高品质文体旅融合发展示范地。

表4-1　中国与RCEP其他成员国之间的免签政策

中国实行单方面免签政策	与中国全面互免	对中国单方面实行免签政策	对中国公民提供落地签政策
文莱、新西兰、澳大利亚、韩国、日本。持普通护照人员来华经商、旅游观光、探亲访友、交流访问、过境不超过30天，可免签入境	泰国、新加坡，两国单次停留均不超过30天	2024年7月1日，老挝对中国游客实行15日免签政策。有效期至2024年12月31日。2023年12月1日至2026年底，马来西亚对中国公民实施免签政策，30天。韩国济州岛：提供30天免签，持有特定签证可中转免签30天	缅甸、印度尼西亚、越南、柬埔寨

数据来源：中国领事服务网 http://cs.mfa.gov.cn/。

第五篇　微观应用篇

中国企业对 RCEP 的利用情况

RCEP 生效实施以来，结合对中国企业的问卷调查和具体企业的案例研究，总体上看，企业对 RCEP 的总体感知较为积极，且未来预期良好。

一、基于中国企业调查问卷的评估分析[①]

为更好地了解 RCEP 生效实施两年多来对企业贸易投资活动产生的实际影响，2024 年一季度，商务部研究院课题组在全国范围内开展了企业问卷调查，共回收 2 297 家企业有效问卷。从企业规模和性质看，受访企业中超过七成为私营企业，超过六成为小微企业，"私营+小微"企业占比超过半数。从企业资质看，超过 20% 的受访企业具有经认证的经营者（AEO）和经核准的出口商双重资质，还有 10% 的企业仅具有 AEO 资质。从业务类型看，三成受访企业在 RCEP 区域内从事货物贸易进出口业务，五成企业仅开展出口业务，近一成企业仅开展进口业务；同时，受访企业中，约 10% 的企业涉及跨境电商业务，开展服务贸易以及海外投资的企业均占 8% 左右，还有约 3% 的企业开展承包工程业务。从行业分布看，三分之二的受访企业在 RCEP 区域主营制造业，主要包括食品和农副产品加工制造业、纺织服装和制鞋箱包业、金属制品加工制造业等，约 18% 的企业主营批发零售业务，12% 的企业以农林牧渔业为主。

（一）企业对 RCEP 生效实施的感知情况

1. RCEP 有效改善营商环境，对企业生产经营发挥积极影响

受访企业中，超过四分之三的企业认为 RCEP 生效实施以来，所在地营商环境有所改善，其中，22.3% 的企业表示有显著改善，52.9% 的企业认为有

---

① 作者：王蕊，商务部研究院亚洲所研究员；石新波，商务部研究院亚洲所职员；赵晶、潘怡辰，商务部研究院亚洲所副研究员。

一定改善,但也有24.8%的企业认为营商环境基本没有变化(图5-1)。从企业规模看,八成以上大型企业感受到营商环境的改善,其中近三成企业认为营商环境有显著改善;而小微企业认为营商环境没有变化的比例更高,达到26.5%(图5-2)。

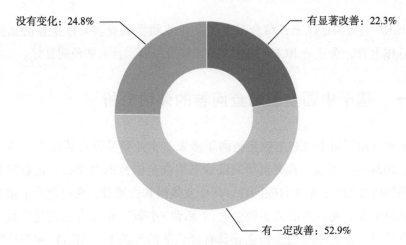

图5-1 RCEP 对企业所在地营商环境的影响(单选)

资料来源:根据问卷调查结果绘制(有效回答企业2 297家)。

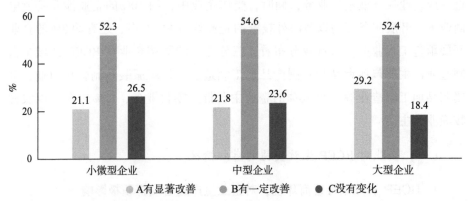

图5-2 不同规模企业对 RCEP 改善当地营商环境的评价(单选)

资料来源:根据问卷调查结果绘制(有效回答企业2 297家)。

半数以上(52.9%)企业认为,RCEP 生效实施对企业生产经营产生积极影响,仅有极少数企业(1.6%)认为有消极影响,部分企业(18.4%)认为影响不显著（图5-3）。从不同区域看，RCEP对企业生产经营的积极影响在东部和中部地区更为明显，企业选择"有积极影响"的比重分别为58.3%和55.2%，均超过平均水平。从不同行业情况看，六成左右的电气机械和器材制造业、石油加工、化工原料和化学制品制造业以及计算机、通信和其他电子设备制造业企业选择"有积极影响"，RCEP生效实施对上述行业生产经营效果更为明显。

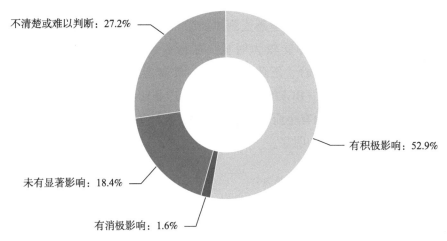

图5-3　RCEP对企业生产经营的影响（单选）

资料来源：根据问卷调查结果绘制（有效回答企业2 297家）。

2. RCEP为汽车、电子等制造业企业的市场拓展和贸易便利化等发挥积极作用

RCEP生效实施两年多来，有力推动了区域内企业的货物贸易发展。在从事货物贸易业务的1 985家受访企业中，45.8%的企业认为，RCEP扩大了出口市场，增加了贸易机会，近半数（47.1%）的私营企业对此感受突出，六成以上（64.2%）的汽车制造业企业，以及半数以上的专业和通用设备制造业（55.9%）、电气机械和器材制造业（55.7%）、纺织服装和制鞋箱包业（52.9%）、木材加工和家具制造业（52.3%）企业选择此项。① 42.7%的企业认为RCEP提高了贸易便利化水平，45.4%的国有企业和46.6%的大型企业对

①　未纳入交通运输仓储和邮政业（26家，55.3%），信息传输、软件和信息技术服务（6家，66.7%），租赁和商务服务业（10家，66.7%）。

此感受明显，半数以上（52.8%）的计算机、通信和其他电子设备制造业企业选择此项。[①] 30.3%的企业认为RCEP降低了贸易成本，四成（41.4%）外商投资企业和三分之一以上（36.3%）的大型企业对此感受突出。还有企业认为，RCEP增强了产品的议价能力和竞争优势（17.5%），使跨境电子商务更加便利（12.2%）。

3. RCEP加剧专业和通用设备、电子设备制造等领域国际竞争和产业转移

RCEP生效实施使部分企业感受到更加激烈的国际竞争（12.8%），私营企业和中小微企业对此感受较为明显。从行业领域看，专业和通用设备（21.2%）、汽车（17.9%）、医药（17.0%）等制造业企业面临较大竞争压力。还有部分企业反映，RCEP使上下游相关产业转移至东盟等RCEP成员（5.2%），大型企业和国有企业对此感受更深，在计算机、通信和其他电子设备制造业（11.1%）更加明显。

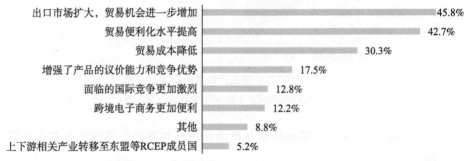

出口市场扩大，贸易机会进一步增加　45.8%
贸易便利化水平提高　42.7%
贸易成本降低　30.3%
增强了产品的议价能力和竞争优势　17.5%
面临的国际竞争更加激烈　12.8%
跨境电子商务更加便利　12.2%
其他　8.8%
上下游相关产业转移至东盟等RCEP成员国　5.2%

图5-4　RCEP对企业进出口业务的影响（多选）

资料来源：根据问卷调查结果绘制（有效回答企业1 985家）。

（二）RCEP原产地证明使用与享惠情况

1. 七成以上企业使用过RCEP等自贸协定原产地证明，其中出口环节利用率高于进口环节

在从事货物贸易业务的1 985家受访企业中，约半数企业（49.6%）使用

---

① 未纳入信息传输、软件和信息技术服务（7家，77.8%）

了 RCEP 原产地证明，其中 34.0% 的企业选择使用海关等机构签发的原产地证书，6.0% 的企业使用经核准出口商自主填制的 RCEP 原产地声明，还有9.6% 的企业使用了以上两种原产地证明。此外，有两成以上（21.6%）企业使用了中国—东盟等双边自贸协定的原产地证明，主要是与菲律宾、泰国等有贸易往来的企业（图 5-5）。从 RCEP 等自贸协定原产地证明的总体利用情况来看，AEO 企业的利用率在八成以上，明显高于其他企业；大中型企业的利用率接近八成，明显高于小微企业；东中部以及东北地区企业的利用率超过七成，高于西部地区企业。

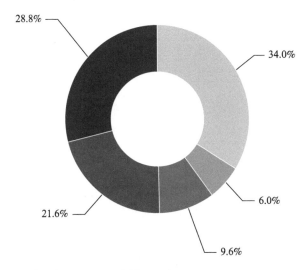

■ 是，海关等机构签发的RCEP原产地证书
■ 是，企业作为经海关依法认定的经核准出口商自主填制的RCEP原产地声明
■ 是，以上两种都有
■ 否，但使用了中国—东盟(或新加坡、柬埔寨)、中国—韩国、中国—澳大利亚、
　　中国—新西兰等双边FTA的原产地证明
■ 否，未使用RCEP或双边FTA原产地证明

图 5-5　企业使用 RCEP 等原产地证明情况（单选）

资料来源：根据问卷调查结果绘制（有效回答企业 1 985 家）。

在使用原产地证明的 985 家企业中，15.5% 的企业在出口和进口中均使用了原产地证明，此外，七成以上（71.4%）企业使用原产地证明用于出口，13.1% 的企业用于进口，这也显示出企业出口享惠明显多于进口享惠

（图5-6）。企业出口签证商品主要是纺织服装和鞋帽箱包（15.0%）、石化原料与化工产品（14.6%）、机械电子产品及其零部件（13.3%）等；进口签证商品主要是蔬菜水果谷物等（25.5%）、矿产品（12.8%）、塑料和橡胶及其产品（12.8%）等。

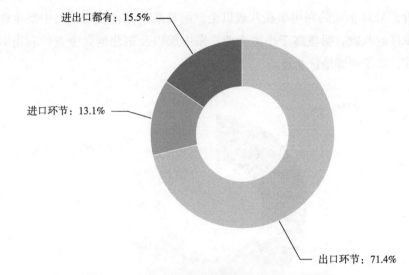

图5-6 企业在进出口环节使用原产地证明情况

资料来源：根据问卷调查结果绘制（有效回答企业985家）。

从国别情况看，与日本有贸易往来的企业对RCEP原产地证明的利用率最高。其中，44.6%的企业在对日本出口中使用RCEP原产地证明，主要出口签证商品为纺织服装和鞋帽箱包（21.7%）、石化原料与化工产品（20.9%）等；28.4%的企业在自日本进口中使用RCEP原产地证明，主要进口签证商品为石化原料与化工产品（28.8%）、机械电子产品及其零部件（25.0%）等。除日本外，企业利用RCEP原产地证明开展出口贸易的主要国家为韩国（28.4%）、越南（20.2%）、印度尼西亚（19.7%）、泰国（19.0%）等；企业利用RCEP原产地证明开展进口贸易的主要国家为缅甸（26.2%）、老挝（19.9%）、韩国（17.7%）、泰国（16.3%）等。除缅甸、柬埔寨、老挝等少部分国家外，企业在与RCEP其他成员国的贸易往来中均存在出口环节原产地证明利用率高于进口环节的现象（图5-7）。

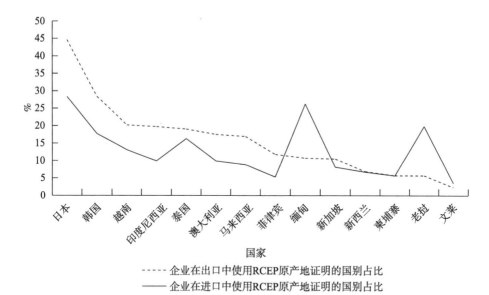

国家

- - - - 企业在出口中使用RCEP原产地证明的国别占比
───── 企业在进口中使用RCEP原产地证明的国别占比

图 5-7　企业在进出口环节使用 RCEP 原产地证明国别情况（多选）

资料来源：根据问卷调查结果绘制（出口环节有效回答企业 856 家；进口环节有效回答企业 282 家）。

2. 私营和小微企业对 RCEP 优惠政策知悉程度仍有不足

问卷调查结果显示，企业未使用 RCEP 原产地证明的首要原因是不了解 RCEP 优惠政策，或因 RCEP 降税、原产地等规则较为复杂，理解和运用有一定难度，缺乏相关的人才（28.2%），近三成私营企业和三成小微企业存在此类问题。其次是出口货物不在 RCEP 降税清单范围内（26.6%），近半数（47.5%）木材加工类企业反映此类问题。超过四分之一（25.1%）的企业表示仍习惯使用中国—东盟等双边自贸协定的原产地证明，与文莱、菲律宾、新西兰等国家有贸易往来的企业四成以上存在此类问题。24.2%的企业表示外国客户或母公司没有要求使用 RCEP 原产地证明或使用不积极，与菲律宾、泰国、柬埔寨、印度尼西亚等东盟国家有贸易往来的企业表现更为明显。此外，其他未使用 RCEP 原产地证明的原因还包括：与其他自贸协定和 WTO 最惠国税率相比，RCEP 税率优惠幅度不明显（7.7%）；原产地证明需提供的原材料、零部件价格等信息，获取有一定困难（6.1%）；货物存在过境、中转贸易、保税加工等情况难以满足享惠条件（4.0%）等（图 5-8）。

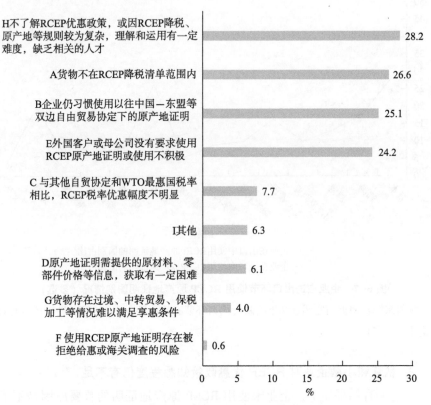

图5-8 企业未使用 RCEP 原产地证明的原因（多选）

资料来源：根据问卷调查结果绘制（有效回答企业1000家）。

3. 六成以上企业使用 RCEP 原产地证明享惠顺畅

在使用 RCEP 原产地证明的 985 家受访企业中，六成以上（62.4%）企业表示未发生享惠受阻问题，其中，七成（70.8%）外商投资企业和六成以上（62.8%）的私营企业表示利用 RCEP 原产地证明享惠顺畅。但也有部分企业表示存在享惠受阻的情况，最主要的原因在于企业提供信息不完善或填报错误（15.8%）、对方国家海关审核效率较低（13.8%），西部地区企业上述问题较为明显，尤其是在对文莱、老挝的出口中表现突出。还有部分企业表示，与对方国家未实现联网核查影响企业享惠（6.4%）、企业自主原产地声明的认可度不高（5.8%）等（图5-9）。

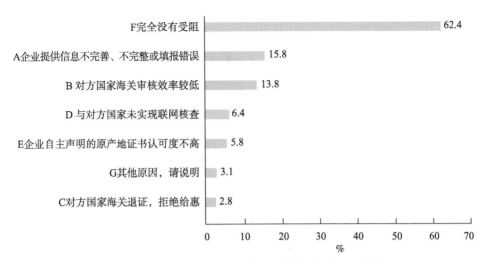

图5-9 企业使用RCEP原产地证明享惠受阻情况（多选）

资料来源：根据问卷调查结果绘制（有效回答企业985家）。

4. 原产地区域累积规则利用率较低，超半数企业暂无需求

原产地区域累积规则是RCEP的优势之一，然而目前这一规则的利用率仍然较低。从事货物贸易的1 985家受访企业中，超半数（50.4%）企业对累积原材料暂无需求，主要是医药制造（56.6%）、木材加工和家具制造业（55.8%）等企业。已经使用原产地区域累积规则的企业比例为8.8%，其中，AEO企业和大型企业使用这一规则的比例更高，主要集中在计算机和通信等电子设备制造业（16.7%）、纺织服装和制鞋箱包业（12.9%）、食品和农副产品加工制造业（12.2%）、汽车制造业（11.9%）、电气机械和器材制造业（11.4%）等。17.0%的企业有需求但尚未使用这一规则，计划未来使用，主要集中在汽车、电子设备、电器机械制造业以及食品和农副产品加工制造业。值得注意的是，23.7%的企业不清楚如何使用RCEP原产地区域累积规则，以小微和中型企业居多（图5-10）。

5. 电子设备、家具制造等企业从RCEP关税减免中获益更多

关税减免是自贸协定最直接的优惠措施。RCEP生效实施两年多来，七成以上的受访企业表示从关税减免中获得实际收益，表明RCEP切实降低了企业的生产和贸易成本。

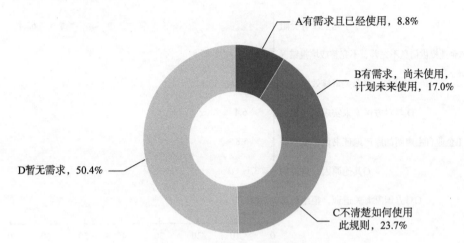

图 5-10   企业使用 RCEP 原产地区域累积规则情况 （单选）

资料来源：根据问卷调查结果绘制（有效回答企业 1 985 家）。

在生产原材料、中间品与零部件贸易中，剔除不涉及相关贸易的企业[①]后，74.5%的企业肯定了 RCEP 关税减免对降低企业成本的积极作用。具体而言，16.8%的企业认为 RCEP 为其节省了很多成本，主要是电子设备制造业、木材加工和家具制造业等企业。10.0%的企业认为节省了较多成本，主要是农林牧渔业、食品和农副产品加工制造业等企业。29.3%的企业认为节省了一定成本，主要是专业和通用设备制造业、电气机械和器材制造业、医药制造业等企业。18.5%的企业认为有节省成本，但不多，主要是汽车制造业、金属制品加工制造等企业。还有部分企业不清楚成本降低情况（18.7%），少量企业认为没有节省成本（6.8%）（图 5-11A）。

在用于消费的最终产品贸易中，剔除不涉及相关贸易的企业[②]后，76.4%的企业认为 RCEP 关税减免降低了企业成本。其中，17.0%的企业表示节省了很多成本，主要是木材加工和家具制造业、电子设备制造业等企业。10.9%的企业认为节省了较多成本，主要是农林牧渔业、电子设备制造业等企业。31.1%的企业认为节省了一定成本，主要是医药制造、石油化工、化工原料和化学制品制造业等企业。17.4%的企业认为有节省成本，但不多，主要是

---

① 在 985 份有效回答中，不涉及生产原材料、中间品与零部件贸易的企业有 145 家，占比为 14.7%。

② 在 985 份有效回答中，不涉及最终消费品贸易的企业有 156 家，占比为 15.8%。

汽车制造业、电气机械和器材制造业等企业。还有部分企业不清楚成本降低情况（18.9%），少量企业认为没有节省成本（4.7%）（图5-11B）。

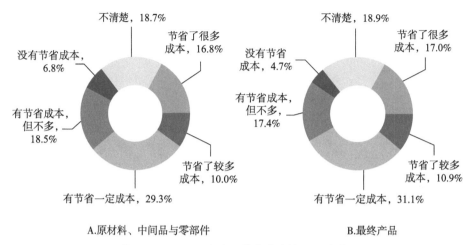

A.原材料、中间品与零部件　　　　　　B.最终产品

图5-11　RCEP为企业节省成本情况（单选）

资料来源：根据问卷调查结果绘制（原材料、中间品与零部件方面有效回答企业840家，最终产品方面有效回答企业829家）。

（三）RCEP区域通关和贸易便利化

1. 企业对新加坡、新西兰、马来西亚的通关时间满意度更高

受访企业中，八成以上企业涉及进出口通关问题，大部分是出口通关。整体来看，受访企业对RCEP伙伴的通关时间较为满意。在普通货物48小时通关方面，剔除回答"不涉及"的企业后，企业对新加坡、马来西亚、新西兰通关时间评价"非常满意""比较满意""基本满意"的企业占比合计（即满意度）超过99%，对韩国、澳大利亚、日本的满意度也超过98%（图5-12）。

在易腐货物6小时通关方面，剔除回答"不涉及"的企业后，企业对新加坡、新西兰的满意度达到100%，近七成（68.3%）企业对新西兰表示"非常满意"，超过半数（55.5%）的企业对新加坡表示"非常满意"，企业对菲律宾、马来西亚、韩国、泰国、日本的满意度也超过98%（图5-13）。在快件货物6小时通关方面，剔除回答"不涉及"的企业后，企业对

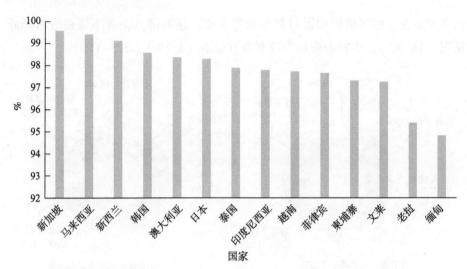

图 5-12　企业对 RCEP 伙伴普通货物 48 小时通关满意度（单选）

资料来源：根据问卷调查结果绘制。

新西兰的满意度为 100%，对马来西亚、韩国、日本、新加坡的满意度超过 98%（图 5-14）。

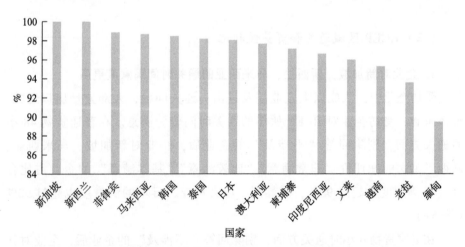

图 5-13　企业对 RCEP 伙伴易腐货物 6 小时通关满意度（单选）

资料来源：根据问卷调查结果绘制。

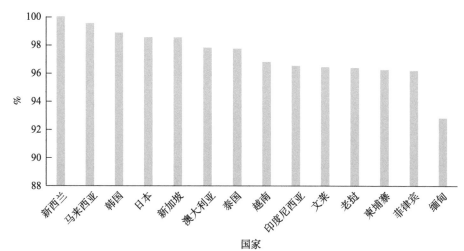

图 5-14　企业对 RCEP 伙伴快件货物 6 小时通关满意度（单选）

资料来源：根据问卷调查结果绘制。

2. 企业对中国整体通关时间满意度较高，但西部地区通关效率仍需提升

总体来看，受访企业对中国的通关时间满意度较高。剔除不涉及通关的企业①后，企业对普通货物 48 小时通关的满意度为 97.5%，其中，57.6%的企业表示"非常满意"，主要是纺织服装和鞋帽箱包，以及玩具、日用品、工艺品、编织品等商品的进口企业。在易腐货物 6 小时通关方面，企业的满意度为 96.4%，其中，54.3%的企业表示"非常满意"。在肉类、海鲜、乳制品进口中，45.8%的企业对 6 小时通关"非常满意"，25.0%的企业表示"比较满意"；在蔬菜、水果、谷物等进口中，44.3%的企业表示"非常满意"，14.8%的企业表示"比较满意"。在快件货物 6 小时通关方面，企业的满意度为 98.2%，其中，54.7%的企业表示"非常满意"，主要是纺织服装和鞋帽箱包、加工食品和饮料等商品的进口企业（图 5-15）。

分区域看，东部地区企业对通关时间的满意度最高，剔除不涉及通关的企业后，普通货物 48 小时通关和易腐货物 6 小时通关的满意度均超过 99%，快件货物 6 小时通关的满意度达到 100%；西部地区企业的满意度最低，普通

---

① 在 775 份有效回答中，不涉及普通货物 48 小时通关的企业有 87 家，占 11.2%；不涉及易腐货物 6 小时通关的企业有 252 家，占 32.5%；不涉及快件货物 6 小时通关的企业有 214 家，占 27.6%。

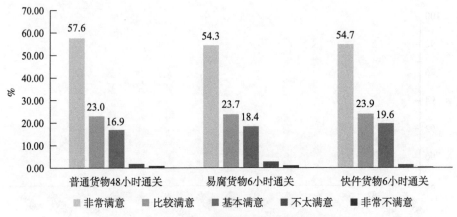

图 5-15　企业对中国通关时间的评价（单选）

资料来源：根据问卷调查结果绘制（剔除不涉及相关业务的企业后，普通货物 48 小时通关的有效回答企业 688 家；易腐货物 6 小时通关的有效回答企业 523 家；快件货物 6 小时通关的有效回答企业 561 家）。

货物 48 小时通关、易腐货物 6 小时通关和快件货物 6 小时通关的满意度分别为 95.4%、94.7% 和 97.2%；东北地区和中部地区企业对通关时间的满意度居中（图 5-16）。

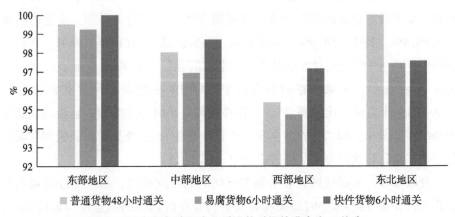

图 5-16　中国各地区企业对通关时间的满意度（单选）

资料来源：根据问卷调查结果绘制（剔除不涉及相关业务的企业后，普通货物 48 小时通关的有效回答企业 688 家；易腐货物 6 小时通关的有效回答企业 523 家；快件货物 6 小时通关的有效回答企业 561 家）。

3. AEO 企业和大型企业在享受 RCEP 贸易便利化措施方面存在优势

在从事货物贸易的 1 985 家受访企业中，半数以上（53.5%）企业享受了 RCEP 贸易便利化措施，主要包括：6 小时/48 小时快速通关（25.2%）、AEO 企业的便利化措施（18.0%）、货物抵达前处理相关信息（16.3%）、以电子方式一次性提交一批货物信息（14.9%）以及预裁定（8.8%）。总体来看，AEO 企业享受 RCEP 贸易便利化措施的比例明显高于其他企业；大型企业享受贸易便利化措施的比例较中型企业和小微企业更高；国有企业使用预裁定和 AEO 企业便利化措施的比例较高，而外商投资企业使用 6 小时/48 小时快速通关、货物抵达前处理相关信息、以电子方式一次性提交一批货物信息的比例较高（图 5-17）。

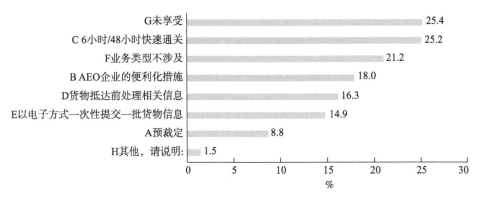

图 5-17 企业享受 RCEP 贸易便利化措施情况（多选）

资料来源：根据问卷调查结果绘制（有效回答企业 1 985 家）。

4. 八成以上企业开展跨境电子商务较为顺畅，但仍需加强 RCEP 宣介

涉及跨境电子商务业务的 1 318 家受访企业中，八成以上（84.9%）的企业暂时没有遇到困难。在反映遇到问题的 199 家企业中，超过三分之一（74 家，占 37.2%）的企业表示对跨境电商模式下如何使用 RCEP 等优惠贸易协定税率不了解，反映这一问题的多为私营和小微企业。17.6% 的企业反映，以电子形式提交通关文件存在问题，主要是在日本、缅甸、越南等国家；17.1% 的企业表示，在电子合同、电子签章、身份认证等电子认证方面存在问题，主要是在日本、泰国、韩国等国家；12.6% 的企业表示，跨境物流效率有待提高或物流仓储等成本较高，主要是在缅甸、泰国等国家。企业遇到

的其他问题还包括：快件和易腐货物 6 小时放行等便利措施落实不到位、监管政策的不确定性较大、网上跨境交易支付结算存在困难、技术标准与检验检疫等问题、数据的本地存储或计算设施的本地化要求影响业务拓展等（图5-18）。

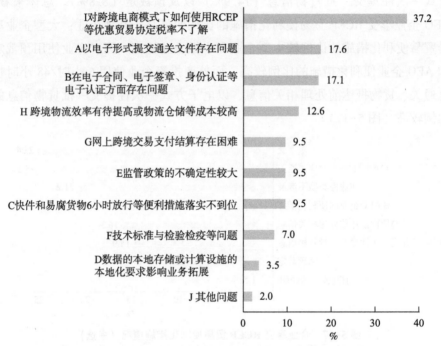

图 5-18　企业利用 RCEP 从事电子商务等跨境贸易存在的问题（多选）

资料来源：根据问卷调查结果绘制（有效回答企业 199 家）。

（四）RCEP 区域内服务贸易与投资合作

1. 受访企业在 RCEP 区域内开展服务贸易与投资合作遇到的困难较为分散、多样

受访企业中，超半数企业（52.2%）表示在 RCEP 区域内开展服务贸易与投资合作暂未遇到问题。而企业反映的困难和问题较为分散、多样，其中外部非经济因素影响较大（19.5%），标准、资质、规则等壁垒限制（16.9%），市场准入限制（16.5%）等问题对企业的影响相对突出，其他如公平竞争环境有待优化、人员跨境流动限制、基础设施建设水平较弱（均占 10% 左右）也是企业反馈较为普遍的困难（图 5-19）。相较而言，国有企业（56.3%）、私营企业（48.0%）反馈在 RCEP 区域内开展服务贸易与投资合作更易遇到阻碍，而外商投资企业普遍反馈良好，仅不到三分之一的企业面临困难。这反映出 RCEP 区域需进一步改善外部非经济因素的影响，减少标准、资质、规则等壁垒限制、降低市场准入门槛等；国内营商环境对外商投资企业较为友好，但仍需进一步解决非经济因素等问题，增加外商投资企业信心。

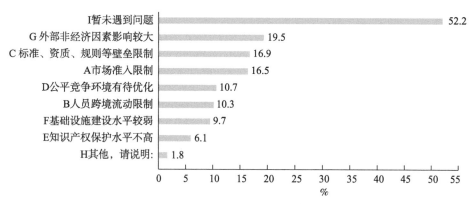

图 5-19　企业在 RCEP 区域内开展服务贸易与投资合作的困难（多选）

资料来源：根据问卷调查结果绘制（有效回答企业 2 297 家）。

2. 传统制造业开展服务贸易与投资合作易受市场准入等方面限制，服务业领域更易受标准、资质等壁垒的影响

不同行业的受访企业在 RCEP 区域内开展服务贸易与投资合作遇到的困难和阻碍不一。农林牧渔业（28.1%），医药制造（26.8%），木材加工、家具制造（24.7%），食品农副产品加工制造（24.2%）等传统制造业更易受到市场准入等方面的限制，且因投资强度相对较大，也易受到外部非经济因素的影响，国有和私营企业更多反映上述问题。而在信息传输、软件和信息技术服务（25.9%），租赁和商务服务业（23.1%），交通运输、仓储和邮政业（22.6%）等服务业领域更易受标准、资质、规则等壁垒的影响。部分行业受单一因素影响较大，如租赁和商务服务业（30.8%）受人员跨境流动的限制显著高于其他行业，交通运输、仓储和邮政业（27.1%）受基础设施建设能力的影响明显高于其他领域。

3. 利率、汇率波动风险大是企业面临的主要金融问题

受访企业中，53.6%的企业表示在利用 RCEP 开展国际业务过程中暂未遇到金融服务问题。三成（30.7%）受访企业认为利率、汇率波动风险较大是其面临的首要问题，利用外资、对外投资和承包工程企业反映这一问题的比例较大，尤其是在金融保险等相关行业以及信息传输、软件和信息技术服务业较为突出。12.7%的企业表示跨境支付结算手续繁琐、限制多、效率低，四成以上利用 RCEP 伙伴投资企业反映这一问题，集中在利用柬埔寨、印度尼西亚、文莱、老挝等国投资的企业。12.1%的企业表示贷款利率较高，融资成本高，对文莱、菲律宾等国投资企业感受更加明显（图5-20）。

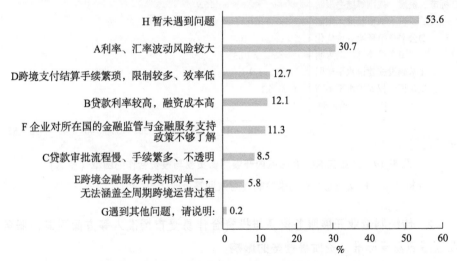

图 5-20　企业利用 RCEP 开展国际业务的金融服务支持问题（多选）

资料来源：根据问卷调查结果绘制（有效回答企业 2 297 家）。

（五）RCEP 区域产业链供应链合作

1. 超半数受访企业参与 RCEP 区域内产供链合作，主要涉及产销及原材料等环节

受访企业中，有54.5%的企业参与 RCEP 区域内产业链供应链合作，主要集中在产品或服务的销售和售后环节（22.6%）、原材料环节（22.4%）、生产制造环节（19.1%），此外也涉及仓储物流环节（11.5%），贸易金融结

算、融资等环节（7.8%）以及总部与研发、设计等环节（5.4%）（图 5-21）。从企业规模看，大型和中型企业（分别占比 64.3%、58.9%）参与产业链供应链合作更为普遍，且在总部与研发、设计，仓储物流等环节参与度更高。

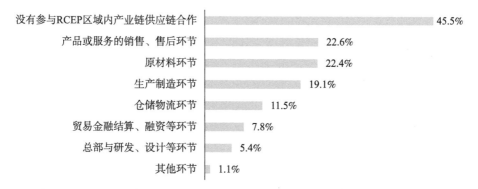

没有参与RCEP区域内产业链供应链合作　45.5%
产品或服务的销售、售后环节　22.6%
原材料环节　22.4%
生产制造环节　19.1%
仓储物流环节　11.5%
贸易金融结算、融资等环节　7.8%
总部与研发、设计等环节　5.4%
其他环节　1.1%

图 5-21　企业参与 RCEP 区域内产业链供应链合作的具体环节（多选）

资料来源：根据问卷调查结果绘制（有效回答企业 2 297 家）。

2. 受访企业认为 RCEP 促进了其与成员国的产供链合作，尤其是促进了与日本市场的产供链合作

在涉及产业链供应链合作的 1 252 家受访企业中，有约三分之一的企业认为 RCEP 促进了与日本的产业链供应链合作，有 27.6% 的企业认为 RCEP 促进了与韩国的产业链供应链合作，约五分之一的企业认为 RCEP 促进了与越南、泰国、印度尼西亚、马来西亚等新兴经济体的产业链供应链合作。

不同地区的受访企业对 RCEP 促进与成员国产业链供应链合作的感受有较大差异。东北地区有近一半的企业认为 RCEP 促进了与日韩的产业链供应链合作；东部、中部地区约四分之一的企业认为 RCEP 促进了与印度尼西亚、马来西亚的产业链供应链合作，明显高于西部和东北地区企业的感知程度。

受访企业认为 RCEP 大幅促进了与其有贸易往来的 RCEP 成员国间的产业链供应链合作。与日本开展贸易往来的受访企业中，有 83.1% 的企业认为 RCEP 促进了其与日本市场的产供应合作；与缅甸、老挝、韩国、印度尼西亚和越南有贸易往来的企业中，分别有 73.4%、72.5%、70.0%、64.7%、64.1% 的企业认为 RCEP 促进了其与上述 RCEP 成员的产业链供应链合作。这进一步反映了 RCEP 对促进企业与成员国间的产业链供应链合作具有积极作用（图5-22）。

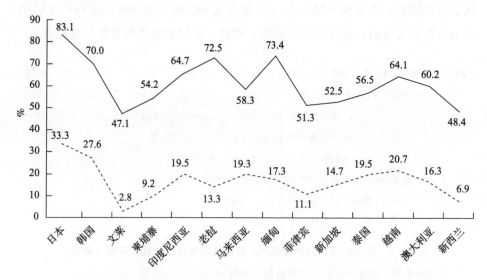

图 5-22　RCEP 促进与成员国产业链供应链合作情况

资料来源：根据 RCEP 生效实施两周年企业调查问卷整理。

3. 企业在考虑优化或调整产业链供应链时希望根植于中国市场开展合作

在受访企业中，有 52.9% 的企业尚未考虑好未来产业链供应链优化或调整的方向，有 28.0% 的企业希望稳定或扩大在中国投资，也有 21.2% 的企业将在保留部分国内业务的同时将部分产业链供应链转移至 RCEP 其他成员国，仅有小部分企业会将产业链供应链完全转移至 RCEP 其他成员国（2.6%）或转移至 RCEP 区域之外（2.8%）（图5-23）。产业链供应链合作重点环节的优化调整方向表明，大部分参与产业链供应链合作的企业希望在根植于中国市场的基础上积极拓展 RCEP 相关成员国的合作。

从企业性质分析，国有企业更希望通过产业链供应链布局开拓成员国市场，28.3% 的国有企业将把部分产业链供应链转移至 RCEP 其他成员国；私营企业对产业链供应链的调整方向持观望态度较多，54.7% 的私营企业尚未考虑好未来产业链供应链优化或调整的方向；外商投资企业则更想抓住中国市

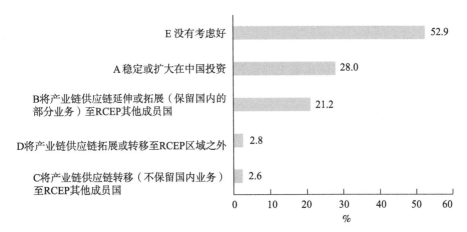

图 5-23　企业未来产业链供应链优化或调整方向（多选）

资料来源：根据问卷调查结果绘制（有效回答企业 2 297 家）。

场发展机遇，36.4%的外商投资企业希望稳定或扩大在中国的投资。

从产供链合作环节看，参与原材料等中间品环节的企业有 44.9%希望稳定或扩大在中国的投资、有 31.5%希望在保留部分国内业务的同时将产业链供应链延伸或拓展至 RCEP 其他成员国；参与总部与研发设计等环节的企业有 57.6%希望稳定或扩大在中国的投资、有 41.1%希望延伸或拓展至 RCEP 其他成员国；参与生产制造环节的企业有 41.0%希望稳定或扩大在中国的投资、有 34.4%希望延伸或拓展至 RCEP 其他成员国。

4. 越南、泰国等新兴经济体和日韩等发达经济体成为企业产业链供应链拓展或转移的主要目的地

在 2 297 家受访企业中，越南成为企业未来可能将产业链供应链拓展或转移至 RCEP 其他成员国的首选，泰国、马来西亚、印度尼西亚等制造业发展较快的新兴经济体以及日韩等发达经济体也是企业产业链供应链拓展或转移的重要目的地（图 5-24）。分行业看，约三分之一的汽车制造业、电气机械和器材制造业、租赁和商务服务业受访企业未来可能将产业链供应链拓展或转移至越南，医药制造（35.7%），计算机、通信和其他电子设备制造业（30.9%），纺织服务、制鞋、皮革箱包业（30.8%），石油化工、化工原料和化学制品制造业（29.1%）更加青睐日本市场。分区域看，未来产业链供应链拓展或转移的重要目的地，东部地区企业首选越南、日本、印度尼西亚等成员国；中部地区企业则将越南作为其首选目的地，印度尼西亚、泰国等成员国也是其青睐的市场；西部地区企业则更倾向于缅甸、越南、老挝等成员国；东北地区企业对日韩市场更加重视，远高于其他地区企业的选择。

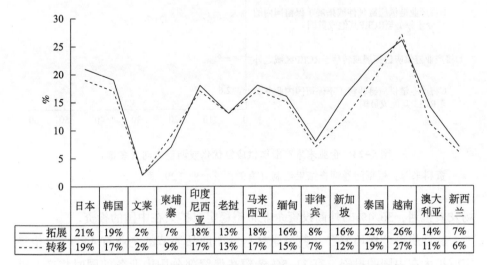

	日本	韩国	文莱	柬埔寨	印度尼西亚	老挝	马来西亚	缅甸	菲律宾	新加坡	泰国	越南	澳大利亚	新西兰
拓展	21%	19%	2%	7%	18%	13%	18%	16%	8%	16%	22%	26%	14%	7%
转移	19%	17%	2%	9%	17%	13%	17%	15%	7%	12%	19%	27%	11%	6%

图5-24 企业产业链供应链拓展或转移至 RCEP 成员国的选择

资料来源：根据 RCEP 生效实施两周年企业调查问卷整理。

（六）RCEP 前景预期

1. "积极向好" "稳中求进" 是企业未来利用 RCEP 开展业务的关键词

受访企业中，三分之二以上的企业认为 "积极向好"（67.3%）是未来利用 RCEP 开展经营活动和拓展国际业务的关键词，私营企业对此期待更高。其余比较重要的关键词还包括 "稳中求进"（50.0%）、"期待复苏"（31.4%）和 "扩大开放"（31.1%）。以上结果在不同区域、不同规模、不同性质的企业中没有显著差异。但仍有少数企业选择的关键词为 "有困难"（3.0%）、"不确定"（6.4%），其中六成以上为小微企业，表明小微企业在 RCEP 框架下开展经营活动和拓展业务过程中仍面临一定的困难和不确定性。从不同行业情况看，专业、通用等其他设备制造业（77.9%）和汽车制造业（75.7%）企业对关键词 "积极向好" 的选择比重最高，对未来利用 RCEP 开展业务的预期良好（图5-25）。

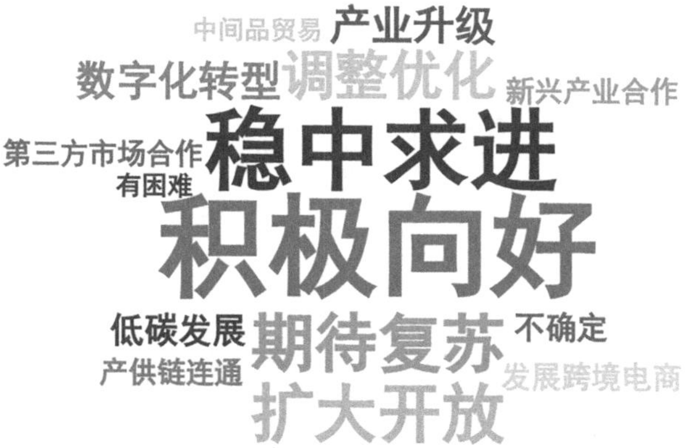

中间品贸易 产业升级
数字化转型 调整优化 新兴产业合作
第三方市场合作
有困难 稳中求进
积极向好
低碳发展 不确定
产供链连通 期待复苏 发展跨境电商
扩大开放

图 5-25 利用 RCEP 开展经营活动和拓展国际业务的关键词（多选）

资料来源：根据问卷调查结果绘制（有效回答企业 2 297 家）。

2. 企业对日本、越南、韩国未来业务发展的预期最为看好

问卷调查结果显示，日本（29.0%）、越南（24.4%）、韩国（24.3%）是企业认为未来在 RCEP 区域内业务发展看好的前三位国家（图 5-26）。从行业来看，看好日本的受访企业所在行业集中于纺织服装、制鞋、皮革箱包业（41.5%），计算机、通信和其他电子设备制造业（40.7%），石油化工、化工原料和化学制品制造业（40.3%）；看好越南的受访企业所在行业集中于电气机械和器材制造业（38.6%），专业、通用等其他设备制造业（36.9%）；看好韩国的受访企业所在行业集中于汽车制造业（40.5%）、医药制造业（35.7%）。从企业性质看，国有企业整体对泰国（27.0%）、越南（25.9%）、新加坡（25.7%）的未来业务发展比较看好；外商投资企业、私营企业仍将日本（47.9%、27.7%）和韩国（27.7%、25.1%）视为业务发展前景较好的国家。

3. 六成以上企业期待通过培训宣导掌握运用 RCEP 规则

针对加强 RCEP 公共服务方面，开展培训宣导，帮助企业掌握和运用 RCEP 规则是企业对政府和行业协会最重要的诉求（66.9%）。同时，受访企业希望相关部门优化、升级 RCEP 等自贸协定关税查询比对服务（39.5%），及时提供 RCEP 市场贸易投资相关法律法规政策、市场商机等信息（36.4%）（图 5-27）。分区域情况看，除培训宣导这一共性需求外，西部地区企业需要政府和行业协会"及时提供 RCEP 市场贸易投资相关法律法规政策、市场商

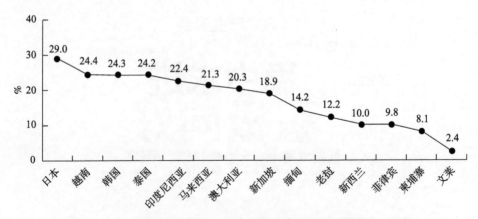

图 5-26　企业对未来在 RCEP 区域开展业务的国别预期情况（多选）

资料来源：根据问卷调查结果绘制（有效回答企业 2 297 家）。

机等信息"；其他地区企业希望政府和行业协会"优化、升级 RCEP 等自贸协定关税查询比对服务"。

类别	比例
开展培训宣导，帮助企业掌握和运用RCEP规则	66.9%
优化、升级RCEP等自贸协定关税查询比对服务	39.5%
及时提供RCEP市场贸易投资相关法律法规政策、市场商机等信息	36.4%
加强RCEP区域的贸易投资促进活动	27.3%
设立RCEP服务机构，为企业提供更多个性化及增值服务	27.2%
加强对RCEP区域贸易投资风险预警	26.6%
建立高水平RCEP示范平台，激发政策集成与产业协同效应	20.0%
其他	3.9%

图 5-27　企业对加强 RCEP 公共服务的诉求建议（多选）

资料来源：根据问卷调查结果绘制（有效回答企业 2 297 家）。

（七）小结

RCEP 生效实施两年多来，政策红利不断释放，企业感受总体正面、积极。受访企业中，超过四分之三的企业认为所在地营商环境有所改善，半数以上企业肯定了 RCEP 对其生产经营产生的积极影响，东部和中部地区企业感受更为明显。在货物贸易方面，45.8% 的企业认为 RCEP 扩大了出口市场，增加了贸易机会；42.7% 的企业认为 RCEP 提高了贸易便利化水平。在服务贸易和投资方面，52.2% 的企业表示业务活动较为顺畅，暂未遇到问题。

RCEP 叠加中国—东盟等双边自贸协定，使企业从关税减免中得到更多实惠。受访企业中，七成以上企业利用 RCEP 和其他自贸协定原产地证明享受关税减免优惠，尤其是 AEO 企业和大中型企业的利用率更高。RCEP 生效实施两年多来，在原材料、中间品与零部件以及最终产品贸易中，七成以上的企业从关税减免中获得实际收益，切实降低了企业的生产和贸易成本，电子设备制造业、木材加工和家具制造业企业对此感受更为明显。据中国海关统计，2023 年，RCEP 项下享惠进口 905.2 亿元，减让税款 23.6 亿元，同比分别增长 38.6% 和 52.3%，主要的享惠进口商品为塑料及其制品、机械器具及其零件、有机化学品等；享惠出口 2 700.7 亿元，可享受成员国关税减让 40.5 亿元，同比增长 14.8% 和 156.3%，主要签证出口商品有无机化学品、服装及衣着附件、塑料及其制品等。

RCEP 提高了区域内贸易便利化水平，企业对通关时间的满意度较高。在出口方面，企业对新加坡、新西兰、马来西亚的通关时间满意度更高，在普通货物 48 小时通关以及易腐货物和快件货物 6 小时通关方面均超过 98%。在进口方面，企业对中国的通关时间满意度为 97.4%，半数以上企业表示"非常满意"。受访企业中，53.5% 的企业享受了 RCEP 贸易便利化措施，其中，AEO 企业和大型企业享受便利化措施的比例更高。近六成受访企业涉及跨境电子商务，其中，八成以上企业开展业务较为顺畅。

RCEP 拉近了区域内产业链供应链关系。半数以上企业参与了 RCEP 区域内产供链合作，主要涉及原材料、生产、销售等环节。受访企业认为 RCEP 促进了与成员国的产供链合作，与日本有贸易往来的企业感受更为明显。在产供链优化调整方面，近半数企业希望根植于中国开展产供链合作；在产供链拓展或转移方面，越南、泰国等新兴经济体和日韩等发达经济体是企业的主要目的地。

三分之二以上的受访企业对 RCEP 区域的总体预期"积极向好"，对日本、越南、韩国等成员的业务发展趋势最为看好。在 RCEP 公共服务方面，受访企业对开展培训宣导，优化升级关税查询比对服务，及时提供法律法规政策和市场商机等抱有较高期待。

与此同时，企业问卷调查结果也反映出 RCEP 生效实施两年多来存在的一些问题和困难，表明 RCEP 全面高质量实施仍有较多短板。

一是小微企业对 RCEP 的享惠能力仍有欠缺。问卷调查结果显示，小微企业对 RCEP 等自贸协定原产地证明的利用率不足七成，明显低于大中型企业近八成的利用率。这主要是由于小微企业对 RCEP 优惠政策的知悉程度仍有欠缺，且缺乏相关专业人才，对关税减免、原产地规则和程序的理解和运用存在困难，未能充分利用 RCEP 优惠政策。此外，相比大型企业，小微企业对 RCEP 生效实施以来国际竞争加剧的感受更加明显。

二是 RCEP 原产地区域累积规则的利用率仍然偏低。问卷调查结果显示，仅有 8.8% 的企业使用了原产地区域累积规则，而超半数企业暂无累积原材料的需求。从企业性质和规模来看，私营企业使用原产地区域累积规则的比例明显低于国有企业和外商投资企业，小微企业使用这一规则的比例低于大中型企业。而且近四分之一的受访企业表示不清楚如何使用原产地区域累积规则，说明企业对这一规则的知悉程度仍需提升，尤其是私营和小微企业。此外，七成以上（71.4%）企业在出口环节使用 RCEP 原产地证书，不足三成的企业在进口环节使用，这在某种程度上显示相对出口环节，企业在进口环节的原产地证明利用不足，而这也可能是原产地区域累积规则使用不足的原因所在。中国海关数据也显示，2023 年中国企业进口方向的享惠金额仅为出口方向的 1/3[①]。

三是西部地区企业对 RCEP 的积极感受弱于东部地区。问卷调查结果显示，西部地区感受到 RCEP 积极影响的受访企业不足半数，明显低于东部地区，三成以上的企业不清楚或难以判断 RCEP 的影响。西部地区企业对 RCEP 等自贸协定原产地证明的利用率低于东部地区 11 个百分点，且半数以上受访企业存在享惠受阻问题，远高于东部地区。在通关时间方面，西部地区企业在普通货物 48 小时通关以及易腐货物和快件货物 6 小时通关的满意度均低于其他区域。对于服务贸易和投资合作中存在的困难，西部地区的企业也明显感受更深。

四是 RCEP 欠发达成员的通关便利化水平有待提升。问卷调查结果显示，企业对缅甸、老挝的通关时间不满意比例明显高于其他成员国，尤其是在易腐货物 6 小时通关方面，不满意率分别达到 10.5% 和 6.4%。这表明缅甸和老挝在货物通关能力建设方面仍有待提升。同时，部分企业反映老挝、文莱的

---

① 海关总署 2023 年全年进出口情况新闻发布会，http://www.customs.gov.cn/customs/xwfb34/302330/5625690/index.html.

海关审核效率较低，使企业利用 RCEP 原产地证明享惠受阻；缅甸在接受电子形式提交通关文件以及网上跨境交易支付结算方面存在问题；老挝、缅甸监管政策不确定性较大。可见，上述 RCEP 成员国对经济技术合作，尤其是在信息化、数字化领域的技术援助，存在较大需求。

五是 RCEP 区域产供链合作仍面临一些不确定性。问卷调查结果显示，外部非经济因素是 RCEP 区域内开展服务贸易和投资合作面临的首要问题。近年来，全球经济格局调整给 RCEP 区域产供链合作带来一些不确定性。半数以上受访企业尚未考虑好未来产供链调整方向，尤其是私营企业多持观望态度，有近四分之一的受访企业考虑将产供链拓展或转移至日本、韩国、越南等 RCEP 其他成员国。总体上，受访企业选择产供链拓展或转移意愿最多的国家，与未来区域内开展业务最看好的国家高度重叠，但企业也反映在这些国家面临诸多问题。这也要求中国与 RCEP 伙伴加强协调合作，为企业在不确定的国际环境中创造更多的确定性。

二、企业利用 RCEP 政策的案例分析①

RCEP 实施以来，日本原产地签证数数量最多，占 RCEP 原产地签证总数量的八成以上。其次是韩国，RCEP 原产地签证总数量超过一成。山东毗邻日韩，具有实施 RCEP 政策的先发优势，山东是第一个开具日本和韩国 RCEP 原产地证书的省份。基于此，下文在调研走访不同类型的企业，包括国内企业（山东）、在鲁日资和韩资企业利用 RCEP 政策案例的基础上，分析其特点，为进一步挖掘 RCEP 制度红利，推进中国与 RCEP 其他成员国之间的共享发展提供启发和借鉴。

（一）落地的豌豆公主：日本跨境电商企业投资青岛自贸片区

豌豆公主成立于 2015 年，是一家主打日本海淘的跨境电商品牌，该平台上的所有商品由品牌直供、日本直邮。豌豆公主覆盖品类包括美妆个护、营养保健、生活家居、母婴、健康食品、酒水饮料、中古时尚等。2017 年，豌

---

① 作者：刘文，山东大学商学院教授、博士生导师；程子健，山东大学商学院副教授、博士生导师。

豌豆公主获得伊藤忠商事①、KDDI 株式会社、SBI Holdings 联合投资 6 800 万美元。2019 年 7 月，豌豆公主荣登跨境电商排行榜榜单 TOP10。2020 年 6 月，豌豆公主入选《2020 胡润中国猎豹企业》。同年 9 月获评"2020 中国新科技 100 强"。

2021 年 9 月，豌豆公主落户山东自贸试验区青岛片区。作为日本最大跨境电商企业，豌豆公主落地山东自贸区青岛片区充分发挥了 RCEP 显著的政策优势。

首先，在青岛自贸片区，豌豆公主的进口货物通关时间可以压缩到一小时内。青岛自贸片区建设了全省首个以跨境电商为特色的西海岸新区保税物流中心（B 型）。同时，还布局国际快件监管中心、冷链物流中心等功能模块，为外商企业提供网购保税进口和特殊区域出口进口保税仓储、进出口清关等服务。此外，中心内配套远程视频监控、智能化电子闸口等新技术、新设备，实现了"一次申报、一次查验、一次放行"。这让豌豆公主极大地缩减了时间成本并提高了运营效率。

其次，国际物流运输方面。在海运领域，青岛自贸片区成功构建了连接中日韩的"海上高速公路"，物流时效媲美空运。2022 年新增海运航线 26 条，服务前湾港集装箱吞吐量超过 2 300 万标箱。在空运领域，青岛片区开通青岛至东京、大阪，青岛至越南河内 3 条货运双向包机，全年执飞可达 300 班次，处理货物超过 25 万件。机场也顺应 RCEP 政策，在新模式下货物直接理货过机、打板装机，时间压缩一半，成本降低 30%，从而提升了物流时效。同时，监管中心实行"5+2""白加黑"作业制度，对 RCEP 缔约方的空运货物和快件 6 小时内快速通关创造了软环境。此外，监管中心还制定了一份保障方案，对各快递公司的物流线路进行了摸排，针对涉及 RCEP 成员国的路线，给予点对点跟踪服务，豌豆公主的物流运输得到了充分高效的保障。

再次，青岛自贸片区不断优化产业生态"软环境"，从政策、基金、平台建设、仓储物流、金融服务等领域，推动跨境电商全产业链发展。企业登记

---

① 起始于 1858 年的伊藤忠商事株式会社（以下简称"伊藤忠商事"）是日本生活、消费及时尚等非能源领域的最大商社，业务资源几乎覆盖日本所有生活和零售领域，在世界 63 个国家和地区有投资。2002 年伊藤忠商事与山东省政府签订"贸易合作战略协议"，目前与山东省合作领域广泛，涵盖粮食、纺织、机电、电商等。

全程电子化"秒批"，实现"零跑腿"，商务秘书公司可免费为入驻托管的企业提供住所托管，推行"保姆式"政务服务。同时，还建立政务服务帮办代办服务制度，实现工商、税务、刻章、银行以及海关备案等全链条一对一"保姆式"服务。建筑面积 12 万平方米的园区产业配套服务中心，功能涵盖区域总部基地、金融结算中心、大数据服务中心、保税展示交易中心等，为跨境电商企业提供全生命周期、全产业链配套服务。豌豆公主的商业模式不同于其他海淘 App 或者电商平台，而是作为日淘的枢纽，整合制造、流通、零售、营销和消费等上下游产业链资源。青岛自贸区产业生态优化升级的政策为豌豆公主的蓬勃发展助力，使其在规模效应下高速增长。

最后，在跨境电商企业的销售产业链中，企业宣传和流量推广能够在产业红海中发挥重要作用。2022 年 2 月，青岛西海岸新区重磅印发《关于聚焦体验经济和流量经济加快建设新经济活力先行区的实施意见》，提出未来三年青岛西海岸新区将以新业态新模式为引领，推动新型体验、流量消费扩容提质，建设北方业态模式最多样、市场主体最活跃、场景创新最丰富、发展生态最优质的新经济活力先行区。青岛片区充分挖掘网红经济、直播经济与跨境电商产业的发展契合点，与无锋科技等头部 MCN 机构及抖音、快手等第三方平台合作，借助网红直播带货等方式，汇聚"线上+线下"双层流量，打出"不出国门、嗨购全球"的标语，打造"产业+直播+电商"等新模式。青岛片区启用保税仓跨境电商直播基地，面积高达 4 000 平方米，直播间多达 12个，并按照功能划分为直播中心、选品中心、网红孵化中心和品牌赋能中心，可同时承接近百场直播活动。青岛自贸区的一系列政策真正做到了为企业赋能，豌豆公主受益其中，其平台影响力显著提升，目前在豌豆公主入驻的日本品牌方超过 3 300 个，SKU 超 40 000 个，部分本土知名日企也顺势进入中国市场，品牌知名度得到大幅提高。

（二）艾多美的发展：韩国跨境电商落地中韩（烟台）产业园

韩国艾多美株式会社（以下简称"艾多美"）是一家创立于 2009 年的全球化电商企业，主要经营业务涵盖健康食品、生活用品、化妆品等多领域，其商业版图覆盖包括韩国在内的 26 个国家和地区。公司以 GSGS（Global Sourcing Global Sales）战略为导向，借助艾多美平台实现真正的全球资源共享。2017 年，艾多美（中国）产业园区项目作为山东省烟台市重点外商投资项目之一，正式落户中韩（烟台）产业园，成为中韩（烟台）产业园东区首家入驻企业。艾多美（中国）产业园区项目是山东省烟台市重点外商投资项目，也是中韩（烟台）产业园快速发展的旗舰项目，旨在完善艾多美（中国）产业链集群，提高其产品宣传和研发能力。

中韩自贸协定（FTA）创新性地将中韩地方经济合作列入规则文本，中韩产业园也成为深化对韩经贸合作的载体。艾多美（中国）公司的设立与发展很大程度上获益于中韩 FTA 的实施，其相关产业园区项目的建设也与中韩产业园区的建设与推进密切相关。

艾多美注重国际化和本土化的融合发展，其在中国生产的产品以生活用品、食品和小型家电为主。中国生产的食品主要出口新加坡、马来西亚等东南亚地区，中国香港，以及澳大利亚等国家和地区。一般贸易的进口食品主要从韩国进口，分为保健食品和食品，保健食品目前有多种矿物质产品与即将上市的维生素 B；食品有健康零食、益生菌、普洱茶、胶原蛋白等对身体有益处的产品。

艾多美（中国）非常关注 RCEP 对于跨境电商企业发展的多重政策支持。RCEP 实施以来，艾多美积极落实多项举措。其一，有序推进跨境电商综试区建设，完善相关建设方案，推进综合服务平台建设，用足用好跨境电商政策。其二，致力于耕耘海外市场，加快海外拓展的步伐，努力探索与 RCEP 区域各国开展贸易投资合作。其三，用足用好产业链招商，一手抓培育现有企业做大做强，一手抓引进优势资源投资入股，不断延伸产业链条，壮大产业集群。其四，加强战略伙伴关系，艾多美与烟台保税港区、东澍电子商务有限公司签订三方战略合作协议，建立在跨境电商、保税仓储物流等领域的全面战略合作关系。其五，依托中韩（烟台）产业园平台优势，加强与 RCEP 成员国大企业、行业领军企业、商协会组织、科研院所的沟通合作，提高认知度和影响力，促进国际间全方位宽领域交流合作。

RCEP 也为艾多美的发展注入了新的发展动力。首先，RCEP 对出口关税的显著降低，能为海外的市场用户带来更加优惠的价格，提高出口商品的市场竞争力。其次，RCEP 削减了贸易壁垒，有效推进跨境电商平台海外仓建设，便于对海外市场资源实现有效的整合。最后，RCEP 推动了数字化转型升级，首次引入统一的电子商务规则，有助于拓展 RCEP 成员国市场，有效促进区域内包括艾多美在内的跨境电商平台的贸易数字化。

（三）迪尚集团：充分利用 FTA 全球布局服装产业链

迪尚集团成立于 1993 年，产业领域涵盖服装进出口、研发设计、生产加工、品牌销售、供应链和金融等多个领域，是一家工贸一体、产研结合、市场多元的跨国型集团公司，2022 年迪尚集团实现营业收入 185 亿元，近三年保持年均 10% 以上的增速，连续多年居中国服装行业百强企业前十名。

迪尚集团主要设计生产各类高档时装、童装、户外装、职业装、校服等全品类服装产品，为全球 100 多个国家和地区的 500 多家品牌客户提供优质产品和完善的供应链服务，其中 ODM（自主研发设计制造）业务占到了出口业务的 95%。

迪尚集团在全球布局产业链中注重利用各国资源，充分发挥我国已签署 FTA 的政策优势。基于自身实力和产业发展的需要，优先考虑在那些既是中国自由贸易协定（FTA）伙伴国，也是主要出口目标市场 FTA 伙伴国的国家设立生产基地（即 FTA 轮轴国），从全球 FTA 的政策红利中最大限度地发掘享惠空间。东盟于 2002 年与中国启动自由贸易协定谈判，随后分别与日本、韩国签署了自贸协定。因此，东南亚国家成为迪尚集团"生产基地全球化"战略的首选地。

基于柬埔寨、孟加拉国等东南亚国家丰富的人力资源优势，迪尚集团使用"借船出海"的方法在柬埔寨等东南亚国家设立服装生产基地，利用《中国—东盟全面经济合作框架协议》，用较低关税将服装面料从中国出口至柬埔寨，在柬埔寨进行加工，随后再利用《东盟—日本全面经济伙伴关系协定》，将成衣出口至日本再次享惠。此举不但降低了劳动力成本，还享受了双重关税优惠，为企业节省了生产和运输等运营成本，更好打开了目标国市场。

基于发达国家的人力资本优势，通过收购外国公司，获得世界一流的设计和研发能力，为打造自主品牌奠定基础。在欧洲、美国、日本、韩国等主要贸易国家和地区成立自己的公司，全部聘用外国员工，以"直通车"的形式迅速打进国外卖场。通过这种业务拓展模式，迪尚集团在海外积蓄了大批专业人才，充分掌握了国际服装行业的发展动态。

目前，迪尚集团在国内建有威海、青岛、临沂、大连、济宁、贵州、日照、河南等生产基地，在缅甸、柬埔寨和孟加拉国等"一带一路"共建国家也建有生产基地。同时，集团还有800多家配套协作企业，4 000多家面辅料供应商，在欧、美、日、韩等国家和地区设有20多个品牌公司、设计公司、贸易公司和办事处。

迪尚集团通过统筹国际国内两个市场两种资源，打造"生产+服务"新优势和全产业链一体化发展新模式，实现了由传统服装外贸企业向全链条服务、全产业引领、全世界运营的"三全型"跨国集团转变。目前集团为全球100多个国家和地区的500多家品牌客户提供优质产品和完善的供应链服务，其中ODM（自主研发设计制造）业务占到出口业务的95%。在国内建有威海、青岛、临沂、大连、济宁、贵州、日照、河南等生产基地，在欧、美、日、韩等国家和地区设有品牌公司、设计公司、贸易公司和办事处等20多个；在东南亚及"一带一路"共建国家建有四大生产基地。

RCEP首次在中日之间建立起自贸协定关系。2022年1月5日，迪尚集团出口至日本的一批服装取得了威海市贸促会签发的全市首份RCEP原产地证书。2022年迪尚集团仅出口到日本的纺织产品即享受关税优惠约500万元。随着关税逐年降低，受益于RCEP原产地累积规则，将进一步推动企业在RCEP域内的生产成本最小化和贸易效率最优化，有利于加强区域内产业链供应链合作。

（四）潍柴雷沃：中国企业对日投资智慧农业

潍柴雷沃前身为雷沃重工，2021年1月经过战略重组，将雷沃重工股份有限公司名称变更为"潍柴雷沃重工股份有限公司"（以下简称"潍柴雷沃"）。潍柴雷沃重视农业装备产业链核心竞争力，在智能农机、智慧农业等方面取得了丰硕成果，成为潍柴集团重要的战略业务单元。

重组后的潍柴雷沃亟须推进实施全球化战略，以提高企业研发水平和产品技术水平，统筹全球资源，获得市场竞争力。同时，日本在现代化农业领域，尤其在智慧农业方向上享有一定的领先优势。在农业领域，日本通过在土壤、病虫害探测等智能识别领域对机器人和人工智能技术的广泛应用，以及农业物联网技术的重点推进，实现了农业的可视化生产和管理，同时大大提高了农业生产的效率。于是，在 RCEP 实施的 2022 年初，继成立北美、欧洲科技创新中心后，潍柴雷沃在日本东京正式挂牌成立科技创新中心，这也是潍柴集团自 2018 年 6 月设立潍柴动力（东京）科技创新中心后，在日本的又一投资布局，通过有效依托于日本在智慧农业方面的技术和经验优势，全面提升潍柴雷沃农业装备研发能力，推动潍柴集团智慧农业的进一步发展。

潍柴雷沃（东京）技术创新中心的设立，借鉴汲取日本在智慧农业领域的技术和经验优势，广泛吸引优秀国际人才，整合优势资源配置，助力潍柴集团打造世界一流农业装备集团，促进我国智慧农业、现代化农业高效发展①。潍柴雷沃将互联网、物联网、大数据与现代农业紧密结合，助推高端农机装备不断升级，引领传统农业向现代化、智慧化农业转变，促进农业转型升级。

目前，潍柴雷沃作为国家产业链"链主"企业，"链"起潍坊、临沂、日照等地的农机产业板块，形成国内产业规模最大、创新能力最强、产品体系最全、产业链最完整的智能农机集群。2023 年，潍临日智能农机装备集群产值 1 650 亿元，占全国农机行业的四分之一，产业规模连续多年居全国首位。2024 年 11 月 18 日，该集群被列入工业和信息化部公示的《2024 年先进制造业集群竞赛胜出集群名单》。

（五）东营光伏：刷新中国企业在韩投资最高纪录

中国光伏集团东营光伏太阳能有限公司（CNPV，以下简称"东营光伏"），是一家领先的太阳能光伏产品综合制造商，从事硅锭、硅片和电池的生产以及光伏组件的装配，设计、制造并供应高效经济的晶体太阳能光伏组件，是一家集研究、开发、生产、销售于一体的高新技术企业。由于东营地区长期以石油发展经济，产业链多为高污染行业，为缓解污染问题，东营大力扶持和发展新能源产业。东营处于沿海地带，日照时间充足，光照强度大，因此将光伏发电作为主攻方向之一。东营光伏专业生产各种型号、规格的单晶硅、多晶硅太阳能电池组件，利用自己生产的核心材料太阳能组件，用于配套生产和安装太阳能用户系统，太阳能灯等太阳能系列产品及工程。

---

① 潍柴集团官网：大棋局又落子 潍柴雷沃北美、欧洲、日本科技创新中心挂牌，2022-02-12，https://www.weichaipower.com/media_center/news/202202/t20220212_79983.html。

2015 年，东营光伏协议向韩国投资 5 800 亿韩元，打造太阳能集成制造设施。这是中韩两国签署自贸协定（FTA）后首个在韩国进行的经济合作投资项目。除太阳能发电设备外，该项目还包含太阳能制造设备，创造了 300 多个就业岗位，推进韩国内需及第三国出口。此次投资刷新了中国企业在韩投资的最高纪录，为中国光伏产业的国际合作发展带来巨大机遇。

该项投资最终落地于新万金中韩产业园。该产业园以中韩 FTA 为基础，两国合作推进园区设立、运营、开发及企业投资。产业园在吸引外资在光伏领域投资方面具有重要政策优势，投资者可以享受税收减免、土地长期租赁，并获得投资补助金等投资激励政策。随着产业园不断建设，加快构建产业链、资金、技术方面一体化体系，逐步实现光伏产业园向产业城区转变，为聚集光伏发展的资源提供了良好平台。2022 年 7 月，"新万金中韩产业园"被指定为韩国国内首个"智能绿色国家示范产业园区"，致力于将新万金建设为未来型产业园区，成为韩国绿色新政中心。这为我国光伏企业开发韩国市场提供了巨大的信心及动力。

"中国国内太阳能设备因关税较高，很难出口美国或欧洲，如果在韩国生产并以'韩国制造（Made in Korea）'出口，就可以解决该问题。韩国与美国和欧盟都签订了自由贸易协定，因此能以有利的条件进行出口。"① 对于东营光伏来说，对美国、欧洲等地的出口正在遭受报复性关税政策，企业发展遭遇瓶颈。而在中韩共同②构建全球 FTA 网络背景之下，利用中韩 FTA 和 RCEP 所带来的投资便利以及新万金中韩产业园的各项政策优势，两国可以合作推进园区设立、运营、开发及企业投资；对韩国新万金的投资，可以促进我国光伏行业发展，方便我国对外输出光伏产品，部分规避出口欧美的关税问题。

东营光伏抓住机遇积极投资韩国新万金，将两国企业的各自优势相结合，降低成本，积极开拓市场，极大提高企业竞争力。此外，中国企业对韩投资便利化程度提高，也有利于中资企业充分利用韩国相关产业先进的配套产业，不断提高自身核心竞争能力。而在 RCEP 框架下，相应的规则优势不仅可以降低东营光伏在东盟国家光伏制造项目的建设和运营成本，而且可以通过降

---

① 世纪新能源网：东营光伏将在新万金投资 3000 亿韩元建设组件与电池片工厂，2015-06-15，https://news.solarbe.com/201506/15/189268.html。

② 韩国已经与 58 个国家签署 18 个 FTA，与其他新兴国家的 FTA 也在持续推进。

低投资来降低光伏电站的度电成本。与此同时还能为参与国提供原料、人工、资本等便利条件，促进光伏产业链上下游技术升级。

（六）斗山叉车：充分利用 FTA 规则加快全球化布局

斗山工程机械（中国）有限公司的前身是成立于 1994 年 10 月的大宇重工业烟台有限公司，隶属韩国斗山集团①。斗山工程机械（中国）有限公司总投资额达到 7 300 万美元，占地 35 万平方米，建筑面积 10 万多平方米，公司现有中韩员工 2 000 多人。公司主要生产经营挖掘机、装载机、叉车、机床、发动机等重装备，年生产能力为 20 000 台挖掘机、8 000 台叉车、1 000 台机床，现已在全国各地设立了 6 个支社、3 个合资公司及 62 个销售维修代理商。

斗山工程机械（中国）是典型的"内产外销"型公司，公司生产所需的日本产液压马达、液压阀等零部件，主要由韩国总部统一向日本采购，再由韩国总部分装后运至中国。除服务于中国叉车市场外，产品每年有 60% 的产量用于海外销售，外销比例较高，其中一部分销往韩国，另一部分则主要销往欧盟、东欧、东南亚等地区。

斗山集团利用 FTA 规则在进出口两端为企业降低关税，扩大其产品关税优惠范围，由此扩大了产品在全球市场中的份额。中韩 FTA 协议规则下，进口端方面，中国对叉车的原材料和零部件实行相应的关税减免，而在出口端，韩国承诺对叉车将在 10 年或 11 年内从 8% 的关税减至零关税，同时中国—瑞士自贸协定、中国—东盟自贸协定、中国—澳大利亚自贸协定均使该公司在出口叉车时获享关税优惠。2022 年 6 月，海关总署调整了中韩自贸协定项下原产地证书格式，取消商品项数上限 20 项限制。斗山叉车（中国）有限公司通过新升级的中韩自贸协定原产地证书，享受到叉车零部件等 80 项货物的关税减免政策，进一步帮助企业减免韩国进口关税。

RCEP 的制度红利为斗山叉车的发展注入了新动能。首先，进一步降低了原材料及零部件进口成本。在 RCEP 实施前，企业主要使用中韩原产地证书

---

① 韩国斗山集团，成立于 1896 年，是韩国历史最悠久的企业。现基于韩国、德国、中国的生产基地和美国、比利时、英国的销售法人等 6 个事业中心向全球 100 多个国家和地区出口叉车，斗山叉车已发展成为韩国最大的产业车辆制造厂商，尤其在韩国国内市场以 54% 的市场占有率，韩国奠定了稳固的领先地位。

享受进口零部件关税减免优惠，而在 RCEP 框架下中国和日本首次达成双边关税减让安排，其进口货物可凭借 RCEP 原产地证书降税，实现了企业进口产品的享惠全覆盖。凭借 RCEP 原产地证书降税，斗山集团进口挖掘机配件每年可享惠货值近 10 亿元，仅 2022 年就节省了近 6 000 万元税负成本。其次，促进区域内生产要素高效流动。原产地累积规则帮助企业拓展原材料及零部件的采购渠道，提升采购灵活性，进而灵活产业布局，建立更精细、更完善的产业链分工体系。此外，减少非关税壁垒。在减少贸易限制措施、简化通关手续、加强知识产权保护等方面，为斗山车辆出口创造了更加便利的贸易环境。斗山叉车充分利用 RCEP 规则配置资源，在机器人行业（上海）进行投资，在越南等东盟国家进行布局，实现领域与地域的双重跨越，推动国内制造产业的进一步革新，帮助斗山叉车更好地实现轻型化、高位化、智能化方向的转型。

（七）中韩企业技术与资金合作：食品业巨头好丽友"跨界"生物医药

韩国株式会社好丽友控股（以下简称好丽友）成立于 1956 年，是韩国的三大食品公司之一，是韩国主板市场上市公司。好丽友公司于 1995 年进入中国市场并深入发展。2015 年中韩 FTA 签署实施，进一步促进了好丽友公司的发展，截至目前，好丽友在中国境内拥有五家独立法人企业及五家工厂，其经营范围包括制造业、零售业、服务业等多个产业，除食品生产外，还涉及电子商务、艺术品买卖、展览、租赁等领域。

山东鲁抗医药股份有限公司（以下简称鲁抗医药）是我国大型综合生物制药企业，国家重要的抗生素研发生产基地，1997 年 2 月在上海证券交易所挂牌上市。"鲁抗生物"为鲁抗医药全资子公司。"鲁抗牌"是山东省 5 个重点培植的国际知名品牌之一，是商务部重点培育和发展的出口名牌。鲁抗产品远销亚洲、欧洲、非洲、美洲 40 多个国家和地区，年出口创汇过亿美元。但 2017—2019 年，鲁抗生物营业收入与净利润水平均较低，急需引入新鲜血液激发研发活力。

2020 年 10 月，鲁抗医药对外公告称，为进一步改变公司产品结构，提升新产品研发能力，公司全资子公司鲁抗生物拟通过增资扩股方式引进投资者好丽友控股及好丽友中国，共同从事化学及生物药品、诊断试剂等的研发及生产。2021年3月，好丽友控股、好丽友中国与鲁抗医药合资设立山东鲁抗好丽友生物技术开发有限公司（以下简称鲁抗好丽友），鲁抗好丽友主要业务领域为引进有潜力的生物技术并实现商用化。交易完成后，鲁抗好丽友把早期检测重症疾病（如癌症）和传染病的试剂盒作为首批重点产品，在建立初步的生物药品开发能力后，未来业务领域将逐步扩展至合成药物和新药的开发。

好丽友企业并购跨界生物领域，实现了公司产业链条的升级。好丽友在中国原本就具有良好的品牌影响力和完善的业务网络，通过布局生物领域，可以提升竞争差异化能力及盈利能力，以实现作为全球食品和医疗保健公司的飞跃。并购后的生物业务将成为集团新的增长引擎。好丽友中国先进的研发技术，是其选择联手鲁抗医药，跨界生物技术行业的主要原因之一。未来，鲁抗好丽友将依托鲁抗医药的生产及科研力量，依托韩国好丽友的资金支持，不断加强自身技术创新平台建设，以市场需求为导向，通过产学研联合、国内外技术合作、高层次人才引进等方式，加快公司研发能力建设，推进诊断试剂、生物医药、疫苗等新产品的研制、注册与生产。

（八）中日人力资源开发合作：山东联桥集团有限公司

山东联桥集团有限公司创建于1997年，业务覆盖新材料科技、纺织服装和人力资源三个领域。

联桥集团人力资源业务致力于为全球客户提供智力支援，构建起涵盖国内人力资源服务、国际人才派遣和高端人才引进的全产业链。国内人力资源服务主要开展生产线外包、岗位外包、服务外包等业务；人才合作基地500余家，遍布山东、河北、河南、山西、陕西、江苏、云南、四川等省份。国际人才供给市场延伸至东南亚国家，在缅甸、越南、柬埔寨、老挝、印度尼西亚等国家设立分公司。国内合作院校50余所，国外合作院校50余所。

从国内就业看，公司拥有劳务派遣及人力资源服务资质，通过了ISO 9001、ISO 14001、OHSAS 18001体系认证，与400余家企业建立了长期合作关系，涉及机械、电子、焊接、服装、食品等超过50个细分行业的多种职能职位，累计为企业输送人才10 000余人。

从海外就业看，以日本技能实习生派遣为主，累计向日本派遣技能实习生近5万人，对日人才派遣连续20年居全国领军地位，其中向日本电装、神户制钢、丰田、三洋、理光、夏普、佳能、富士等世界 500 强企业派遣的技能实习生占到 60%以上。公司是国内首批日本介护、首批日本特定技能外派者。此外，新西兰、奥地利、韩国、德国、荷兰、新加坡、国际海员等项目均在行业内占据主要地位。

在长期对日劳务派遣的基础上，2016 年 10 月，山东联桥集团和日本株式会社 Openup Group 集团（东正一部上市）联合成立了山东联信智达人力资源有限公司，这是山东省唯一中外合资的综合性人力资源公司，兼具中日双方优势，为客户提供全方位、专业化、个性化的解决方案，致力打造中国高品质的人力资源精益化外包服务。公司先后在青岛、江浙等地设立下属公司。目前业务涵盖人力资源服务外包、制造业外包、高端人才猎头、工程师派遣、培训咨询、政务外包、物业一体化服务等多个专业服务领域。RCEP 实施以来，山东联信智达人力资源有限公司重视开拓东盟国家的劳务市场，在越南、柬埔寨、缅甸等国家设立合资人力资源公司，对当地人力资源进行培训，再输出到日本。然而，外资企业在缅甸、柬埔寨等国开展业务，需要应对复杂政局、寻求安全保护、克服基建水平落后等方面的不足。

RCEP 实施以来，对日本出口成衣也成为公司业务重要的增长点，通过充分利用 RCEP 政策，联桥集团进口布料的关税得到了大幅减免，出口成衣的关税税率也进一步降低，带动企业生产积极性大大提高。2024 年以来企业一直在赶制出口成衣订单，全年服装业务增长突出。

综上所述，通过对国内企业、在华日资企业、在华韩资企业利用 RCEP 政策案例的分析，可以发现，RCEP 降低了区域内各国的贸易壁垒，使得企业在与 RCEP 成员国贸易时能够享受关税减免等优惠政策，由此扩大了产品在国际市场中的份额，实现进一步获益与发展。主要体现在以下几个方面：

首先是贸易成本方面，关税减免与物流通关成本的降低。一方面，在RCEP 实施后，企业从成员国进出口的产品可享受不同程度的关税减免优惠，这直接降低了产品的进出口成本，使产品在目标市场上更具价格竞争力，有助于提高利润空间，也为公司争取了更多订单和客户。另一方面，在物流与通关成本方面，各地海关积极行动，促进了 RCEP 区域内的贸易便利化，包括简化海关手续、提高通关效率等。这有助于减少产品在运输和通关过程中的时间延误和费用支出，加快资金周转速度。

其次是产业链延伸与整合方面，借助 RCEP 的机遇，企业可以与上下游企业建立更紧密的合作关系，实现产业链的延伸和整合。上游可与国外的设计、供应商合作，引入国外先进的产品和技术，提高产量和质量；下游可与 RCEP 成员国的贸易商、经销商建立广泛的合作关系，拓宽销售渠道，将企业产品推向更广阔的国际市场。

最后是品牌建设方面，提升品牌知名度，打造国际特色品牌。随着企业产品在 RCEP 域内市场的拓展和销售，其品牌知名度不断提高。企业通过参加各类国际展会、贸易洽谈会、链博会等活动，增强品牌在国际市场上的认知度和影响力，树立起良好的品牌形象。各地区海关、商务、贸促会采取的诸多举措为各类企业充分利用 RCEP 政策发挥了重要作用，企业也希望国内政府提供更多支持。比如韩资企业艾多美公司在开展跨境电商的业务中希望在山东省及全国范围内可以给予更多跨境电商业务特殊性的支持工作，包括跨境产品的特殊场合的展示等。

参考文献

[1] Bae, C. K., & Jung, M. C. (2019). Changes in Korea-China trade after the Korea-China FTA and its implications. KIEP Basic Data 19-23. Korean: Korea Institute for International Economic Policy.

[2] Baier, S. L., & Bergstrand, J. H. (2007). Do free trade agreements actually increase members' international trade? *Journal ofInternational Economics*, 71 (1), 72-95.

[3] Cui, L., Song, M., & Zhu, L. (2019). Economic evaluation of the trilateral FTA among China, Japan, and South Korea with big data analytics. *Computers & Industrial Engineering*, 128, 1040-1051.

[4] Hur, J., & Park, C. (2012). Do free trade agreements increase economic growth of the member countries? *World Development*, 40 (7), 1283-1294.

[5] Jiang, H., & Yu, M. (2021). Understanding RCEP and CPTPP: from the perspective China's dual circulation economic strategy. *China Economic Journal*, 14 (2), 144-161.

[6] Kee, H. L., & Tang, H. (2016). Domestic value added in exports: theory and firm evidence from China. *American Economic Review*, 106 (6), 1402-1436.

[7] Li, Q., & Moon, H. C. (2018). The trade and income effects of RCEP: implications for China and Korea. *Journal of Korea Trade*, 22 (3), 306-318.

[8] Park, C. Y., Petri, P. A., & Plummer, M. G. (2021). The economics of conflict and cooperation in the Asia-pacific: RCEP, CPTPP and the US-

China trade war. *East AsianEconomic Review*, 25 (3), 233-272.

[9] Shimizu, K. (2021). The ASEAN Economic Community and the RCEP in the world economy. *Journal of contemporary East AsiaStudies*, 10 (1), 1-23.

[10] Xin, L., Bo, M., & Zhi, W. (2019). Recent patterns of global production and GVC participation. GLOBAL VALUE CHAIN DEVELOPMENT REPORT 2019, World Trade Organization.

[11] Yu, M. (2020). China-US trade war and trade talk. Berlin, Germany: Springer.

[12] Amazon Global Selling (2023), "Local seller, global buyers", slide handouts.

[13] Asean + 3 Macroeconomic Research Office (AMRO) (2024), "How are ASEAN and China Leveraging Their Positions in Global Value Chains?", Trade Wind Series, Analytical Note, March 18, 2024.

[14] Central Institute for Economic Management (CIEM) (2021), "Effective implementation of the Regional Comprehensive Economic Partnership Agreement (RCEP) associated for improving economic autonomy: requirements for perfecting trade and investment institutions in Vietnam", Vietnamese: Aus4 Reform Program, Hanoi.

[15] Cyn-Young Park, P. A. P, Michael G. P. (2021), "The Economics of Conflict and Cooperation in the Asia-Pacific: RCEP, CPTPP and the US-China Trade War", *East Asian Economic Review*, Vol. 25, No. 3 (September 2021) 233 - 272, https://dx. doi. org/10. 11644/KIEP. EAER. 2021. 25. 3. 397.

[16] Fukunari Kimura, Shandre Thangavelu, Dionisius Narjoko (2021), "Regional Comprehensive Economic Partnership (RCEP): Implications, Challenges, and Future Growth of East Asia and ASEAN", Indonesia: Economic Research Institute for ASEAN and East Asia (ERIA), March 2022.

[17] Hongyan Zhao (2024), "Conflict affected China's trading patterns", AMRO, April 3, 2024.

[18] Google, Temasek, and Bain, e-Conomy SEA (2023), E-Conomy SEA: Reaching new heights: Navigating the path to profitable growth, e-Conomy SEA.

[19] Le Xuan Sang (edited) (2019), Removing the obstacles of Vietnam economic growth in the new context, Social Science Publishing House, Hanoi, October, 2019.

[20] Le Xuan Sang (2021), "Vietnam-China trade and investment relationship in a changing world and policy implication", Journal of Global economics and politics issues, No. 3/271, Hanoi.

[21] Lin Zhang and Jin Zhang (2023), "Research on current situation, problems and countermeasures of cross-border E-commerce between China and ASEAN under the RCEP Background", https://doi.org/10.1051/e3sconf/20234090 4016.

[22] National Center for Information and Forecast (NCIF) and Konrad Edonauer Stiftung (KAS) (2022), "How the Regional Comprehensive Economic Partnership (RCEP) shapes supply chains in Vietnam", Hanoi, November, 2022.

[23] US-ASEAN Business Council (2016), Enabling Cross-Border E-Commerce Trade in ASEAN, April 2016, Washington DC.

[24] Vietnam Ecommerce Association (VECOM) (2024), E-commerce Index Report 2024 [in Vietnamese], Hanoi, Vietnam.

[25] World Bank (2022), "Estimating the Economic and Distributional Impacts of the Regional Comprehensive Economic Partnership", Policy Research Working Paper, 9939.

[26] ASEAN. (2020). Summary of the Regional Comprehensive Economic Partnership Agreement. The ASEAN Secretariat. https://asean.org/our-communities/economic-community/integration-with-global-economy/the-regional-comprehensive-economic-partnership-rcep/key-documents/.

[27] CDC. (2015). Cambodia Industrial Development Policy 2015-2025. The Council for the Development of Cambodia.

[28] CDC. (2021). Special Briefing: Law on Investment Council for the Development of Cambodia.

[29] Charadine, P. (2020). Cambodia within ASEAN: Twenty-Years in the Making. Phnom Penh: Konrad-AdenauerStiftung (KAS) and Cambodian Institute for Cooperation and Peace (CICP).

[30] Council, T. S. N. E. (2021). Cambodia Digital Economy and Society Policy Framework 2021—2035. The Supreme National Economic Council.

[31] Jong, W. K. (2020). Regional comprehensive economic partnership: overview and economic impact.

[32] Kunmakara, M. (2023). Cambodia-China FTA brings growth. The Phnom Penh Post. https://www.phnompenhpost.com/business/cambodia-china-fta-brings-growth#:~:text = The% 20signing% 20was% 20observed% 20via, implemented%20on%20January%201%2C%202022.

[33] Ly Rosslan, & Nimol, S. (2024). Cambodia, South Korea Sign 12 Agreements on Investment and Finance. *Camboja News*. https://cambojanews. com/cambodia-south-korea-sign-12-agreements-on-investment-and-finance/ #:~:text = According% 20to% 20Hun% 20Manet% 20on, million% 2C% 20ranking%2011th%20in%202023.

[34] Mathew, M. (2024). Cambodia's exports to Japan rise 18.4%. Khmer Times. https://www.khmertimeskh.com/501479402/cambodias-exports-to-japan-rise-18-4/.

[35] Narin, K. (2022). Economic Development Outlook. In D. S. UDOM, B. J. MURG, O. VIRAK, & M. RENFREW (Eds.), CAMBODIA 2040: Economic Development. Konrad-Adenauer-Stiftung, Cambodia.

[36] O'Neill, A. (2024). Cambodia: Distribution of employment by economic sector from 2012 to 2022. Statistic. https://www. statista. com/statistics/ 438733/employment-by-economic-sector-in-cambodia/.

[37] Pisei, H. (2023). Cambodia's exports reach nearly $14B. The Phnom Penh Post. https://www. phnompenhpost. com/business/kingdom-s-exports-reach-nearly-14b#:~:text = From% 20January% 20to% 20November%

202023, increase%20year%2Don%2Dyear.

［38］ Racela, J. L. M. (2022). Policy Brief: The Regional Comprehensive Economic Partnership. Senate of The Philippines.

［39］ Ratna, R. S., & Huang, J. (2016). Regional Comprehensive Economic Partnership (RCEP) FTA: Reducing Trade Cost through Removal of Non-Tariff Measures: Reducing Trade Cost through Removal of Non-Tariff Measures. Korea and the World Economy, 17 (2), 213-242.

［40］ Rillo, A. D., Robeniol, A. M. R. D., & Buban, S. M. (2022). The Story of RCEP: History, Negotiations, Structure, and Future Directions. Economic Research Institute for ASEAN and East Asia.

［41］ Sam, S. (2023). Diplomatic relations between Cambodia and Japan mark 70 years of friendship. Khmer Times. https://www.khmertimeskh.com/501316109/diplomatic-relations-between-cambodia-and-japan-mark-70-years-of-friendship/.

［42］ Secretariat, T. A. (2012). ASEAN Broadens Economic Integration with FTA Partners. The ASEAN Secretariat. https://asean.org/asean-broadens-economic-integration-with-fta-partners/.

［43］ Siphana, S. (2021). Regional Comprehensive Economic Partnership (RCEP) and its Impact on Cambodia AVI.

［44］ Siphana, S. (2022). Opportunities for Cambodia under The Regional Comprehensive Economic Partnership (RCEP). Sala Traju Association.

［45］ Thangavelu, S. M., Vutha, H., Khov, E. H., Khong, B., & Tith, S. (2022). Potential Impact of RCEP and Structural Transformation on Cambodia. Economic Research Institute for ASEAN and East Asia.

［46］ Times, K. (2024). Cambodia-China trade sees robust growth in the first half of 2024. Khmer Times. https://www.khmertimeskh.com/501522267/cambodia-china-trade-sees-robust-growth-in-the-first-half-of-2024/.

［47］ UNCTAD. (2020). Cambodia Diagnostic Trade Integration Study 2019-2023: UNCTAD'S Contribution to Chapter 1, Trade Policy and Regional Integration (RCEP, BRI, CPTPP, FTAs) (The European Chamber of

Commerce in Cambodia ed.). United Nations Conference on Trade and Development.

［48］ Vanyuth, C. (2024). "RCEP, FTAs opened massive markets for Cambodia". Khmer Times. https：//www. khmertimeskh. com/501519494/ rcep－ftas－opened－massive－markets－for－cambodia/#: ~ : text = Regional% 20Free%20Trade%20Agreements%20such, the%20Cambodia%20Chamber% 20of%20Commerce.

［49］外務省「自由で開かれたインド太平洋（FOIP）」。

［50］https：//www.mofa.go.jp/mofaj/files/000430631.pdf.

［51］外务省《自由开放的印度太平洋（FOIP）》。

［52］外務省・財務省・農林水産省・経済産業省「RCEP 協定の経済効果分析」（2021 年 3 月）。

［53］https：//www.mofa.go.jp/mofaj/files/100162437.pdf.

［54］外务省、财务省、农林水产省和经济产业省，《RCEP 协定的经济效果分析》（2021 年 3 月）。

［55］経済産業省「日本商工会議所での原産地証明書発給（第一種特定原産地証明書）」。

［56］https：//www. meti. go. jp/policy/external _ economy/trade _ control/boekikanri/ gensanchi/coo.html.

［57］经济产业省《日本商工会议所签发的原产地证书（第一种特定原产地证书）》。

［58］JETRO「輸出に関するFTAアンケート調査」（2021 年 2 月）。

［59］https：//www.jetro.go.jp/world/reports/2021/01/ec11ec7a40404213.html.

［60］JETRO《关于出口的 FTA 问卷调查》（2021 年 2 月）。

［61］内閣官房 TPP 等総合対策本部「総合的なTPP 等関連政策大綱」（2020 年 12 月）。

［62］https：//www.cas.go.jp/jp/tpp/tppinfo/2020/pdf/20201208 _ tpp _ taikoukait ei.pdf.

［63］内阁官房 TPP 综合对策本部等《整体性 TPP 等相关政策大纲》（2020 年 12 月）。

[64] 篠田邦彦（2022），《RCEP 和日本~谈判的进程和日本的 FTA 战略》石
川幸一、清水一史、助川成也编《RCEP 和东亚》文真堂。

[65] 石川幸一、清水一史（2022），《RCEP 的课题》石川幸一、清水一史、
助川成也编《RCEP 和东亚》文真堂。

[66] 韩佳容，贾孟瑶，余壮雄. RCEP 背景下的贸易合作与产业转移
[J]. 经济学动态，2024（7）：38-56.

[67] 李杨，任财君. 跨境服务贸易负面清单国际比较及对中国的启示
[J]. 国际贸易，2023（1）：74-80,96. DOI：10.14114/j.cnki.itrade.
2023.01.005.

[68] 余淼杰，蒋海威. RCEP 助力中国构建双循环新发展格局 [J]. 江海学
刊，2021（3）：84-91,254.

[69] 余淼杰，蒋海威. 从 RCEP 到 CPTPP：差异、挑战及对策 [J]. 国际经
济评论，2021（2）：129-144,7.

[70] 于鹏，廖向临，杜国臣. RCEP 和 CPTPP 的比较研究与政策建议
[J]. 国际贸易，2021（8）：27-36. DOI：10.14114/j.cnki.itrade.2021.
08.005.

[71] 崔岩，杜明威."东亚模板"数字贸易规则相关问题探析——基于中日
韩合作的视角 [J]. 日本学刊，2021（4）：62-82,145-146,149-150.

[72] 余淼杰，王吉明. 全球服务贸易发展与中国面临的机遇和挑战 [J]. 长
安大学学报（社会科学版），2021，23（3）：19-27.

[73] 余淼杰，张睿. 以我为主，为我所用：中国应积极主动寻求加入 TPP
[J]. 国际经济评论，2016（2）：39-56,4.

致　谢

《RCEP 生效实施区域评估研究》一书为亚洲合作资金 "RCEP 生效实施效果评估项目"项下的研究成果。研究过程中，课题组得到了外交部亚洲司、商务部国际司和亚洲司等相关部委司局以及中国驻日本、韩国、印度尼西亚、澳大利亚、新西兰等大使馆经济商务处的指导与帮助，对此表示诚挚的感谢！

本书由商务部研究院与国内外研究机构的专家学者共同完成，凝聚了各位作者的心血，在此对参与撰写的各位作者表示感谢，特别是来自院外的专家学者（排名不分先后）：中国宏观经济研究院张燕生研究员、国务院发展研究中心赵晋平研究员、对外经济贸易大学桑百川教授、中国社会科学院亚太与全球战略研究院沈铭辉研究员和张中元研究员、辽宁大学余淼杰教授和顾源博士、日本政策研究大学院大学篠田邦彦教授、韩国对外经济政策研究院李尚勋研究员、韩国延世大学金同铉助理教授、新加坡国立大学仝月婷高级研究员、李耀高级研究员、康端严研究员、姚洁璐研究员、印度尼西亚共和国贸易部 Pradnyawati 贸易救济分析师、越南社会科学翰林院 Le Xuan Sang 博士、柬埔寨皇家科学院金平博士、广西大学来守林副研究员、辽宁社会科学院孟月明研究员、山东大学刘文教授和程子健副教授。

本书撰写过程中还得到了国内外众多专家学者的支持与帮助，以及各地商务厅和受访企业的积极协助，在此不一一具名。此外，也非常感谢中国商务出版社的努力工作，使得本书得以高质量出版。

谨致谢意！

英 文 摘 要

A Study on the Assessment of RCEP Implementation from Regional Perspective

(*Abstract Version*)

Preface

Since its implementation on January 1, 2022, the Regional Comprehensive Economic Partnership (RCEP) has not only been instrumental in boosting trade and investment among its members and strengthening their cooperation across industry chains and supply chains, but it has also made significant strides in driving regional integration and sustained economic growth.

In response to the requirements of the Asian Cooperation Fund – sponsored "Assessment of RCEP Implementation", the Chinese Academy of International Trade and Economic Cooperation (CAITEC) has initiated a comprehensive two-year tracking study on RCEP implementation in China and other members in this region. This study has produced a series of insightful findings that have captured significant interest across various sectors of society. Throughout this year, CAITEC has engaged in fruitful collaborations with experts and scholars from a diverse array of domestic and international institutions. These include the Development Research Center of the State Council, the Chinese Academy of Social Sciences, the Chinese Academy of Macroeconomic Research, the University of International Business and Economics, Liaoning Academy of Social Sciences, Liaoning University, Shandong University, Guangxi University, as well as prominent organizations such as the Ministry of Trade of the Republic of Indonsia, National Graduate Institute for Policy Studies (GRIPS), the Korea Institute for International Economic Policy, Yonsei University, the National University of Singapore, the Vietnam Academy of Social Sciences, and the Royal Academy of Cambodia. These collaborative endeavors have centered around assessing RCEP implementation at global, regional, local, and corporate levels, resulting in the results now being available.

CONTENT

List of Figures

List of Figures

I . Overall Assessment of RCEP Implementation

The world is experiencing unprecedented changes, posing significant challenges to economic globalization. RCEP, encompassing the member countries with the largest combined population and the highest volume of trade and economic activities, is a free trade agreement with immense growth potential. Its implementation has opened new avenues for economic advancement and revitalized both regional and global economies.

(I) RCEP injects new momentum into economic globalization

Over the two years since its implementation, amid challenges such as the COVID-19 pandemic, inflation, exchange fluctuations, and geopolitical and economic security concerns, RCEP has instead continuously harnessed its mechanisms to boost confidence in regionwide trade and investment, emerging as a new engine for global economic growth. For one thing, the benefits of opening – up resulting from the RCEP – driven regionwide economic integration have partially offset the adverse impacts of global demand volatility and the rising prevalence of trade – restrictive measures. Notably, there has been a significant acceleration in the development of new types of trade, such as digital and green trade, which have positively contributed to global economic growth. For another, the RCEP region is a significant hub for global greenfield investments and cross-border mergers and acquisitions. In this context, RCEP implementation facilitates the transformation of regionwide production networks and methods, thereby reshaping the landscape of global industry and supply chains. Furthermore, RCEP has established a conducive institutional environment for the development of regionwide emerging industries, including new information technology, artificial intelligence, clean energy, and biopharmaceuticals, thereby providing a significant impetus for global investment growth.

(Ⅱ) RCEP enhances resilience in regional trade development

RCEP implementation has greatly enhanced regionwide trade liberalization and facilitation. As a result, trade resilience among members has improved, allowing them to better withstand global trade fluctuations and shocks. In 2023, the RCEP region's contribution to global trade reached USD 13 trillion, an increase from USD 12. 8 trillion in 2021. In terms of the RCEP region's share of global trade, it accounted for approximately 28% in both 2022 and 2023, slightly down from 28. 8% in 2021 and 28. 7% in 2020, yet still above the average of 27% during 2018 - 2019. For exports, the RCEP region's export volume in 2023 reached USD 6. 9 trillion, making up 30% of global exports, nearly on par with the EU's share of 31. 2%, and significantly higher than the U. S. - Mexico - Canada Agreement (USMCA) region's 13. 7%. For imports, the RCEP region imported USD 6. 1 trillion worth of goods, accounting for 25. 8% of global imports, which is 4. 3 percentage points lower than the EU, but 7. 4 percentage points higher than the USMCA region. Regarding traded commodities, in 2023, over one-third of the RCEP region's trade in goods concentrated on mechanical and electrical products (HS Chapters 84 and 85), mineral fuels (HS Chapter 27), vehicles and their parts and components (HS Chapter 87), and inorganic chemicals (HS Chapter 28), with trade volumes increasing by 30. 7%, 22. 0%, and 45. 0%, respectively, compared to 2021.

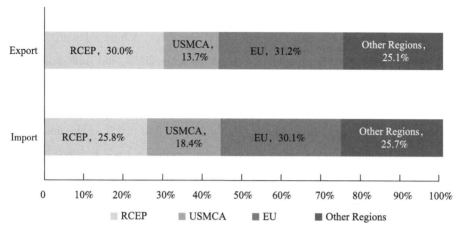

Fig.1 Global Proportion of Exports and Imports for RCEP and

Other Major Regions in 2023

Data Source: Compiled based on GTF data.

(III) RCEP promotes deep integration of regional production and supply chains

RCEP implementation has significantly enhanced the connectivity of regionwide industry and supply chains, which is crucial for improving overall competitiveness. RCEP has facilitated trade growth among members by enabling lower tariffs and non-tariff barriers, reflecting a deeper integration of supply chains across the region. The Cumulative Rules of Origin also encourage companies to source intermediate goods, parts, and components and deploy industry chains flexibly regionwide, therefore providing essential support for cross-border industry cooperation among members.

In the RCEP region, close collaborative relationships in industry and supply chains have emerged across various sectors, including automotive, petrochemical, machinery, electronics, textiles, energy, and mineral products, as well as agricultural and sideline food processing. These strong collaborative relationships have fostered remarkable resilience in regionwide trade, as evidenced by the fact that regionwide trade reached approximately USD 5.6 trillion in 2023, representing a

0. 4% increase from 2021 and accounting for about 43% of RCEP region's share of global trade. In terms of trade among RCEP members, China, Japan, and the Republic of Korea are the top three trade partners. In 2023, the trade volumes of these three countries accounted for 32. 1%, 12. 4%, and 10. 5% of intra-RCEP trade, respectively. Among ASEAN countries, Singapore, Vietnam, Malaysia, Thailand, and Indonesia, each held a share of around 5% to 8% of the total intra-RCEP trade volume. Notably, even amid a global decline in trade in goods in 2023, the RCEP region saw a counter-trend growth in trade volumes of non-oil and gas mineral products, transportation equipment, renewable energy-related products, as well as various food and agricultural products, such as grains, sugar, fruits, cocoa, and beverages, with some categories experiencing growth rates between 10% and 30%.

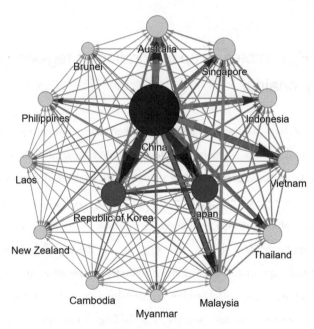

Fig.2   Intra-RCEP Trade Flow Diagram in 2023

Note: The larger the circle, the greater that country's share of total trade in the region; the thicker the line, the greater the trade volume between that country and other countries in the region.

Data Source: Compiled based on GTF data.

(IV) RCEP reinforces expectations of stronger regional investment cooperation

Over the two years since RCEP implementation, members have actively pursued greater opening-up and bolstered confidence in cooperation, resulting in meaningful enhancements to the regionwide business climate. This progress has created a more predictable and stable landscape for companies operating here. In 2022, while global Foreign Direct Investment (FDI) flows declined by 12.4%, the RCEP region showcased remarkable resilience by attracting FDI inflows of USD 531.11 billion, representing a counter-cyclical growth of 13.9% and accounting for approximately 40% of the global total. In 2023, after factoring out the significant fluctuations in capital flows through transit economies[1], global FDI flows declined by over 10% compared to the previous year. Additionally, influenced by policies such as the re-shoring of US industries, FDI inflows into the RCEP region also experienced a downturn, falling to USD 459.61 billion, a year-on-year decrease of 15.4%. This figure accounts for 34.5% of the global share, which remains 5.3 percentage points higher than in 2021. Among RCEP members, countries such as Cambodia, Laos, Myanmar, the Philippines, Singapore, and Vietnam have continued to draw FDI. Furthermore, the RCEP region's ability to attract greenfield investments has risen against the global trend, signaling sustained optimism for investment in the RCEP region. In 2023, the RCEP region attracted 2,340 greenfield investment projects, with a total investment amounting to USD 243.09 billion, representing increases of 33.9% and 1.2 times compared to 2021, respectively. Key sectors such as renewable energy, electronic component manufacturing, and telecommunications have particularly excelled in attracting greenfield investments.

---

[1] Transit economies are typically investment hubs for multinationals, with little to no taxation on capital transfers. For more details, please refer to the World Investment Report 2024 published by the United Nations Conference on Trade and Development in June.

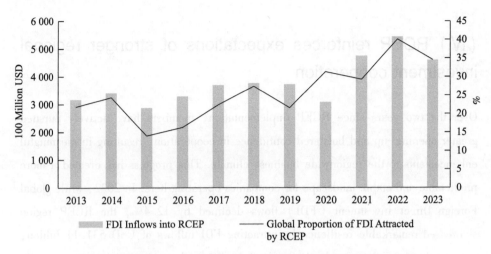

Fig.3   FDI Inflows and Proportion of RCEP Region in 2013—2023

Data Source: World Investment Report.

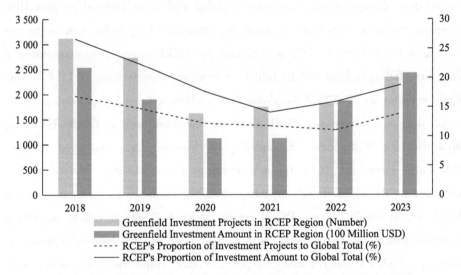

Fig.4   Greenfield Investment Attracted by RCEP Region in 2018—2023

Data Source: Compiled from the fDi Markets database.

II. Case Studies: RCEP Implementation by Member States

Over the two years since RCEP implementation, members have proactively fulfilled their commitments to opening-up, intensified promotional and training initiatives, and supported businesses in maximizing the RCEP benefits. These efforts have significantly contributed to fostering regionwide trade, investment, and the development of economic industries.

(I) China

The Chinese government prioritizes and promotes the high-quality implementation of RCEP. In January 2023, the Ministry of Commerce and the People's Bank of China jointly issued the *Notice on Further Supporting Foreign Economic and Trade Enterprises in Expanding the Cross-border Use of Renminbi to Facilitate Trade and Investment*, supporting the settlement of trade and investment between China and the RCEP region in Renminbi. In April 2023, the General Office of the State Council issued the *Opinions on Stabilizing the Scale and Optimizing the Structure of Foreign Trade*, which called for comprehensive RCEP-focused training, the continuous improvement in the utilization of Free Trade Agreements (FTAs), and the encouragement and guidance of local bodies to organize trade promotion activities with RCEP and other free trade partners. In September 2024, the General Office of the State Council released the *Opinions on Promoting High-Quality Development of*

269

Trade in Services through High-Standard Opening Up, emphasizing the high-quality implementation of commitments and relevant rules on trade in services under RCEP and other regional trade agreements. According to China Customs statistics, in 2023, companies enjoyed preferential imports under RCEP totaling RMB 90. 52 billion and tax concessions totaling RMB 2. 36 billion, reflecting year-on-year increases of 38. 6% and 52. 3%, respectively. Preferential exports reached RMB 270. 07 billion, with tariff concessions from other members amounting to RMB 4. 05 billion, marking year-on-year growth of 14. 8% and a 1. 6-fold increase, respectively. Additionally, 723 approved exporters issued 12, 000 self-generated RCEP ROO's certificates, valued at RMB 10. 18 billion.

RCEP has played a pivotal role in stabilizing China's foreign trade scale and optimizing its trade structure. Over the two years since RCEP implementation, China's trade in goods with other RCEP members has consistently exceeded RMB 12 trillion, reaching RMB 12. 7 trillion in 2023—a 6. 3% increase compared to 2021—and maintaining a share of over 30% of China's total import and export volume. The RCEP region contributed 22. 1% to the overall growth of China's trade in goods. From January to September 2024, China's trade with other RCEP members amounted to RMB 9. 8 trillion, marking a year-on-year growth of 5. 2%. China's trade relations with ASEAN have strengthened further. In 2023, the trade volume between China and ASEAN reached approximately RMB 6. 5 trillion, accounting for 50. 9% of China's total trade with other RCEP members, a four-percentage-point increase from 2021. From January to September 2024, trade between China and ASEAN grew by 9. 4%, trade with Vietnam, Cambodia, and Laos surging by over 20%, and trade with Malaysia and Brunei increasing by more than 10%. In terms of the commodity structure, China's exports of green products to other RCEP members, such as electric vehicles, lithium-ion batteries, and photovoltaic products, saw rapid growth in 2023, with total exports reaching RMB 212. 71 billion, doubling compared to 2021. Exports of computer and communication technology products and material technology products rose by 46. 3% and 52. 0% respectively, while exports of optoelectronic technology products quadrupled compared to 2021. These trends reflect a further shift in China's export structure to other RCEP members, moving towards high-tech and high-value-added products.

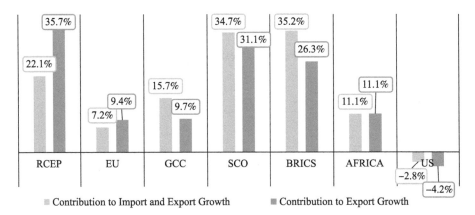

Fig.5   Contribution Rates to China's Trade Growth by Major Regions and Countries in 2023

Note: Trade growth here refers to the growth in 2023 compared with 2021, denominated in RMB. Data Source: Compiled from GTF database.

China is progressing with foreign investment from other RCEP members despite facing certain challenges, with notable growth in investment flows to these members. RCEP implementation has fostered a more supportive climate for investment cooperation between China and other member countries. In 2022, China's actual utilization of direct investment from other RCEP members reached USD 23.53 billion, marking a year – on – year increase of 24.8% and significantly bolstering China's foreign investment growth. In 2023, despite global investment headwinds, RCEP members defied the trend by establishing 6,364 new companies in China—a 32.9% increase. Direct investment totaled USD 18.16 billion, down 22.8% year-on-year, making up 11.1% of China's total foreign investment utilized in the same period. Among RCEP members, Singapore (USD 9.78 billion), Japan (USD 3.89 billion), and the Republic of Korea (USD 3.51 billion) were the main sources of foreign capital for China. Simultaneously, RCEP has also emerged as a priority region for Chinese companies' outbound investments. In 2023, China's direct investment in other RCEP members across all industries reached USD 26. 98 billion, a 20. 0% increase from the previous year, constituting 15. 2% of China's total outbound investment, an increase of 1. 4 percentage points from the prior year. Singapore (USD 13. 10 billion), Indonesia (USD 3. 13 billion), and Vietnam (USD 2. 59 billion) were the top three destinations for Chinese investment in the RCEP region.

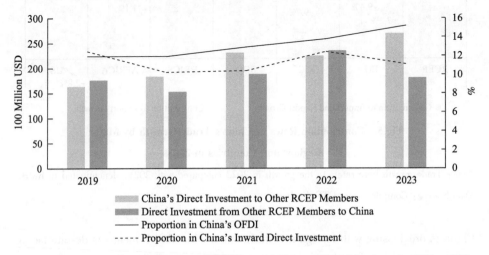

Fig.6 Investment Cooperation between China and Other RCEP Members in 2019—2023
Data Source: Compiled based on the Statistical Bulletin of FDI in China 2024 and the Statistical Bulletin of FDI in China 2023.

(Ⅱ) Japan

As the first Economic Partnership Agreement (EPA) between Japan, China, and the Republic of Korea, the implementation of RCEP has significantly boosted trade liberalization in goods, yielding substantial benefits for Japan. Under RCEP, the share of Japanese industrial products benefiting from zero tariffs in China has risen sharply from 8% to 86%, covering key parts and components for electric and gasoline vehicles, steel products, textiles, and more. Similarly, in the Republic of Korea, the proportion of Japanese industrial products receiving zero tariffs has grown from 19% to 92%, including automotive parts and components, chemicals, textiles, and other products. On the agricultural front, both China and the Republic of Korea have removed tariffs on certain Japanese imports, such as processed foods, aquatic products, and sake. According to data from the Japan Chamber of Commerce and Industry (JCCI), in 2023, Japan issued 137,199 RCEP ROO's Certificates—far exceeding those under other EPAs, such as JTEPA (87,202), JIEPA (62,207), and IJEPA (5,173).

According to a survey conducted by the Japan External Trade Organization (JETRO), nearly half (49%) of Japanese companies exporting to FTA partners make use of the relevant agreements, with large companies utilizing them at a rate of around 60%. In contrast, the adoption rate among small and medium-sized enterprises (SMEs) is lower, at approximately 40%. To support businesses in maximizing EPAs such as RCEP, Japan has implemented several measures: (1) Digitalizing international trade procedures, such as ROO's Certificates, to streamline processes; (2) Digitizing internal procedures associated with EPAs and establishing a digital platform to help SMEs make better use of these agreements; (3) Employing new export consortia to offer SMEs more nuanced support and services, such as conducting seminars and providing dedicated consultation channels.

(III) Republic of Korea

RCEP marks the first major FTA that the Republic of Korea has engaged in, with trade volumes between the Republic of Korea and other RCEP members accounting for approximately half of the country's total trade. According to the Korea Customs Service, in 2022, the Republic of Korea exported USD 3.3 billion utilizing RCEP ROO's Certificates and imported USD 5.6 billion, primarily in trade with Japan and China. In terms of exports, Japan and China represented 67.3% and 27.7%, respectively, while for imports, they accounted for 48.3% and 38.7%.

As a regional trade agreement, RCEP mitigates the trade diversion effect and plays a crucial role in expanding regional markets and achieving market diversification. For the Republic of Korea, beyond the direct tariff reductions that stimulate trade growth, it is essential to capitalize on indirect benefits, such as enhancing supply chains in the RCEP region, to fully leverage the economic advantages offered by this agreement. The Republic of Korea maintains strong supply chain connections with China, particularly in sectors such as semiconductors and batteries. Recently, the supply chain dynamics between the Republic of Korea and China have been undergoing restructuring. With the increased competitiveness of Chinese industries, the Republic of Korea's previously unilateral trade surplus with China is shifting, and the market share of Korean products in China is gradually declining. RCEP is anticipated to provide valuable opportunities to strengthen cooperation between the Republic of Korea and China, particularly through joint initiatives in supply chain collaboration with ASEAN. The Kia's plant in Yancheng serves as a prime example of the collaborative efforts between the Republic of Korea and China in entering the ASEAN market.

(Ⅳ) ASEAN

RCEP reflects ASEAN's long-term objectives of promoting economic integration and cooperation in Southeast Asia and the broader Asia-Pacific region. This agreement assists ASEAN in balancing its internal and external interests while expanding its global influence.

Internally, RCEP serves as a vital tool for advancing the ASEAN Economic Community and fostering regional integration. It aligns with many goals outlined in *the ASEAN Economic Community Blueprint 2025*, such as trade in goods and services, investment liberalization, the development of regional production networks, the advancement of the digital economy, andimprovement in the competitiveness of SMEs. Through RCEP, ASEAN can open its markets to key partners such as China, Japan, and the Republic of Korea, thereby attracting greater investment and growth opportunities for its industries. Additionally, it helps diversify ASEAN's trade relationships, reducing reliance on traditional markets such as the European Union and the United State. Notably, in the digital economy sector, the Digital Economy Framework Agreement (DEFA) under negotiation is expected to play a significant role in shaping ASEAN's digital future, aligning closely with RCEP's e-commerce regulations.

Externally, ASEAN's engagement in RCEP has elevated its standing in international trade negotiations. As the initiator and leader of RCEP, coupled with its members' active participation in regional trade frameworks such as the Comprehensive and Progressive Agreement for Trans-Pacific Partnership (CPTPP), DEPA, and the Indo-Pacific Economic Framework for Prosperity (IPEF), ASEAN is continuously strengthening its external economic connectivity. Its role as a bridge between different economies is becoming increasingly prominent, and its influence in shaping regional and global trade rules and economic governance is growing significantly.

(V) Indonesia

Indonesia completed its RCEP ratification process on September 27, 2022, and the agreement officially came into force in the country on January 2, 2023. Indonesia's foreign trade is heavily oriented toward the RCEP region. According to data from the Statistics Indonesia, in 2023, Indonesia's exports to other RCEP members reached USD 152.53 billion, accounting for 58.8% of its total global exports. Conversely, imports from other RCEP members totaled USD 145.19 billion, representing 65.4% of its global imports. Regarding RCEP utilization, Indonesia issued a total of 10,320 RCEP ROO's Certificates in 2023, with exports valued at USD 440 million, which constitutes 0.32% of the total export value. Among these exports, Japan was the largest destination, receiving 8,911 RCEP ROO's Certificates (87%), with export value amounting to USD 290 million, making up 66% of Indonesia's RCEP-related exports. China followed as the second-largest destination, with 821 RCEP ROO's Certificates issued (8%) and an export value of USD 93.06 million, accounting for 21%. The product categories that Indonesia benefits from the most under the RCEP include: non-knitted apparel exports valued at USD 162.38 million (37%), knitted apparel exports at USD 72.95 million（17%）, paper exports at USD 73.82 million（17%）, and processed food exports at USD 37.95 million（9%）.

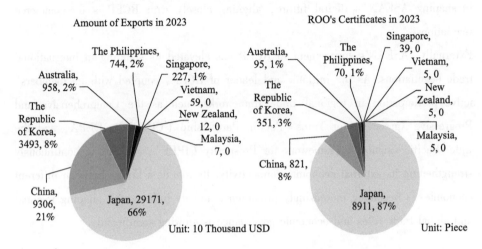

Fig.7　Indonesia's Exports to RCEP Members in 2023

Data Source：Statistics Indonesia.

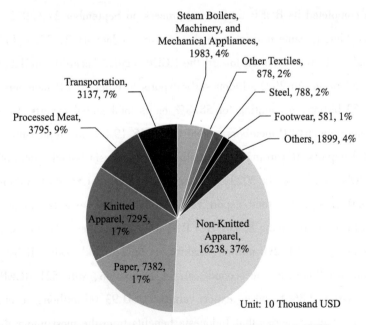

Fig. 8　Indonesia's RCEP Preferences by Product in 2023

Data Source：Statistics Indonesia.

Indonesia's utilization of RCEP is relatively low, mainly for the following reasons. Firstly, the overlap between RCEP and other trade agreements creates a "Spaghetti bowl phenomenon", making it more challenging and costly for businesses to leverage preferential tariffs. Secondly, the Rules of Origin (ROO) under RCEP differ from those in other agreements, such as the ASEAN Trade in Goods Agreement (ATIGA), resulting in increased complexity. Thirdly, the application process for RCEP tariff preferences is hindered by administrative and logistical barriers, causing difficulties for businesses in areas such as customs valuation, the issuance of ROO's Certificates, and payment arrangements. Fourthly, many businesses, particularly SMEs, lack adequate information on how to utilize RCEP preferential tariffs effectively. Lastly, there is inconsistency among customs authorities in processing ROO's Certificates and other documents necessary for claiming preferential tariffs. To address these issues, Indonesia needs to improve regulations and procedures related to exports, imports, and investments. This includes streamlining the issuance of ROO's Certificates, enhancing access to trade – related information for businesses, and making RCEP more appealing to companies, which would ultimately boost its utilization rate.

(VI) Vietnam

RCEP represents a significant milestone in Vietnam's economic integration process. In the context of a slowing global economy and increasing uncertainty, RCEP serves as a crucial support factor for sustaining Vietnam's import and export activities. In the first seven months of 2024, Vietnam's trade in goods with other RCEP members reached USD 240. 4 billion, reflecting a year – on – year increase of 16. 8% and accounting for 54. 6% of Vietnam's total trade. It is noteworthy that since Vietnam signed the RCEP, China has become its largest and most stable import and export partner. During the same period, trade in goods between Vietnam and China amounted to USD 112. 01 billion, marking a 25. 5% increase and representing 46. 6% of Vietnam's total trade with other RCEP members.

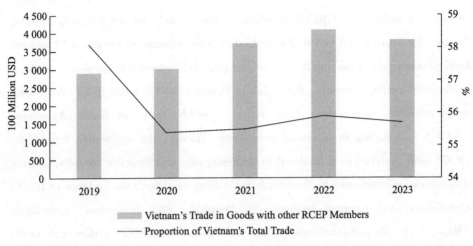

Fig.9　Trade in Goods between Vietnam and Other RCEP Members in 2019—2023

Data Source: Database of General Statistics Office of Vietnam.

In terms of the utilization of ROO's Certificates, Vietnam's reliance on RCEP remains relatively low. In 2022, exports utilizing RCEP ROO's Certificates totaled less than USD 1 billion, resulting in a utilization rate of only 0.7%[1]. However, in 2023, this figure rose to USD 1.8 billion, increasing the utilization rate to 1.3%. Given that RCEP is built upon existing FTAs between ASEAN and its five trading partners, there is a need to broaden the understanding of how to effectively leverage RCEP benefits. RCEP not only generates additional momentum for the implementation of other regional FTAs, but also promotes trade and investment inflows from countries outside the region through its relatively flexible rules of origin.

From the perspective of FDI, other RCEP members registered a cumulative total of USD 116.94 billion in FDI in Vietnam from 2019 to 2023, accounting for 66% of the total cumulative registered FDI during that period. Singapore, the Republic of Korea, Japan, and China are the primary sources of foreign investment in Vietnam, contributing 33.7%, 26.1%, 19.9%, and 14.5% of the total registered FDI from

---

　① The utilization rate refers to the proportion of Vietnam's exports to other RCEP members that utilize RCEP ROO's Certificates out of the total exports to RCEP members.

other RCEP members, respectively. Other RCEP members have consistently held a dominant position in Vietnam's FDI, particularly in the electronics sector, where they account for over 98%, primarily through Korean, Japanese, and Chinese companies. In the areas of renewable energy and emerging industries, investments from Japan, Singapore, and the Republic of Korea exceed 90%. In the financial sector, including securities, banking, and insurance, the Republic of Korea and Japan rank as the top two investors.

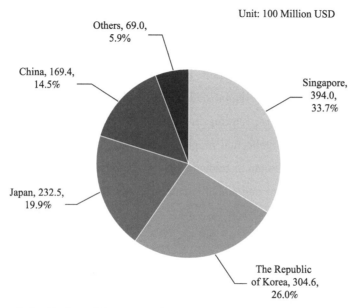

Fig.10   Cumulative Registered Investment in Vietnam by Key RCEP Members in 2019—2023
Data Source: Database of Ministry of Planning and Investment of Vietnam.

(VII) Cambodia

As one of the fastest-growing economies in ASEAN, Cambodia is transforming its economic structure, with manufacturing as the key growth driver and services playing a significant role. Tariff reductions under RCEP are expected to boost trade and improve market access for Cambodian goods and services. Agricultural products such as cashews and mangoes, as well as processed items such as noodles and jam, will benefit from RCEP, along with industrial goods including bicycles, apparel, automotive parts and components, and furniture. RCEP enables Cambodia to integrate into regional value chains and attract labor – intensive manufacturing investments, particularly in garment processing, through favorable rules of origin and low costs. The agreement also provides differential treatment for less developed countries, allowing Cambodia more time to enhance its capacity-building efforts.

However, the implementation of RCEP presents challenges. The complexity of tariffs and varying rules among member countries may hinder businesses from fully utilizing the agreement, potentially leading to higher tariffs in other member markets, thus reducing competitiveness and export potential. In the digital economy, RCEP emphasizes e-commerce and digital trade, but Cambodia's lack of digital talent puts it behind its ASEAN peers, slowing integration and competitiveness. Additionally, Cambodia's insufficient intellectual property assets, such as pharmaceutical patents, innovative industrial designs, trademarks, and software copyrights, impedeits technological advancement and global competitiveness.

III. RCEP Implementation by Local Governments and Enterprises in China

Over the two years since RCEP implementation, local governments across China have actively promoted its effective implementation, providing enhanced support and creating a favorable climate for businesses to capitalize on the RCEP benefits. Companies generally view RCEP positively and maintain optimistic expectations for the future.

(I) Local government efforts

Local governments across China are actively implementing the Guidance on the High-Quality Implementation of RCEP. Theyhave conducted practical explorations tailored to their local contexts and have developed a series of representative experiences and practices. In May 2024, the General Office of the Ministry of Commerce issued the *Notice on Learning from Best Practices for the High-Quality Implementation of RCEP*, which provides clear direction for local governments to further advance RCEP-related initiatives.

1. Strengthen top-level design to build synergy in coordinated implementation

Chinese local governments have enhanced their strategic coordination, resulting in a concerted effort for the implementation of RCEP. This has been achieved by integrating the high - quality implementation of RCEP into local development strategies and developing a policy framework that reflects the region's geographical advantages and development goals. They have also established comprehensive cross-departmental joint working mechanisms for RCEP to encourage collaboration among departments, integrated services, and shared resources. For example, Guangxi has developed the *Guangxi High-Quality Implementation Plan for RCEP* (2022-2025) and initiated a joint meeting mechanism to drive the high-quality implementation of RCEP. Liaoning has launched the *Liaoning High-Quality Implementation Plan for RCEP* and created a working mechanism to promote the implementation of RCEP. Fujian has introduced several initiatives, including *Fujian's Comprehensive Alignment Plan with RCEP*, *Measures for High-Quality Implementation of RCEP*, and *Guidance on Deepening Financial Support for Fujian's Comprehensive Alignment with RCEP*, all aimed at fostering policy synergy.

2. Prioritize supporting enterprises in fully utilizing preferential rules in goods trade

By leveraging local advantageous industries and seizing opportunities in RCEP member markets, some local governments have developed a robust support system that enables companies to fully benefit from preferential tariffs and customs facilitation. They have also provided guidance for companies on effectively utilizing the Cumulative Rules of Origin and facilitating their deeper engagement in supply chain cooperation in the RCEP region. For instance, Shandong has continually enhanced the RCEP Enterprise Service Center by launching the "Lumaotong" inquiry platform, which incorporates artificial intelligence technology to provide features such as intelligent inquiries into import and export tariff rates, tariff comparisons, evidence chain storage for ROO's Certificates, and comprehensive query tracing. Additionally, Tianjin has upgraded its public service platform for RCEP tariff policy inquiries and published a guide titled *Interpretation and Application of RCEP*, assisting companies in identifying optimal strategies to adjust their import and export markets for maximum benefit. Meanwhile, Shenzhen Customs has carried out one - on - one research and application guidance for key companies with significant potential to benefit, successfully nurturing 34 approved exporters.

3. Promote services trade and investment cooperation to support enterprises in expanding international markets

For one thing, some local governments have actively fostered new momentum for trade in services under the RCEP framework, expanding cooperation in areas such as digital trade, cross – border e – commerce, cultural trade, and traditional Chinese medicine. In this context, Guangdong hosted the China (Guangdong) – RCEP Member Countries Cross–Border E–Commerce Exchange Conference and released *the Cross – Border E – Commerce (Going Global) RCEP Country – specific Guidelines*. Shenzhen has leveraged the China (Shenzhen) International Cultural Industries Fair as a platform to promote the cultural sector, establishing a "Cultural Expo RCEP Consultation Service Center" to facilitate cultural trade between businesses and RCEP members. Additionally, Chongqing collaborated with Singapore to organize the "Singapore Chongqing Week" event, working together to develop tourism products that connect Chongqing and Singapore, while further expanding international cooperation in health and wellness.

For another, some local governments have deepened bilateral investment cooperation with other RCEP members, encouraging companies to strategically deploy their industry and supply chains in the RCEP region to bolster risk management and protection. For instance, Fujian has organized activities such as the "Fujian Tour for Companies from Key RCEP Members" and the "RCEP Young Overseas Chinese Business Innovation and Entrepreneurship Summit", promoting the development of demonstration parks for innovative economic and trade cooperation between China and Indonesia, as well as between China and the Philippines, while actively expanding investment collaboration. Tianjin has fully utilized the "Going Global" companies' overseas investment insurance policy to increase financial support for companies investing in other RCEP members.

4. Foster a favorable business environment of facilitate high – standard RCEP implementation

Firstly, some local governments have established platforms for economic and trade cooperation under RCEP to enhance policy transparency and disseminate information on RCEP implementation policies through various channels. For example, Anhui organized the RCEP Local Government and Friendship Cities Cooperation (Huangshan) Forum, which serves as an important platform for promoting exchangesand cooperation among governments under the RCEP framework, especially between friendship cities. Since 2021, Shandong has held the RCEP Shandong Import Expo for four consecutive years, creating an open channel for "internal and external circulation". Additionally, Guangxi organized the China – ASEAN Expo and RCEP High–Level Dialogue on Economic and Trade Cooperation, providing extensive cooperation opportunities for companies.

Secondly, some local governments have strengthened intellectual property protection by establishing risk prevention systems and dispute resolution guidance mechanisms for foreign–related intellectual property in key industries and fields under RCEP. For instance, Guangxi released *the Compliance Guidelines for Enterprise Intellectual Property under the RCEP Framework*, while Beijing established a public service platform for RCEP intellectual property, offering integrated intellectual property services to applicants targeting RCEP countries.

Thirdly, some local governments have expanded the route network forother RCEP members to facilitate smooth trade and investment logistics. For example, Shandong has developed a "maritime expressway" connecting to Japan and the Republic of Korea to achieve shipping costs comparable to air freight while maintaining air freight–like speed. Xiamen has opened a fast shipping channel for cross–border e–commerce to the Philippines and increased air freight routes for cross–border e–commerce. Chongqing, in collaboration with Singapore, is promoting the New International Land – Sea Trade Corridor while accelerating the construction of land and air traffic corridors.

Lastly, some local governments have expanded international cooperation in standards in the RCEP region to promote the alignment and coordination of standards withother RCEP members. For instance, Guangxi, in collaboration with the State Administration for Market Regulation, has established the China – ASEAN/RCEP Standards Cloud Platform, which has cataloged 82,000 entries of standards from RCEP members, thereby providing authorized standard information.

(II) Enterprise feedback on RCEP implementation

A 2024 survey conducted by CAITEC reveals that over two years post – RCEP implementation, most surveyed companies have expressed positive evaluations regarding its effects. More than 75% of respondents reported an improved local business environment, while more than half acknowledged RCEP's positive impact on their operations. In terms of trade in goods, 45.8% of companies felt that RCEP has expanded export markets and created more trade opportunities, while 42.7% believed it has enhanced trade facilitation. Additionally, 52.2% of respondents reported that their business activities have become smoother regarding services trade and investment.

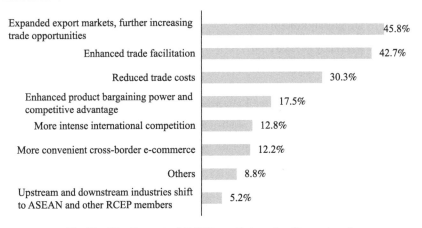

Fig.11   The Impact of RCEP on Enterprises'Import and

Export Business (Multiple Choice)

Data Source: Based on survey results (with 1985 valid responses from companies).

Regarding the use of ROO's Certificates and tariff preferences under RCEP, over 70% of companies related to trade in goods have utilized these certificates to benefit from tariff reductions. In the trade of raw materials, intermediate goods, parts and components, and final products, more than 70% of respondents acknowledged the positive impact of RCEP tariff reductions on lowering production and trade costs, particularly in the electronics manufacturing, wood processing, and furniture industries. For example, a construction machinery company can reduce tariffs on imported hydraulic motors and valves from Japan by using RCEP ROO's Certificates, leading to nearly RMB 1 billion in annual preferential goods value. In 2022 alone, the company saved approximately RMB 60 million in tax costs.

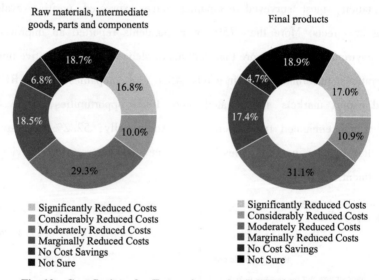

Fig. 12   Cost Savings for Enterprises under RCEP (Single Choice)

Data Source: Compiled based on survey results (with 840 valid responses from companies in raw materials, intermediate goods, and components, and 829 valid responses from companies in final products).

Regarding customs clearance and trade facilitation in the RCEP region, respondents expressed over 98% satisfaction with the customs clearance efficiency of Singapore, New Zealand, and Malaysia, which clear general goods within 48 hours and perishable and express items within 6 hours. Satisfaction with China's customs clearance times was over 97%, with more than half of the respondents indicating they were "very satisfied". A total of 53.5% of companies related to trade in goods have benefited from trade facilitation measures under RCEP, with Authorized Economic Operators (AEOs) and larger companies reaping even greater advantages. Nearly 60% of the respondents are engaged in cross-border e-commerce, with around 85% reporting smooth business operations. For example, a Japanese cross - border e - commerce company has utilized customs facilitation policies under RCEP to implement a "one-time declaration, one-time inspection, and one-time clearance" process, significantly cutting down on time costs and improving operational efficiency.

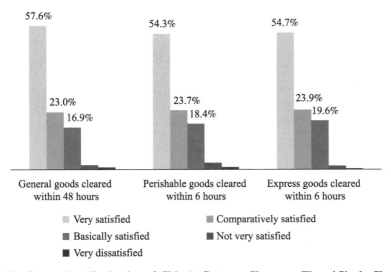

Fig. 13 Companies' Evaluation of China's Customs Clearance Time (Single Choice)

Data Source: Compiled based on survey results (after excluding businesses not involved in relevant operations, there were 688 valid responses for general goods cleared within 48 hours, 523 valid responses for perishable goods cleared within 6 hours, and 561 valid responses for express goods cleared within 6 hours).

Regarding industry and supply chain cooperation in the RCEP region, over half of the respondents are involved, primarily in areas such as raw materials, manufacturing, sales, and after - sales services. Companies generally believe that

RCEP has enhanced their collaboration on industry and supply chains with other RCEP members, with those engaged in trade with Japan experiencing more significant benefits. Regarding the optimization and adjustment of their industry and supply chains, nearly half of the respondents prefer to base their cooperation with other RCEP members in China, while emerging economies such as Vietnam and Thailand, as well as developed economies including Japan and the Republic of Korea, are the primary destinations for expanding or relocating industry and supply chains. For example, a garment company has leveraged RCEP and intra-regional bilateral FTAs to optimize its industry and supply chain network and establish garment production bases in Southeast Asian countries such as Cambodia, while setting up brand companies, design firms, trading companies, and offices in Europe, the U.S., Japan, and the Republic of Korea, thereby creating a new "production + services" integrated development model.

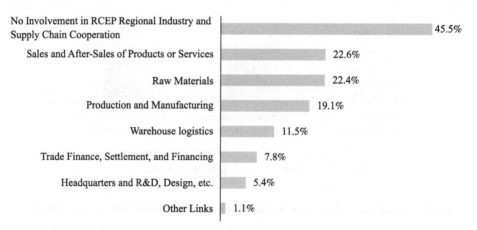

Fig. 14 Companies' Participation in RCEP Regional Industry and Supply Chain Cooperation (Multiple Choice)

Data Source: Based on survey results (with 2,297 valid responses from companies).

Regarding the development prospects for the RCEP region, over two-thirds of the respondents expressed an overall positive outlook, particularly optimistic about business development trends in member countries such as Japan, Vietnam, and the Republic of Korea. In terms of RCEP public services, businesses have high expectations for training and outreach efforts, the optimization and improvement of tariff inquiry and comparison, and provision of up – to – date legal regulations and market opportunities.

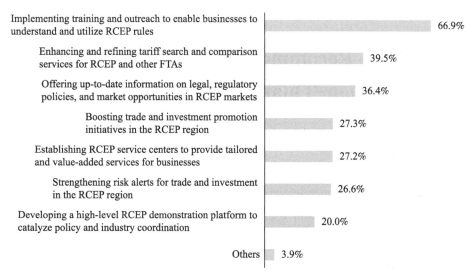

Implementing training and outreach to enable businesses to understand and utilize RCEP rules — 66.9%

Enhancing and refining tariff search and comparison services for RCEP and other FTAs — 39.5%

Offering up-to-date information on legal, regulatory policies, and market opportunities in RCEP markets — 36.4%

Boosting trade and investment promotion initiatives in the RCEP region — 27.3%

Establishing RCEP service centers to provide tailored and value-added services for businesses — 27.2%

Strengthening risk alerts for trade and investment in the RCEP region — 26.6%

Developing a high-level RCEP demonstration platform to catalyze policy and industry coordination — 20.0%

Others — 3.9%

Fig. 15   Companies' Demands and Suggestions for Strengthening
RCEP Public Services (Multiple Choice)

Data Source: Based on survey results (with 2, 297 valid responses from companies).

However, the survey results also reveal several issues and challenges that have emerged over the two years since RCEP implementation. Firstly, small and micro companies still face difficulties in maximizing RCEP benefits. Secondly, the use of RCEP's Cumulative Rules of Origin remains limited. Thirdly, companies in western China report less positive experiences compared to those in eastern China. Fourthly, customs facilitation levels in less developed RCEP member countries need to be improved. Last, uncertainties continue to hinder cooperation in the RCEP region. This requires RCEP members to strengthen coordination and cooperation to create a stable and predictable development environment for businesses across the region.

IV. Policy Recommendations for Working on Full and High-Quality RCEP Implementation

Over the two years since its implementation, RCEP has proven its resilience in adapting to global changes and managing external risks and uncertainties. It has played a positive role in advancing trade, investment, and economic growth across the region. Looking ahead, RCEP members are encouraged to keep working together to drive the effective and high-quality implementation of RCEP, strengthen intra-regional cooperation, and create a new engine for economic growth, both in the Asia-Pacific and globally.

(I) Strengthen institutional frameworks to build a regional cooperation platform under RCEP

RCEP members may collaborate to strengthen and optimize the RCEP cooperation mechanism and its associated structures, including the establishment of an RCEP Secretariat, with the goal of gradually transitioning it into an independent body. It is crucial to enhance economic and trade cooperation through the four subsidiary committees: the Committee on Goods, the Committee on Services and Investment, the Committee on Sustainable Growth, and the Committee on the Business Environment.

Efforts can be made to implement practical cooperation projects that address challenges encountered during the implementation of the agreement while building consensus to support its continuous improvement and upgrading. All parties are encouraged to fully utilize the economic and technical cooperation funds available in the RCEP region. These funds should be allocated to key areas including trade facilitation, e – commerce and consumer protection, intellectual property rights, negative lists for trade in services, competition, and government procurement. This approach aims to collaboratively enhance the capacity building of less – developed RCEP members, such as Laos, Myanmar, and Cambodia. All parties may promote the review of RCEP provisions and initiate subsequent upgrading negotiations as appropriate, aiming to further reduce tariffs and non–tariff barriers, simplify customs procedures, optimize Rules of Origin, and relax market access for services and investment.

Additionally, all parties may enhance standards for e – commerce, intellectual property rights, and small and medium – sized enterprises while exploring the inclusion of topics such as environmental issues, sustainable development, labor rights, and state – owned enterprises. Moreover, all parties may work towards gradually refining the rules and procedures for the accession of new members to RCEP, supporting the inclusion of additional economies and regions expressing interest, such as India, Hong Kong (China), Sri Lanka, and Chile. In doing so, RCEP can be positioned as the most attractive platform for regional open cooperation in the Asia–Pacific region.

(II) Promote mutual benefits by building robust regional production and supply chians

RCEP members have established increasingly close industry and supply chain relationships as they deepen their integration into the global market. Therefore, it is essential to fully leverage the rules and frameworks of agreements including RCEP to expand trade and investment across both upstream and downstream segments of the industry chain. On the foundation of mutual benefit and win–win outcomes, RCEP members may work together to build a secure, stable, efficient, and resilient regional cooperation network for industry and supply chains.

Under the RCEP framework, with ASEAN at its core, all members may explore the establishment of practical cooperation platforms for industry and supply chains. These platforms would strengthen risk monitoring and early – warning systems, improve communication and coordination, and ensure the stability of the intra – regional industry and supply chains. All members are encouraged to initiate demonstration projects in areas such as new energy – related industries (including electric vehicles), food and agricultural products, and key energy and mineral resources.

Additionally, RCEP platforms can be leveraged to enhance regional standard coordination, foster collaboration between multinationals, industry organizations, and standardization bodies, and support the formulation and implementation of international standards in the RCEP region. This will ultimately enable the efficient operation and continuous optimization of industry and supply chains across the region.

(Ⅲ) Cultivate new growth drivers in regional cooperation under RCEP by prioritizing new quality productive forces

RCEP members may capitalize on the current opportunities arising from the rapid growth of the digital economy, green economy, and innovation–driven industries. By fully leveraging RCEP's market access commitments and high – standard trade and economic rules, all members may strengthen international cooperation around new quality productive forces. This involves expanding application scenarios, adopting brand – new business models, and actively nurturing emerging and future industries. Ultimately, these efforts will contribute to the creation of new economic growth drivers in the RCEP region.

Members may prioritize advancing the liberalization of digital trade and green product trade, and promote mutual recognition of standards in areas such as the digital and green economies. This will facilitate international cooperation across key sectors, including cross-border e-commerce, cloud computing, big data, artificial intelligence, low-altitude economy, new energy, new materials, ecological agriculture, biotechnology, and environmental protection.

Moreover, RCEP members may work together to strengthen infrastructure related to the digital and green economies, develop innovative digital and green finance products and services, and accelerate the transformation of industries toward digital and low-carbon, green models. This will ensure that the benefits of development are shared among all members.

Finally, under the RCEP framework, it is crucial to enhance intellectual property protection and advocate for an open approach to international innovation collaboration. This includes exploring the establishment of a regional mechanism for sharing scientific and technological innovation results, thus providing a more conducive environment for research cooperation and talent exchange across the region.

(Ⅳ) Strengthening coordination and interaction to promote the high-quality implementation of RCEP in all aspects across the region

RCEP members may work together to promote the high-quality implementation of RCEP in all aspects. This includes facilitating information exchange and capacity building, encouraging the sharing of best practices and case studies on how businesses are utilizing RCEP, and helping particularly SMEs to better take advantage of RCEP's preferential terms. All these efforts aim to enhance RCEP's utilization rate, improve its effectiveness, and unlock its full potential for opening-up.

RCEP membersmay also expedite the transition to a negative list approach for services trade, fast track the mutual recognition and verification of professional qualifications across the region, encourage the introduction of unilateral or bilateral visa-free entry policies, and deepen cooperation in key service sectors such as healthcare, education, elder care, culture, and tourism, thus elevating the overall level of professional services across the region.

The implementation of trade adjustment assistance policies may also be prioritized, ensuring that industries and workers adversely impacted by market openings under RCEP are comprehensively supported through retraining programs, financial aid, and other forms of policy assistance. Establishing a robust monitoring and evaluation mechanism will allow for regular assessments of the economic, social, and environmental impacts of trade liberalization, thus enabling the adaptation of policies as needed.

Moreover, the collaborative implementation of RCEP alongside other regional FTAs can be encouraged, with a focus on improving resource, data, and information sharing. This will support businesses in leveraging regional economic integration and fully benefiting from free trade, thus amplifying the economic benefits of overlapping agreements.

Finally, RCEP members may actively engage in new or upgraded negotiations to introduce attractive opening - up measures, whether unilaterally or reciprocally, under the frameworks of both RCEP and bilateral FTAs. This will foster deeper integration and unlock greater dividends of opening-up.

Acknowledgement

This book, *A Study on the Assessment of RCEP Implementation from Regional Perspective*, represents the research outcomes under the program "Assessment of RCEP Implementation" sponsored by the Asian Cooperation Fund. During the research, the project team received guidance and support from relevant government departments, including the Department of Asian Affairs of the Ministry of Foreign Affairs, the Department of International Trade and Economic Relations and the Department of Asian Affairs of the Ministry of Commerce, as well as the Economic and Commercial Offices of the Chinese embassies in Japan, the Republic of Korea, Indonesia, Australia, and New Zealand. We hereby extend our sincere gratitude for their assistance.

This book is the result of a collaborative endeavor by experts and scholars from CAITEC, other domestic research institutions, and renowned international research organizations. We would like to extend our heartfelt gratitude to all contributors to this book, with special appreciation to the external experts and scholars who have contributed their insights (listed in no particular order):

Domestic Experts:

- Zhang Yansheng – Research Fellow, Chinese Academy of Macroeconomic Research
- Zhao Jinping – Research Fellow, Development Research Center of the State Council
- Sang Baichuan–Professor, University of International Business and Economics
- Shen Minghui–Research Fellow, Institute of Asia–Pacific and Global Strategy,

Chinese Academy of Social Sciences (CASS)

- Zhang Zhongyuan – Research Fellow, Institute of Asia – Pacific and Global Strategy, Chinese Academy of Social Sciences (CASS)
- Yu Miaojie–Professor, Liaoning University
- Gu Yuan–Dr. , Liaoning University
- Lai Shoulin–Associate Research Fellow, Guangxi University
- Meng Yueming–Research Fellow, Liaoning Academy of Social Sciences
- Liu Wen–Professor, Shandong University
- Cheng Zijian–Associate Professor, Shandong University

International Experts:

- Kunihiko Shinoda – Professor, National Graduate Institute for Policy Studies (GRIPS), Japan
- Sang – hoon Lee – Research Fellow, Korea Institute for International Economic Policy (KIEP), Republic of Korea
- Dong–hyun Kim–Assistant Professor, Yonsei University, Republic of Korea
- Tong Yueting–Senior Researcher, National University of Singapore (NUS)
- Li Yao–Senior Researcher, National University of Singapore (NUS)
- Kang Duanyan–Researcher, National University of Singapore (NUS)
- Yao Jielu–Researcher, National University of Singapore (NUS)
- Pradnyawati – Trade Remedy Analyst, Ministry of Trade of the Republic of Indonesia
- Le Xuan Sang–Dr. , Vietnam Academy of Social Sciences
- Kin Phea–Dr. , Royal Academy of Cambodia

During the preparation of this book, we also received support from numerous experts and scholarsboth domestically and internationally, as well as the active collaboration of local commerce departments and enterprises surveyed. Due to the large number of contributors, we are unable to list all names individually. Additionally, we would like to thank China Commerce Press for their dedicated work, which has enabled the high–quality publication of this book.

Sincere thanks are hereby expressed to all contributors.